高等院校航海类专业系列教材

海上无线电通信业务
（第二版）

Maritime Radio Communication Service
（2nd Edition）

周　锋　编著

上海浦江教育出版社

图书在版编目(CIP)数据

海上无线电通信业务 / 周锋编著. -- 2 版. -- 上海：上海浦江教育出版社有限公司，2025. 5. -- ISBN 978-7-81121-957-9

Ⅰ. U675.75

中国国家版本馆 CIP 数据核字第 2025DA3634 号

HAISHANG WUXIANDIAN TONGXIN YEWU(DI-ER BAN)

海上无线电通信业务(第二版)

上海浦江教育出版社出版发行

社址：上海市海港大道 1550 号上海海事大学校内　邮政编码：201306

电话：(021)38284910(12)(发行)　38284923(总编室)　38284910(传真)

E-mail：cbs@shmtu.edu.cn　URL：http://www.pujiangpress.com

上海光扬印务有限公司印装

幅面尺寸：185 mm×260 mm　印张：13.5　字数：304 千字

2025 年 5 月第 1 版　2025 年 9 月第 1 次印刷

责任编辑：郑蔚舟　封面设计：陈北竹

定价：45.00 元

前　言

海上无线电通信作为现代航海技术的重要组成部分，是以全球海上遇险与安全系统（GMDSS）为核心的重要学科。它不仅承担着保障海上安全的重要使命，也是航海人员日常通信能力培养的关键内容。随着航海技术的不断发展，海上无线电通信已成为一门知识面广、规则性强、实践要求高的综合性学科。

自20世纪90年代实施以来，GMDSS已走过了20余年的发展历程。在此期间，通信技术的飞速进步、水上船舶数量的快速增长以及用户需求的日益多样化，对GMDSS提出了更高的要求。为应对这些挑战，国际海事组织（IMO）启动了GMDSS现代化计划，通过引入新技术、新通信系统和新规范，全面优化通信技术、法规和操作程序。新的GMDSS系统在功能、设备和规则等方面都更加丰富、多样和严谨，更加注重用户需求，并致力于减少人为因素的影响。这一系列变革使得编写一本符合时代要求的教材成为当务之急。

随着新技术的广泛应用，海上通信正朝着高速化、网络化的方向发展，逐渐实现与岸基通信的无缝衔接。同时，设备操作界面的统一化趋势显著简化了操作流程，降低了人为因素的影响，减轻了船员的工作负担。然而，这些技术进步并未降低对无线电操作人员专业知识和技能的要求。相反，在深入理解无线电业务的类型、程序、规定和要求的基础上，操作人员需要具备更强的适应能力，以应对不同工作环境的需求。因此，基础理论的学习在GMDSS现代化进程中显得尤为重要。

本书的编写旨在适应时代发展的需求，内容设计兼顾基础性与前沿性。一方面，本书严格遵循1978年STCW公约和规则的要求，涵盖海上通用操作员所需的知识、能力及操作技能；另一方面，紧密结合GMDSS现代化进程，系统介绍最新修订内容、性能标准以及新技术应用，包括中国北斗报文服务系统、铱星卫星通信系统、FLEET SAFETY、NAVDAT以及海上安全信息卫星EGC系统等。此外，本书还着重介绍了中国在国际海上通信领域的技术成就和方案，帮助学员在国际航运背景下树立正确的立场和价值观。

本书主要面向航海高等教育，旨在为培养通用无线电操作人才提供一本系统、实用的教材。通过学习本书，学员可以全面掌握水上安全通信的基本知识，深入理解 GMDSS 的核心概念，熟练掌握关键技术和业务操作。同时，本书也可作为航海相关从业者和研究人员的参考用书。

本书由周锋编写，在编写过程中得到了多方支持与帮助。在此，编者向提供宝贵意见的行业专家，同事刘伟潮、汤旭红、李宁、赵建森，以及参与编辑工作的学生吕明辉和梁永康致以诚挚的感谢。同时，本书参考了第一版以及其他大量国内外相关书籍和资料，谨向所有原作者表示衷心的谢意。特别感谢上海海事大学对本书编写工作的大力支持。

由于编者水平有限，书中难免存在疏漏之处，恳请广大读者批评指正。

周 锋

2025 年 2 月

目 录

第一章　全球海上遇险与安全系统

第一节　海上无线电通信的发展

自人类涉足海洋活动以来,通信技术一直对海上救援起着至关重要的作用。起初,海上通信依赖于视觉和听觉信号,这些信号的传输距离受到严重限制,使得海上救援和生存手段的效果也相应有限。随着通信技术的不断进步,直到19世纪下半叶,无线电技术的引入显著提升了海上通信的距离,使得救援力量能够覆盖从近海到远海的区域。随着通信能力的不断增强,船舶之间以及船舶与岸基设施之间的通信往来日益频繁。鉴于航海是一项国际性活动,迫切需要统一的国际标准来规范通信信号、通信设备的配置、通信频率的协调以及通信人员的资质等关键事项。泰坦尼克号的悲剧进一步凸显了海上通信规范化的重要性,包括规定值班时间、统一的紧急通信频率以及标准化的船舶通信设备配置等。

在20世纪中期,随着国际海事组织(International Maritime Organization,IMO)的正式成立及其在国际海事规则制定中日益增长的影响力,IMO开始采纳一系列高标准的国际准则,引领海上通信步入规范化的新纪元,并最终确立了国际统一的海上通信系统——全球海上遇险与安全系统(Global Maritime Distress and Safety System,GMDSS)。该系统融合了卫星通信、陆地无线电以及数字选择呼叫技术,实现了船舶与海岸电台及其他船舶之间的自动或半自动化通信。它具备完善的报警和通信服务功能,能够向船舶发送导航危险预警和天气警报,并允许一键式发出遇险信号,同时传输相关的位置和识别信息。因此,人类的海上活动拥有了一个专门化、系统化和全面化的通信救援网络。

1999年2月1日,GMDSS全面启动,这标志着人类航海史上一个里程碑式的时刻。当今,距离无线电技术首次用于救援遇险船舶已近百年。回顾这段历史,我们可以看到,这一系统的建立经历了以下过程:

意大利工程师古列尔莫·马可尼在1895年发明了无线电技术。1899年3月3日,一艘货轮在英国东南海岸的多佛海峡不幸撞击了位于离岸十英里处的东古德温灯船。随后,紧急求救信号通过无线电波传送至南福兰的一个海岸电台。基于接收到的求救信号,救援队伍迅速组织起来,前往事发海域进行救援。这一事件迅速证明了无线电技术在海上救援行动中的巨大价值。同时,人们也意识到了无线电通信的局限性,尤其是在信号覆盖范围和传输距离方面。

到了20世纪60年代,海事组织开始认识到卫星通信能够有效解决通信距离带来的各种难题,并预见到它将在海上搜救行动中扮演关键角色。1976年,国际海事卫星组织成立，之后更名为国际移动卫星组织(International Mobile Satellite Organization，IMSO)，致力于推动和规范海上卫星通信技术的应用与发展，确保提供可靠的紧急海上通信服务。

1979 年，国际海上搜寻救助大会正式采纳了《国际海上搜寻救助公约》。该公约的核心目标是通过双边或多边合作，构建一个全球性的计划，旨在让沿海国家共同参与，以提供近海及其相邻海域的国际搜救服务，从而有效应对和响应海上遇险事件。大会还邀请 IMO 制定 GMDSS 的相关规范，以确保公约中全球搜救计划的顺利执行。

在国际电信联盟(International Telecommunication Union，ITU)、国际无线电咨询委员会以及其他国际组织，特别是国际气象组织(World Meteordogical Organization，WMO)、国际水道测量组织(International Hydrographic Organization，IHO)、国际海事卫星组织和国际卫球搜救系统(COSPAS－SARSAT)等的共同努力下，IMO 为 GMDSS 采纳了多种设备和通信技术，显著增强了该系统的功能，为海上遇险报警和求救信息的传递提供了便利。同时，ITU 也为 GMDSS 的实施制定了相应的规则框架。

在 1983 年和 1987 年，全球无线电行政大会针对移动服务通过了对 ITU 无线电规则的修正案。这些修正案详细规定了 GMDSS 所使用的无线电频率、操作程序以及无线电人员的知识和能力要求。

1988 年，《国际海上人命安全公约》(以下简称“SOLAS 公约”)的缔约国在关于 GMDSS 的大会上通过了实施 GMDSS 无线电通信的公约修正案，以及若干相关决议案。这些修正案于 1992 年 2 月 1 日生效，标志着 GMDSS 开始在国际航行船舶上实施。随后，自 1999 年 2 月 1 日起，GMDSS 全面实施。

随着技术的持续进步，国际航运界不断引进新的通信技术并改进现有技术，以优化 GMDSS。例如，2022 年 6 月，在 IMO 完成了 GMDSS 现代化计划后，中国北斗报文服务系统和美国铱星卫星通信系统被纳入 GMDSS，同时 Inmarsat 系统也完成了新旧系统的更替，使得 GMDSS 发展成为一个集成了卫星通信和地面通信的综合通信网络。今天的 GMDSS 是一个覆盖陆地、海洋和天空的立体通信网络，确保符合 SOLAS 公约要求的船舶在任何水域至少拥有两种通信方式，能够通过自动或半自动方式向岸基搜寻救助单位发送求救信息。

SOLAS 公约所建立的 GMDSS 是对 1979 年《国际海上搜寻救助公约》的支持和补充。鉴于国际航运的全球性质，《国际海上搜寻救助公约》的通过旨在制定一个全球性的海上搜救计划。在该公约的支持下，无论在何处发生事故，遇险人员的搜救将由一个搜寻和救助组织统一协调，并在必要时通过邻国之间的协调进行。

GMDSS 在海上的实施代表了海上搜救和通信领域的一次划时代变革。在 1992 年引入 GMDSS 之前，遇险船舶发送求救信息的方式与早期相比变化不大，即无线电操作员通过莫尔斯码或无线电电话发送求救呼叫，并希望通信范围内的另一艘船或岸站能够听到呼叫并做出响应。随着 GMDSS 的引入，这个系统彻底改变了海上无线求救的过程和方法，能够远距离自动发送和接收遇险报警，显著提高了可靠性。随着 IMO 搜救计划的完成和 GMDSS 的全面实施，以及未来更加先进的通信技术在 GMDSS 中的应用，海员和船上的乘客在海上的航行安全将得到更好的保障，海上通信也将朝着更加便捷和高速化的方向发展。

第二节　GMDSS 概述

一、GMDSS 与搜救过程

GMDSS 作为覆盖陆地、海洋和空间的全方位遇险与安全通信网络，其核心理念在于确保岸上当局及邻近遇险船只能够迅速接收到遇险警报，并依据 SOLAS 公约的规定提供必要的援助。为此，GMDSS 在技术上融合了卫星通信技术与地面通信技术中的中高频通信技术，以实现其目标。卫星通信系统涵盖了国际海事卫星通信系统（Inmarsat）、铱星通信系统（Iridium）、中国北斗信息服务系统（BeiDou Message Service System，BDS），以及 COSPAS－SARSAT 系统。地面通信系统则主要由中频（MF）、高频（HF）和甚高频（VHF）通信系统组成，其主要通信模式包括无线电话、数字选择呼叫（Digital Selective Call，DSC）以及电传模式。此外，GMDSS 还包含了用于接收海上安全信息和显示遇险船只位置的系统，如 NAVTEX、EGC 及 SART 等。通过这些设备，GMDSS 在陆地、海洋、空中乃至太空范围内为船舶打造了一个综合性的通信网络，并通过持续的技术进步，不断提升海上活动的安全水平。GMDSS 的通信网络和通信模式详见图 1－1。

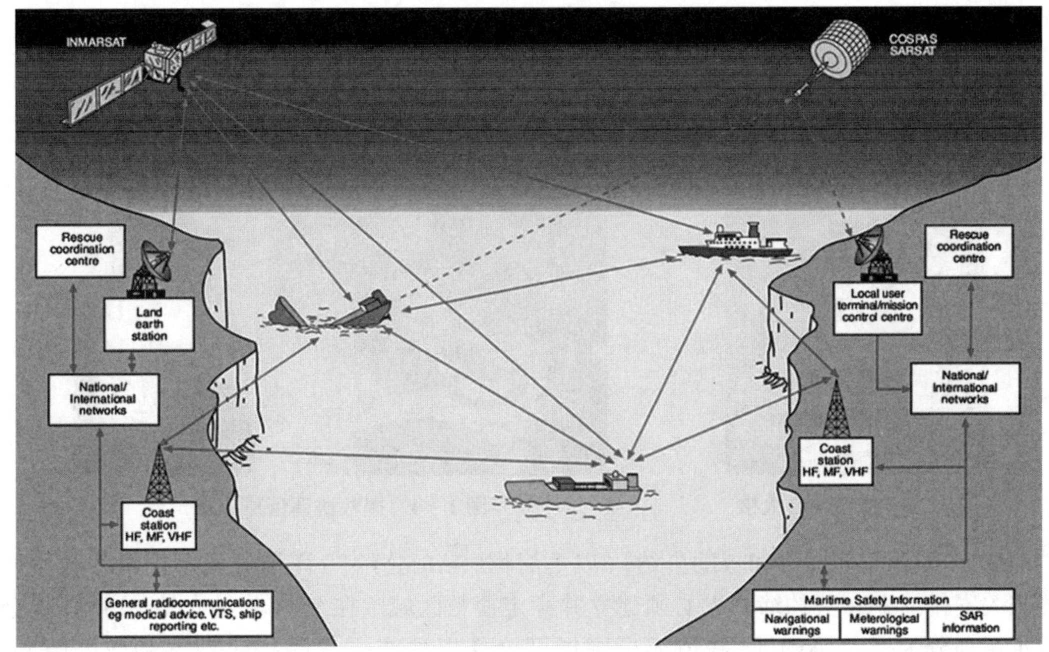

图 1－1　GMDSS 通信网络和通信模式

根据 SOLAS 公约对船载设备的基本要求，船舶应使用 GMDSS 认可的不同设备来完成对应的功能。这些设备组合构成了船载设备的解决方案，需要注意的是 GMDSS 与以前的无线电报（W/T）和无线电电话（R/T）系统明显不同，船舶携带的设备应由其作业区域而不是其大小决定。这些设备能够在离岸近距离或远距离范围内，通过人工或自动发送和接收遇险报警，当岸上收到遇险报警时，将快速将遇险报警发送到搜救协调中心（Rescue Co-ordination Centre，RCC）。RCC 的职能是发送遇险确认，表明其已接受对事件的协调责任。然后，RCC 会将遇险报警转发回遇险区域，以便与该地区的船舶建立联系，救助遇险船舶。船岸报警中 RCC 的功能如图 1－2 所示。

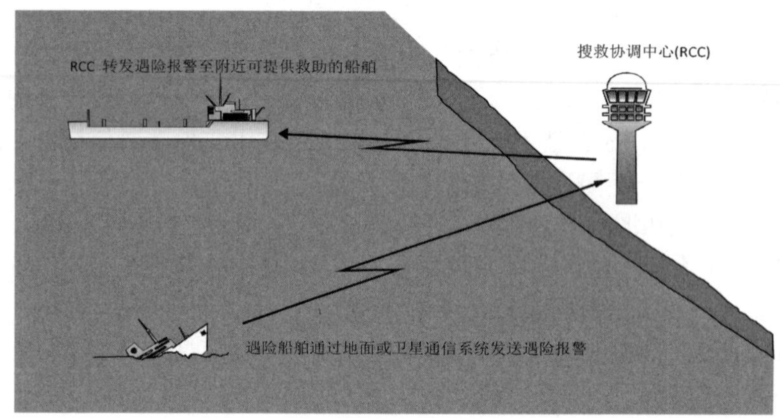

图 1－2　船岸报警中 RCC 的功能

SOLAS 公约第五章要求船长收到海上遇险信号时，以最快的速度提供援助；或者，RCC（图 1－3 和 1－4）可以自行部署或以合作方式部署搜救力量。

图 1－3　搜救中心大楼

图 1－4　搜救协调值班人员

IMO《国际海上搜寻和救助公约》（以下简称“SAR 公约”）详细规定了提供搜救服务的相关安排。SAR 公约缔约方必须建立并商定搜救区域。在 SAR 公约支持下，IMO 将全球水域划分为搜救协调区，并请成员国展开合作以便在需要时提供搜寻和救助服务。IMO 全球海上搜救（SAR）计划详细介绍了这一全球性的合作计划。

二、GMDSS 功能要求

为了确保海上通信的顺利进行，IMO 在 SOLAS 公约附则第四章定义了船载 GMDSS

设备应具备的功能。根据2022年4月28日IMO海上安全委员会通过的MSC.496(105)决议,300总吨及以上国际航行货船和所有客船在海上航行时,船载GMDSS设备应具备两类共10项功能。

（一）第一类功能：具备GMDSS的通信功能

主要包括以下功能：

（1）通过至少两种独立的方式发送船对岸遇险报警,每种方式使用不同的无线电通信业务；

（2）接收岸对船遇险转发；

（3）发送和接收船对船报警；

（4）发送和接收搜救协调通信；

（5）发送和接收现场通信；

（6）发送和接收定位信号；

（7）接收海上安全信息；

（8）发送和接收紧急和安全通信；

（9）发送和接收驾驶台至驾驶台通信。

（二）第二类功能：发送和接收常规通信功能

依据公约条款,船舶在航行期间必须配备GMDSS设备以执行其基本功能。即便船舶处于港口或停泊状态,也应保持接收海上安全信息或执行其他通信任务的能力。原先的船载设备功能要求船舶能够发送和接收海上安全信息,而修订后的要求则明确指出,船载设备仅需支持接收海上安全信息。

此外,修订案还明确了发送和接收驾驶台至驾驶台通信属于安全类通信,是GMDSS功能的一部分。这一调整主要是为了满足SOLAS公约第五章关于航行安全的通信要求,确保船舶能够进行船舶间的安全通信。另外考虑到常规通信通常也由GMDSS设备完成,此次修订将这一功能单独列为第二类,使GMDSS的功能更加具体化。

值得注意的是,尽管GMDSS设备功能完备且报警机制灵活,但在紧急情况下,水上遇险的船舶和船员仍可使用任何其他手段来标示自己的位置或寻求救援。

三、GMDSS海区

GMDSS由一系列无线电通信系统组成,这些系统各自具有独特的服务范围和服务类型特征及限制。因此,在GMDSS框架内,船舶所需配备的设备类型是根据其航行区域来决定的,而不是基于船舶的吨位大小。GMDSS将全球海域划分为4个不同的海区,每艘船舶必须配备与之相对应的GMDSS设备。

随着GMDSS的现代化进程,Iridium和中国BDS已被IMO认可,作为卫星通信系统纳入GMDSS体系。这一变化使得原先基于Inmarsat系统卫星覆盖区域定义的A3海区进行了重新划分。

（一）原海区定义

A1 海区——在至少一个甚高频岸台的无线电话覆盖范围之内，可以使用 DSC 进行连续报警的区域。

A2 海区——在至少一个中频岸台的无线电话覆盖范围之内，可以使用 DSC 进行连续报警的区域，但不包括 A1 海区。

A3 海区——在国际海事卫星 Inmarsat 的覆盖范围之内，可以连续实现 Inmarsat 报警的区域，但不包括 A1 海区和 A2 海区。

A4 海区——A1、A2、和 A3 海区以外的区域。

（二）修订后的海区定义

A1 海区——在至少一个甚高频岸台的无线电话覆盖范围之内，可以使用 DSC 进行连续报警的区域。

A2 海区——在至少一个中频岸台的无线电话覆盖范围之内，可以使用 DSC 进行连续报警的区域，但不包括 A1 海区。

A3 海区——除 A1、A2 海区外，由船载船站支持的经认可的移动卫星通信系统所覆盖的区域，在这个区域内连续的报警服务可用。

A4 海区——A1、A2、和 A3 海区以外的区域。

（三）A3 海区的新定义引起的变化

不同的移动卫星通信系统，A3 海区的范围不同。对于 Inmarsat 系统，作为被认可的移动卫星通信系统，其 A3 海区与原定义相比保持不变，依然为南北纬 76°之间除 A1、A2 海区外的区域；对于铱星系统，因其为全球覆盖移动卫星通信系统，它的 A3 海区包括极地区域。

A4 海区的定义原文保持不变，但应当认识到，若船载船站支持全球覆盖的移动卫星通信系统，对这类船舶来讲，将不存在 A4 海区，因此，海区将因船载设备而有所不同。

根据新的 A3 海区定义，新的 A3 海区是一个纯粹的卫星系统服务海区。因此，对于不使用认可的移动卫星通信系统而航行于 A1、A2 海区以外的船舶，其航行海域将为 A4 海区，也即 A4 海区不仅仅局限于极地区域，它可能因船舶没有配备认可的卫星通信系统或配备局部覆盖范围的卫星通信系统而有所变化。

并非所有沿海区域都有 A1 或 A2 海域（图 1－5），因此，在这些区域航行的船舶可能需要配备卫星通信设备。在实施 GMDSS 的早期，卫星通信设备是一个昂贵的选择，但现在由于海事组织对船舶安全报警系统和远程识别和跟踪系统的其他要求，使得所有商船都配备了卫星终端。另外，随着技术的进步和使用者数量的不断增加，卫星通信费用和通信质量已有较大改善，因此安装和使用卫星设备的费用已经不再是制约船舶使用该设备的主要因素。

在图 1－5 中，非洲北部海岸和葡萄牙西海岸的一部分没有 GMDSS 海区或 A1 海区。这是因为沿岸国家没有在其海岸线上提供 VHF 岸基搜救协调业务，这些国家包括埃及、利比亚、摩洛哥、葡萄牙和突尼斯。

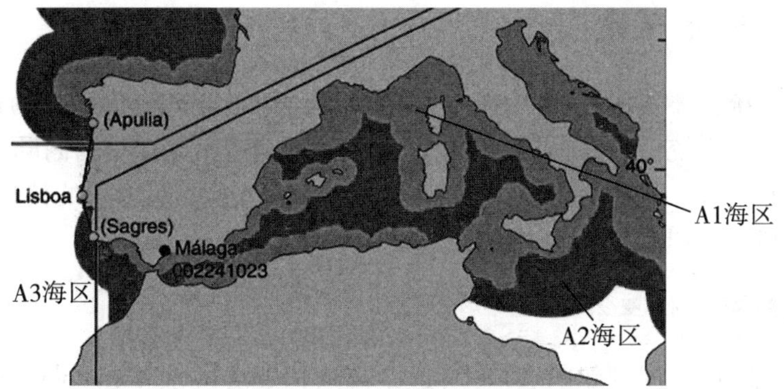

图 1-5　地中海沿岸海区分布

第三节　GMDSS 构成及船载要求

GMDSS 主要由卫星通信系统、地面无线电通信系统（即海岸电台）以及海上安全信息播发系统等部分构成。地面通信系统包括中/高频（MF/HF）、甚高频（VHF）、数字选择性呼叫（DSC）、窄带直接印字电报（Narrow-Band Direct Printing，NBDP）、航行警告电传系统（NAVTEX）和现场寻位系统等。卫星系统包括 Inmarsat 卫星通信系统、铱星卫星通信系统、北斗报文服务系统和 COSPAS - SARSAT 等。GMDSS 基本技术框架如图 1-6 所示。

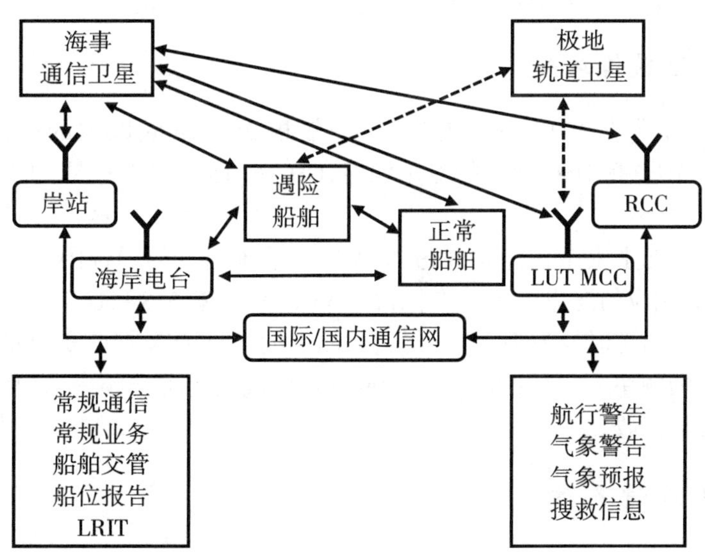

注：RCC 为搜救协调中心；LUT 为极轨道搜救卫星本地用户终端；MCC 为极轨道搜救卫星任务控制中心。

图 1-6　GMDSS 基本技术框架

一、地面通信系统

地面通信系统主要工作在 MF、HF 和 VHF 频段，用于近、中、远距离的遇险、紧急、安全和常规通信。该系统由船舶电台、海岸电台和岸台连接的国际/国内陆地公众通信网或者专用通信网组成。海岸电台相当于船舶电台与陆地通信网用户的接口，起到有线通信与无线通信转接的作用。

（一）远距离通信业务

在船到岸、船到船、岸到船的通信中，远距离通信业务一般指在 150 n mile 以上的距离，可使用 HF 来进行通信。在卫星覆盖的区域中，既可使用 HF 通信也可使用卫星通信；在卫星覆盖区域以外，HF 是唯一的远距离通信手段。利用 DSC 在 HF 波段上可实现遇险、紧急、安全和常规呼叫。在 DSC 呼叫之后，根据实际通信需要利用 HF 无线电话或无线电传（NBDP）来完成后续通信。在 4 MHz、6 MHz、8 MHz、12 MHz 和 16 MHz 频段中，规定了远距离业务中使用的 DSC 遇险报警频率，当船舶遇险时可选用这些频率的一个或多个进行报警。

（二）中距离通信业务

中距离通信业务是在 2 MHz 波段上进行的，一般指 150 n mile 以内的范围。在船到岸、船到船、岸到船的通信中，可在 2 187. 5 kHz 频率上使用 DSC 进行遇险报警和安全呼叫；在 2 182 kHz 频率上使用 MF 无线电话进行遇险和安全通信，包括搜救协调通信和现场通信；在 2 174. 5 kHz 频率上使用 NBDP 进行遇险和安全通信。

（三）近距离通信业务

近距离通信业务在 VHF 波段上进行，一般指 25 n mile 以内的范围。其中，VHF CH 70（156. 525 MHz）是 DSC 通信的专用频道，CH 16（156. 8 MHz）是 VHF 无线电话遇险和安全通信的频道。

沿海近距离的海上安全信息是通过 NAVTEX 系统播发的。各国主管部门依据 IMO 的相关规定，设立相应的海岸电台。在国际 NAVTEX 频率 518 kHz 上向约 400 n mile 以内海域的船舶用英语按时播发海上安全信息，船上的 NAVTEX 接收机自动接收，并打印；也可在其他规定的频率上（如 490 kHz、4 209. 5 kHz 或其他可选频率）使用本国语言进行安全信息的播发与接收。

二、卫星通信系统

海上卫星通信系统的通信功能丰富多样。在其信号覆盖范围内能够为用户提供满足各类通信需求的通信服务，包括常规通信和遇险安全通信。卫星通信系统主要包括 Inmarsat 卫星通信系统、铱星卫星通信系统、北斗报文服务系统和全球搜救卫星系统。

（一）Inmarsat 卫星通信系统

国际海事卫星通信系统简称 Inmarsat，于 1979 年 7 月 16 日正式成立。Inmarsat 总部设在伦敦，主要负责操作、管理、经营 Inmarsat 系统。Inmarsat 卫星通信系统最初只提供海上通信业务，它向广大的海上用户提供遇险呼叫、紧急安全通信、电话、用户电报、传真、各种数据传输、无线电导航等二十余种通信业务。

1982 年系统开始提供全球海事卫星通信服务。随着新技术的开发，1985 年 10 月，通过了 Inmarsat 公约和业务协定的修正案，决定把航空通信纳入业务之内。1989 年又决定把业务从海事通信发展到航空、陆地移动通信领域，并于 1990 年开始提供全球性卫星航空移动通信业务。为了适应海事通信事业和通信网络发展的需要，国际海事卫星组织于 1994 年正式改名为国际移动卫星组织，1999 年改制为股份制公司，2005 年年初成功上市，至今运转良好，是全球移动卫星通信业务的主要提供者，在世界移动卫星通信领域占有极其重要的地位。

在 2019 年前，Inmarsat 是 IMO 唯一指定用于 GMDSS 的卫星通信系统。它根据 GMDSS 要求，提供海上安全信息、航行和气象报警、气象预报和与安全有关的其他紧急信息，提供遇险船舶位置标识，提供搜救协调通信。随着海事卫星应用领域的逐渐扩展，以公约的形式通过了一系列通信服务标准，分别为“海上船载卫星通信服务标准（1982 年通过）”“飞机机载卫星通信服务标准（1985 年通过）”和“陆地移动卫星通信服务标准（1989 年通过）”。

自 1979 年至今，在业务体系上海事卫星经历了五代发展（表 1－1）：

第一代：20 世纪 80 年代早期提供业务，租赁其他国家的卫星，其代表业务为 Inmarsat-A，主要提供模拟话音、传真和中、低速数据等业务，现已经停止服务。

第二代：20 世纪 90 年代初期实现全球覆盖，其代表业务有 Inmarsat-C 和 Inmarsat-B，主要提供数字话音，传真和中、低速数据等业务。Inmarsat-B 现已停止服务。

第三代：20 世纪 90 年代末期实现全球覆盖，其代表业务有 Inmarsat Mini-M、Inmarsat-GAN 和 Inmarsat-F，主要提供话音、传真、ISDN、MPDS 等业务。当前，这几个系统均已经停止服务。

第四代：2009 年实现全球覆盖，提供海、陆、空 3 个系列的宽带业务，以及增加了宽带 IP 数据业务。

第五代：Inmarsat 的 Global Xpress（GX）于 2015 年 12 月开始提供全球商业服务。它是第一个利用来自单一卫星运营商的容量提供完全全球覆盖的卫星通信网络。GX 星座由 4 颗 Ka 波段的 HTS 卫星组成。它使用固定窄点波束（通过紧凑型终端提供高速服务）和 6 个可控波束组合，因此，可将附加容量实时分配到需要的地方。

Inmarsat 目前运营着 13 颗在轨卫星，包括 8 颗高可靠性的 L 频段卫星、4 颗全球 Ka 宽带卫星以及 1 颗 S 频段移动通信卫星。

表 1-1　海事卫星演进过程

技术特征	第二代卫星	第三代卫星	第四代卫星	第五代卫星
启动时间	1990 年	1996 年	2005 年	2013 年
全球服务时间	1992 年	1998 年	2009 年	2015 年
卫星数量/颗	4	5	4	4
预计服务截止日期	2013 年	2018 年后	2023 年后	2031 年后
波束(单颗卫星)/个	1(全球波束)	1(全球波束) 7(宽点波束)	1(全球波束) 19(宽点波束) 193(窄点波束)	89(固定波束) 6(移动波束)
终端 EIRP/dBW	39	49	67	51
信道数量/个	4	46	630	72
频率波段	L	L	L	Ka
信道带宽	4.5~7.3 MHz	0.9~2.2 MHz	200 kHz	36 MHz
卫星发射重量/kg	1 500	2 050	5 959	6 100
单侧太阳能电池板翼展/m	14.5	20.7	45.0	33.8
业务	语音	语音/ISDN	语音/ISDN/最高 700 kbit/s 数据	下行 50 Mbit/s 上行 5 Mbit/s 数据

注：由于第一代卫星主要为租赁卫星，具体参数不统一，在此不做介绍。

（二）国际卫星搜救系统

国际卫星搜救系统(COSPAS-SARSAT)是 IMO GMDSS 的重要组成部分。该系统是由美国、苏联、法国和加拿大四国在 1979 年联合开发的，在全球范围内利用卫星进行遇险报警信息服务的系统。1985 年国际卫星搜救系统正式开始运行。同年，经国务院批准，中国加入该组织。目前全球已有 43 个国家和地区分别以“空间设备提供国”“地面设备提供国”“地面设备操作者”和“用户”的身份加入了该组织。

国际卫星搜救系统用于陆、海、空遇险事件的搜救业务，并向全球开放。遇险目标可利用自身携带的卫星应急示位标自动或人工启动发射遇险报警信号。系统根据接收到的报警信号可迅速地确定遇险目标的位置，从而进行及时的救助。该系统只用于发送紧急报警信息，不作为其他通信用途。

国际卫星搜救系统由低地球轨道搜救卫星系统(LEOSAR)、地球静止轨道搜救卫星系统(GEOSAR)和中地球轨道搜救卫星系统(MEOSAR)3 个部分组成。中轨道搜救卫星系统是国际卫星搜救系统目前正在积极推动的一项重大技术升级改造，解决了低地球轨道和静止轨道搜救卫星系统的技术局限和运行问题，全面提升了全球搜救卫星系统的性能和运行效率。

三、MSI 接收系统

MSI 是船舶航行不可或缺的安全信息。其播发方式主要有三种：第一种是 NAVTEX 系统，主要用于沿海水域的 MSI 播发，涵盖距离沿岸约 200 n mile 以内的区域。第二种是海事卫星增强群呼系统（EGC），适用于远海 MSI 的播发。EGC 系统目前包括 Inmarsat EGC 和铱星的 SafetyCast 系统。Inmarsat EGC 即 Inmarsat SafetyNET 系统，覆盖除 A4 海区以外的全球所有水域；铱星的 SafetyCast 系统能够向 A1 至 A4 四个区域播发 MSI。第三种方式是 HF NBDP 系统，在此模式下，由指定的责任国在相应的 MSI 播发频率上定时向预定区域发布海上安全信息。

四、安全相关设备

（一）紧急无线电示位标系统

航海上使用的紧急无线电示位标系统为 EPIRB，是国际卫星搜救系统（COSPAS - SARSAT）的重要组成部分之一。它可以安装在船舶、飞机或个人设备上，如救生衣，以帮助搜救机构快速定位遇险者，并提供其他关键信息，如遇险者的身份和位置。EPIRB 系统可以在全球范围内接收卫星信号，并向相关的搜救机构发送遇险信号。

（二）搜救示位系统

搜救示位系统用于定位救生艇或遇险船舶，可以是 RADAR - SART 或 AIS - SART，用于近距离搜寻和定位遇险单元。RADAR - SART 是一种便携式雷达应答器（雷达信标），旨在接收 9 GHz 雷达的询问信号并提供定位信号。AIS - SART 通过主动发送更新的位置报告，可被搜救船上的 AIS 接收器接收和定位。

（三）现场通信系统

船舶搜救现场通信设备是指用于短到中程通信的设备，通常用于搜救行动中，以保持搜救现场人员之间和搜救人员与遇险者之间的联系，主要包括便携式 VHF 无线电话、MF\\VHF 电话或卫星通信系统，也包括船舶和航空器之间通信的双向 VHF 无线电话设备。关于这些设备的更多信息，请参考后续章节。

五、船载 GMDSS 要求

根据 SOLAS 公约第四章的要求，水上航行船舶根据航行海区的不同，船载设备的配备方案如表 1 - 2 所示。

表 1-2 船载 GMDSS 设备的配备方案要求

设备	A1 海区	A2 海区	A3 海区 卫星方案	A3 海区 HF 方案	A4 海区
具备 DSC 功能的 VHF 设备	√	√	√	√	√
具备 DSC 功能的 MF 设备		√	√		
具备 EGC 功能的 Inmarsat-C			√		
具备 DSC 功能的 MF/HF 设备				√	√
具备 DSC 功能双套 VHF			√	√	√
双套 Inmarsat-C			√		
具备 DSC 功能的双套 MF/HF 设备					√
NAVTEX 接收机	√	√	√	√	√
卫星 EPIRB	√	√	√	√	√
SART/AIS-SART	√	√	√	√	√
手持 VHF 电话	√	√	√	√	√
报警面板(适用于客船)	√	√	√	√	√
客船双向无线电话(工作于 121.5 MHz 或 123.1 MHz)	√	√	√	√	√

第四节　GMDSS 现代化

一、GMDSS 复审

GMDSS 自 1999 年全面实施以来已有二十多年的历史。尽管 GMDSS 通信系统和设备为保护船舶财产和海上人命安全发挥了巨大作用，但随着通信、网络和航运的发展，一方面 GMDSS 现有设备和技术面临升级和进一步优化，另一方面，一些新的通信技术需要引入和补充 GMDSS，进一步丰富系统的功能。因此，需要对系统运行情况进行全面评估，以更好地促进航运业的安全与发展。IMO 的 GMDSS 复审和现代化方案正是在此背景下被提上议程的。

GMDSS 复审是一项重要战略计划，该计划的实施将对船舶的安全运输、岸基设施、船载通信设备、无线电频率资源的重新配置产生重要影响；将是海上通信史上的一次非常大的变革，涉及广泛，意义深远。

（一）海上通信变革与 GMDSS 实施

GMDSS 从 20 世纪 70 年代初被提出到 1999 年 2 月 1 日全面实施，历时二十多年，建

立了 GMDSS。把当时最先进的卫星通信、数字选择性呼叫(DSC)和窄带直接印字电报(NBDP)等技术引入这一全新的海上通信系统,彻底告别了运行一百多年的以莫尔斯码技术为主要手段的海上安全通信体制,使海上遇险报警、遇险搜救及紧急、安全通信进入了新时代。

然而,20 年来,GMDSS 在实施中也出现了不少问题,特别是该系统的遇险报警体制,从开始至今就一直受到大量误报警的困扰。海上误报警一度超过 90%,极大地干扰了正常的海上救助,造成了大量的人力和财力的浪费,影响了系统的有效性,系统效率受到广泛质疑。

随着现代通信、网络技术的发展,不论是卫星通信系统,还是地面频率通信系统,都在发生着新技术和新应用的变化。当前 GMDSS 系统中部分通信技术和手段在带宽、数据传输速度等方面难以满足航运业不断增长的船岸通信业务需求。船舶运输和管理越来越现代化和信息化,越来越多的航运部门需要船岸做到快速、简捷高效、直观的通信,以加强岸上机构对船舶的管理,提高航运的效率和航行安全。

自 GMDSS 实施以来,Inmarsat 一直是独家卫星业务提供商。虽然其系统一直在更新和完善,但仍有一定的局限性,不能实现真正意义上的全球覆盖,特别是正在研究、开辟和规范化的北极航线。IMO A. 1001(25)决议允许卫星系统的多元化发展。例如,美国的铱星系统已具有开展海事通信业务的条件。我国也正在研究实施引入“天通一号”通信卫星系统、北斗卫星导航系统,用于海上通信、搜救作业和遇险与安全信息播发。GMDSS 系统引入更多的卫星服务商有助于增强航海通信的服务能力和效率。

对地面通信系统而言,500 kHz 频段原本用于莫尔斯码的海上呼叫和遇险通信。在 GMDSS 产生后该频段被 ITU 收回,对其进行了数字化调制用于数据通信,并被定义为 NAVDAT(海上安全信息数字广播系统)。甚高频数据交换系统(VDES)在集成了现有自动识别系统(AIS)功能的基础上,增加了特殊应用报文(ASM)和宽带甚高频数据交换(VDE)功能,可以有效缓解现有 AIS 数据通信的压力,对推动水上无线电数字通信产业发展具有重要意义。AIS - SART(搜救定位装置)是一款具有发射遇险位置、状态、安全等能力的救生装置,所发射的信息能与现有的 AIS 系统兼容,定期发射的信息能被 AIS - SART 作用范围内的辅助单元识别和显示。诸如此类的新技术和新设备正在被逐步应用和推广。

在卫星系统和地面通信系统新技术和新应用不断发展的背景下,GMDSS 复审和现代化工作必然被不断推进,由传统水上无线电通信向着数字化、带宽高、覆盖全等方向不断发展,形成新一代的水上无线电数字通信网。

(二) E-navigation 战略

GMDSS 复审和现代化方案是在 IMO 实施 E-navigation 战略背景下被提出的。E-navigation 的概念是 IALA(国际航标协会)和 IMO 于 2006 年共同提出的,被列为优先发展项目。它既是一个现代化的航海通信导航系统,又是一个保证海上航行安全的信息网络系统。E-navigation 整合了现有的船舶和岸基通信导航手段,构建了各方信息交流和共享的平台,增强了船舶的海上服务、安全和保安能力。作为 E-navigation 战略的重要组成部分，GMDSS 系统的发展面临着新机遇。IMO 早在 2012 年就正式提出 GMDSS 复审和现代化方案，其后又在 2016 和 2017 年分别开展了高级复审和现代化方案的审议并通过了计划草案，其目的是对现有 GMDSS 系统进行再评估，淘汰一些旧概念、旧设备，引入新技术，实现 GMDSS 和现代通信技术和手段的融合，不但能满足 E-navigation 战略船岸通信的最新需求，而且能进一步支撑 E-navigation 的发展。

（三）GMDSS 复审与现代化研究

1. IMO 的行动

2008 年 IMO 无线电通信与搜救分委会（COMSAR）第 12 次会议首次提出审议 GMDSS 与 E-navigation 概念的关系及 GMDSS 现代化需求。2010 年 IMO 第 86 次海上安全委员会会议（MSC 86）应 COMSAR 第 13 次会议请求正式建立 GMDSS 复审前期研究新任务，并于次年的 COMSAR 第 14 次会议上正式建立特别工作组，按照该组工作计划及程序安排，已于 2012 年 3 月召开的 COMSAR 第 16 次会议上确定 GMDSS 复审与现代化研究范围和任务。

GMDSS 相关业务涵盖内容广泛，由各国提出需研究的议题众多，经前期研究和协调，COMSAR 分委会已认可了由特别工作组提交的 GMDSS 复审和现代化工作范围，内容包括对 IMO SOLAS 公约相关内容的修订等 5 项高级复审项目和设备及人员要求等 16 项具体复审项目。

IMO 海安会第 90 次会议批准的“GMDSS 复审和现代化项目”，分高级复审和详细复审，于 2017 年完成。2015 年初完成高级复审，在高级的基础上开始详细复审工作。按照这个时间安排，对现有 GMDSS 的复审工作暂定为 3 年，随后逐步向现代化过渡。

2. ITU 的行动

ITU 也较早开始了新技术在水上移动业务遇险及安全通信领域的相关技术、应用和频谱、规则方面的研究。2012 年世界无线电通信大会为新的数字技术在中频、高频和甚高频频段确定了新的频谱划分规则。同时应海事成员国要求，大会审议通过两项重要议题：

（1）ITU 确立了 2015 年世界无线电通信大会上的议题 1. 16（依据 WRC－12 大会 807 号决议）。同时，根据 WRC－12 第 360 号决议，审议有助于引入可能的新自动识别系统（AIS）技术应用和新应用方面的规则条款，并探讨相关的频谱划分，以改善水上无线电通信。

（2）ITU 确立了 2015 年世界无线电通信大会的初步议题 2. 1（依据 WRC－12 大会 808 号决议）。同时，根据 WRC－12 第 359 号决议，审议频谱划分等规则，以推动实现 GMDSS 的现代化及实施电子导航。

3. GMDSS 高级复审的领域

COMSAR（COMSAR16、17 次会议，Annex 2）确定的 GMDSS 复审和现代化项目，高级复审至少在以下 5 个领域进行：

（1）对 GMDSS 现有 9 项功能进行复审；

（2）对现在使用无线电通信优先等级顺序进行复审；

（3）对海区划分及设备配备需求进行复审；

（4）对船舶类别差异性要求的评审；

（5）对遇险通信和其他类型的通信分离评审。

同时还计划在高级复审阶段完成详细复审的2项工作：①调整SOLAS公约第3、4、5和XI-2章，尤其是对关于型号批准、辅助设备、维修保养安排，法规状态（强制或者自由决定）的章节和内容要做调整。②在对SOLAS公约第4、5章以及STCW公约有关的GMDSS法规和规章制度复审时，引入便于修订SOLAS公约和STCW公约的方法，也为GMDSS采用新技术和改进技术提供灵活性策略。

4. GMDSS详细复审领域

根据工作计划，GMDSS详细复审期间主要考虑16个方面的问题，其中，有两个问题在GMDSS高级复审阶段处理，还有对现有系统的替代，以及现代化GMDSS中现有系统和新系统的问题也一并要求进行复审，且这个问题在GMDSS详细复审阶段需要继续进行审核，详细复审主要在下列15个项目中进行：

（1）在船船员培训和表现问题，主要考虑资格证书的鉴定和更新，注意操作者技术知识和技能可能降低的问题；

（2）对双套设备、维护修理、设备连接、备用支持系统和电源的设备配备要求；

（3）GMDSS可能包括的自动识别系统（AIS）功能问题；

（4）GMDSS可能包括的远程识别和跟踪系统（LRIT）功能问题；

（5）GMDSS可能包括的船舶保安警报系统（SSAS）功能问题；

（6）NBDP在GMDSS中的作用问题；

（7）中/高频DSC在GMDSS中的作用问题，以及复杂性问题；

（8）未来高频电台的减少可能引起的问题；

（9）基于中/高频DSC设备的A2海区，用卫星设备作为替代设备问题；

（10）语音通信作为GMDSS必不可少的一部分，有益于搜救作业的问题；

（11）救生艇筏新的需求问题，如提供远距离通信的需求问题；

（12）卫星EPIRB系统的升级问题，如使用中高度地球轨道搜救系统（MEOSAR）；

（13）未来MSI广播系统升级问题，考虑到IHO和WMO正在进行的工作；

（14）表明设施建设水平的问题；

（15）对现有系统的替代，以及在现代化的GMDSS中现有系统和新系统的问题。

二、GMDSS现代化计划

多年来，通信和信息化技术快速发展，卫星通信技术也得到了迅猛发展，数字化无线通信技术不断成熟，海上交通也逐渐进入了信息化、智能化时代，航运界迫切要求改善现行的海上遇险报警和遇险通信系统，以更加有效地保障海上航行安全。

随着E-navigation战略的深入实施，IMO基于通信技术的发展对GMDSS现代化做出了相应要求。2017年，MSC 98次会议审议批准了《GMDSS现代化计划草案》（以下简称《草案》），批准了“修订SOLAS公约第Ⅲ、Ⅳ章支持GMDSS现代化”的新增议题，拟通过4次会议时间完成。经修订后的GMDSS现代化按计划在2024年生效。

（一）《草案》内容

《草案》主要由总体要求、功能需求、GMDSS 卫星服务规定和 A3 海区定义、甚高频数据交换系统（VDES）、海上数字广播（NAVDAT）、遇险报警和相关信息转发、搜寻救助技术、高频通信、GMDSS 设备装配要求、误报警、技能培训、过期条款、实施计划等部分构成。

《草案》中与水上安全通信未来发展相关的内容主要包括以下几个方面：

（1）推动海上数字广播（NAVDAT）作为未来海上安全信息的播发手段，并需要与 NAVTEX 系统做好兼容与协调；

（2）需要对全球高频通信电台的工作情况进行总体评估与研究，优化高频通信电台布局，确定高频通信台站数量，更新高频通信台站信息列表；

（3）重点研究高频通信数字交换技术的应用，提升高频通信技术的便捷性与自适应性；

（4）取消 HF NBDP 通信设备的强制配备要求；

（5）安全通信、其他通信也应纳入 GMDSS 功能范畴；

（6）船舶具备发送和接收海上安全信息的能力的审定。

（二）GMDSS 现代化对海上通信技术的影响

1. 批准纳入 GMDSS 的卫星通信技术

（1）美国铱星系统。Inmarsat 一直是 GMDSS 系统卫星业务的服务提供商，虽然 Inmarsat 的服务一直在完善，但仍具有一定局限性，不能覆盖北极新航线等区域。MSC 99 次会议正式批准了认可铱星提供的安全语音、短脉冲数据和增强群呼作为 GMDSS 的海上移动卫星业务的决议。

（2）SAILOR FBB 系统。在 MSC 99 次会议上，也通过了对 Inmarsat 公司提供的海事卫星业务认可的决议。FBB 是新一代应用 Inmarsat 全球覆盖的卫星通信设备，能够提供可靠、高速的 IP 通信和常规语音通信，在全球范围内可同时接入语音和高速数据服务。

（3）北斗报文服务系统（BDMSS）。在 MSC 99 次会议上，关于中国北斗信息服务系统加入 GMDSS 的申请，海上安全委员会指明该系统需满足决议 A. 1001（25）要求，并指示 NCSR 和 IMSO 进行技术和操作评估。

MSC 106 次会议，IMO 认可中国北斗报文服务系统加入 GMDSS。从而使 BDMSS 成为继 Inmarsat、铱星系统后第 3 个通过 IMO 认可的 GMDSS 卫星通信系统。作为中国提供的海事公共服务产品，BDMSS 加入 GMDSS 将进一步丰富海上遇险与安全通信手段，为增强海上安全作出中国贡献。

2. GMDSS 现代化发展的地面通信技术

（1）海上数字广播系统（NAVDAT）。NAVDAT 系统是增强 GMDSS 海上安全信息业务功能的重要补充。NAVDAT 系统在 10 kHz 带宽发射，实用传输速率为 12～18 kbit/s，约为 NAVTEX 系统的 300 倍，大幅提高了消息的发射速度。

（2）甚高频数据交换系统（VDES）。VDES 是由国际航标协会（IALA）电子航行委员会提出的，是新一代承载海上通信的技术，弥补 AIS 通信链路容量受限的情况。

甚高频数据交换 VDES 系统是一个旨在增强不同 VHF 频段子系统运行兼容性和互补性的通信系统,通常由岸台、船站设备、VDE 卫星地面段、VDE 卫星空间段以及海上信息服务中心组成。VDES 系统为不同的业务类别分配了 18 个海上专用 VHF 通信信道,包括 4 个传统的 AIS 和 ASM 信道、4 个卫星信道、2 个用于远距离传输的新增 AIS 信道以及 8 个高速 VDE 信道。VDES 系统采用 25 kHz、50 kHz 和 100 kHz 等 3 种带宽分别用于 AIS 和 ASM 信道、高速 VDE 信道和卫星信道。

VDES 系统为不同的信道配置不同的编码调制方法,其中在两个传统的 AIS 安全信道,VDES 延用 AIS 系统中的 GMSK 调制方法,通信速率为 9. 6 kbit/s。在其他新增通信信道,VDES 通过采用自适应编码调制(Adaptive Coding and Modulation,ACM)方法为不同信道的用户提供通信服务。

(3) 高频数据交换系统(HFDES)。随着 NBDP 业务的取消,HFDES 将用于提供远距离(包括极地航线)水上数字通信服务。

3. 即将淘汰的海上通信技术

NCSR4 次会议同意 HF NBDP 到 2024 年 1 月 1 日被取代。NCSR5 次会议审议了美国提交的逐渐淘汰搜救雷达应答器的建议,并被 AIS - SART 替代。Inmarsat C 船站也将逐步淘汰,将被 Inmarsat FBB 系统取代。

(三) GMDSS 现代化的技术规范与标准

GMDSS 现代化涉及的技术主要包括海上数字广播、海上高频交换系统以及水上数字综合通信系统等。有关通信技术均已制定或正在制订技术规范与标准。

1. 海上数字广播

自 21 世纪初以来,美国、法国、日本以及多个欧洲国家便开始了对高速数字海上安全信息播发系统的研究。相较于传统 NAVTEX 信息播发系统,NAVDAT 系统可以实现类似增强群呼(EGC)系统的选择性寻址,即可以指定接收方为所有船舶、特定船舶群组或特定单独船舶,该项功能比 NAVTEX 系统广播式发射 MSI 更具有实用性。该系统的工作频带与 NAVTEX 频带相近,是 500 kHz 频带的数字化实验性改造。2009 年,法国在 ITU 第 5B 工作组提出了该种数字系统,并在此后随着美国、丹麦、日本等国的加入,逐步完成了对 NAVDAT 系统的基础研究及数据传输测试。与其他各国相比,法国进行了较为完整的通信试验,并在法国布列塔尼对 NAVDAT 系统进行了实船测试,对实验数据分析得到了如下结论:与 NAVTEX 相比,NAVDAT 能够达到理想的覆盖范围,并且能极大提高数据传输速率,同时对相邻频带的 NAVTEX 系统不会造成干扰。此外,自 IMO 提出 E-navigation 战略以来,各国纷纷大力推进相关技术研究与系统建设,推进了 NAVDAT 及相关技术的进步与实现。

我国交通运输部于 2019 年发布了中华人民共和国交通运输行业标准《海上数字广播(NAVDAT)系统技术要求》(JT/T 1255—2019),对 NAVDAT 系统的一般要求、功能要求和性能要求进行了规范,填补了国内标准的空白,并具有一定的国际领先性。

2. 海上高频交换系统

根据 E-navigation 和 GMDSS 高级复审阶段对数据通信框架的研究,未来海上无线电业务需要高频频段数据交换系统。近几年，国际上也推出了几种高频段的数据交换和电子邮件系统，进行小范围试用。在高频段，ITU 发布了技术建议书 ITU－R M.2058－0，提出了高频频段的数字式海上安全信息播发技术建议，用于水上 HF 频段广播水上安全和海岸至船舶方向安全信息的导航数字数据系统的特性描述。

3. 水上综合无线通信系统

ITU 较早就投入了数字技术在水上移动业务遇险及安全通信领域的相关研究，尤其是在 2012 年世界无线电通信大会上，为数字技术在 MF、HF 和 VHF 频段确定了新的频谱划分规则。2016 年，IEC 发布了《综合无线通信系统标准规范（IEC－62940）》，推动船端综合无线通信系统的应用，提升通信信息综合利用效率。

未来水上综合无线通信系统应能够支撑 HF E-mail 和数据传输、VHF 数据传输、海上数字广播（NAVDAT）、甚高频数据交换系统（VDES）、北斗报文服务系统数字通信、人员落水装置 MOB 数据传输以及卫星 AIS 技术等数字业务。同时也在加速推进船岸两端信息相关技术、设备的融合，更好地将海事相关信息进行协调、收集、集成、交换和显示。

第五节　GMDSS 的实施

一、关于船用 GMDSS 设备的有效性

“设备有效性”指的是设备在任何时刻都应保持正常运行状态。为了确保船用 GMDSS 无线电设备的有效性，GMDSS 实施了 3 种维修方案。

（1）岸上维修（Shore-Based Maintenance）：建议与制造商、维修代理或具备相应资质的导航通信设备维修单位签订岸基维修协议，并确保该协议得到主管机关的批准。

（2）海上维修（Ab-Sea Maintenance）：船舶应配备完整的设备技术资料、充足的备件和测试设备，以及合格的维修人员。

（3）双套设备（Duplication of Equipment）：根据船舶航行的海区，按照双套设备的要求进行配置。

对于航行于 A1 和 A2 海区的船舶，经过主管机关的批准，至少可以采用上述三种方案中的一种来确保设备的有效性。而对于航行于 A3 和 A4 海区的船舶，主管机关的批准下，至少需要采用这三种方案中的任意两种来保证设备的有效性。

二、船舶 GMDSS 无线电人员

SOLAS 公约对 GMDSS 无线电人员作以下规定：每船应配备能胜任遇险与安全无线电通信的人员，此人员应持无线电规则规定并由主管机关颁发的适任证书。在遇险和安全通信中，应指定其中任一人担负主要无线电通信责任。

IMO 的 STCW 公约将执行 GMDSS 遇险和安全通信无线电人员的资格证书设置为 4 类：

(1) 一级无线电电子证书(First-Class Radio Electronic Certificate,1st REC);

(2) 二级无线电电子证书(Second-Class Radio Electronic Certificate,2nd REC);

(3) 通用操作员证书(General Operator's Certificate,GOC);

(4) 限用操作员证书(Restricated Operator's Certificate,ROC)。

其中,1st REC 和 2nd REC 为无线电管理级证书,要求具备无线电电台操作、维修和保养知识与技能,以及电子、通信技术知识与能力。GOC 和 ROC 为无线电操作级证书,只要求具备无线电电台操作知识与技能,以及简单的无线电知识。

4 类资格证书适用范围分别为:①lst REC 和 2nd REC 适用于 A1、A2、A3 或 A4 海区航行船舶、海上平台或设施。②GOC 适用于 A1、A2 海区航行船舶、海上平台或设施,A3、A4 海区航行配备双套设备的船舶、海上平台或设施。③ROC 只适用于 A1 海区航行船舶、海上平台或设施。

2021 年 9 月,依据 STCW 公约、《2006 年海事劳工公约》和《中华人民共和国船舶最低安全配员规则》,我国交通运输部海事局对海船最低安全配员标准进行调整,根据最新要求,海船无线电人员最低安全配员要求如表 1 - 3 所示。

表 1 - 3　中国籍船舶 GMDSS 人员配备要求

<table>
<tr><th>海区</th><th colspan="2">GMDSS 设备</th></tr>
<tr><td>A1</td><td colspan="2">兼职 GMDSS 限用操作员 1 人</td></tr>
<tr><td>A2</td><td colspan="2">专职 GMDSS 通用操作员 1 人或兼职 GMDSS 通用操作员 2 人</td></tr>
<tr><td rowspan="2">A3 和 A4</td><td>双套</td><td>专职 GMDSS 通用操作员 1 人或兼职 GMDSS 通用操作员 2 人</td></tr>
<tr><td>单套</td><td>专职 GMDSS 无线电电子员 1 人</td></tr>
</table>

其中须注意以下几点:

A1、A2、A3 和 A4 海区是 1974 年 SOLAS 公约 1988 年修正案所界定区域。

经船舶检验部门批准(应在相关证书中标明或出具相应证明)暂未配备 GMDSS 设备的,可暂不配备 GMDSS 操作员。

船舶若在未设有 GMDSS 岸上设施的水域航行,经该水域辖区海事管理机构报主管机关批准后,可暂免配备 GMDSS 操作员。

500 总吨以下船舶(仅航行 A1+A2 海区)可配备兼职 GMDSS 通用操作员 1 人;300 总吨及以下国内航行船舶免配 GMDSS 操作员。

三、GMDSS 的实施过程

GMDSS 自 1992 年 2 月 1 日开始实施至今的阶段性关键实施过程如下。

(1) 1992 年 2 月 1 日后建造的 SOLAS 公约船,必须配备两台 9 GHz 的雷达应答器,配备 3 部用于救生艇筏上的 VHF 双向无线电话设备。

(2) 1993 年 8 月 1 日起,所有 SOLAS 公约船必须配备卫星 EPIRB 和 NAVTEX 接收机。

(3) 1995 年 2 月 1 日起,所有适用 SOLAS 公约要求的新造船须满足 GMDSS 安装要求，同时，适用 SOLAS 公约要求的所有现有船舶须满足下列设备配备要求：①雷达应答器。500 总吨及以上船舶须配备 2 个，300 至 500 总吨的船舶须配备 1 个。②救生艇筏 VHF 双向无线电话。500 总吨及以上船舶须配备 3 个，300 至 500 总吨的船舶须配备 2 个。

（4）1999 年 2 月 1 日起，所有 SOLAS 公约船应符合 GMDSS 要求。

（5）2024 年 1 月 1 日起，GMDSS 现代化计划要求生效（由于相关标准尚未准备妥当，新设备难以及时满足要求，该生效计划延迟至 2027 年 1 月 1 日）。

思考题 > > > > > > > > >

1. 简述 GMDSS 系统的基本概念。GMDSS 系统有哪些功能？
2. 简述 GMDSS 系统包括哪些分系统，各分系统主要有哪些设备？
3. 简述 GMDSS 海区划分的目的和方法？
4. 简述 GMDSS 系统有效性（持续可用性）的解决方案。
5. 简述 GMDSS 现代化计划的主要内容。
6. 简述 GMDSS 系统的实施过程。
7. 简述 GMDSS 的船载要求。

第二章　船舶电台管理

为确保电台的顺畅运作,所有参与电台操作的工作人员必须遵循一系列工作纪律和原则,确保电台信息的安全、设备的完好无损以及通信的有序畅通。此外,在技术层面上,电台的管理人员和操作人员应遵守国内外的法规以及技术标准,以满足海上通信的特殊需求。同时,为了保障电台的持续运作,必须配备充足的业务图书资料和文件,这些资料是电台与外界沟通的关键指南,也是协助操作人员正确操作和维护电台的重要参考资料。妥善管理船舶电台是确保电台正常运行的基础和保障,也是船舶无线电管理和操作人员必须掌握的知识和技能。

第一节　船舶无线电人员的职责与守则

一、船舶无线电人员的职责

船舶无线电人员通常指持有 GMDSS 通用操作员或一、二级电子员适任证书的人员,沿海航行还包括持有限用操作员证书的人员。为正确履行职责,无线电人员应明确实际工作范围和原则,避免出现疏漏和不当行为。根据无线电人员工作状态和国家的职责要求,无线电人员的工作职责如下:

(1) 在船长的领导下,全面负责本船的无线电通信工作和无线电通信导航设备。

(2) 严格执行各项通信规则和保密规定,确保机密安全,保守通信秘密,不得透露往来电话、电传、传真或电子邮件的内容。

(3) 全面负责本船无线电通信导航设备和广播系统的技术管理,做好通信和导航设备的管理、使用、维护、修理工作,努力使设备保持良好的技术状态。

(4) 负责电台蓄电池、变流机和各种天线的日常清洁、检查、养护工作,确保良好的技术状态;做好蓄电池室(箱)、变流机室和备件库的清洁工作;负责电台蓄电池的充、放电工作。

(5) 负责保管图纸、说明书等技术资料和物品账册;负责备件、工具、物料、仪表(器)的登记、保管、盘点和注销;一旦发现缺漏,应及时申报,经船长审批后报送公司有关主管部门。

(6) 除按规定处理开放的公众通信业务外,只能受理经船长签发批准的电话、电传、传真或电子邮件。

(7) 通信中遇到政治问题时,应及时报告船长,并按有关规定处理。如无相应的规定,可按船长的指示处理,并做详细的记载,事后应书面向公司主管部门汇报。

(8) 当本船遭受海难或发生其他危险情况时应保持电台值守,不得擅离职守。弃船时应销毁“秘密”以上等级的文件资料，并携带电台执照、电台日志、紧急无线电示位标和救生艇电台设备。按船长的命令离船。

（9）船舶开航前应做好航前安全检查工作，发现问题要及时解决或报告，并将填写的开航前检查报表寄公司通导主管部门备案。

（10）航行中应每天查阅电台日志和报文底稿，检查电台一天所做的各项工作，发现问题要及时查清并设法纠正。

（11）大风浪前后，应检查有关设备、收发天线及周围环境，并采取有效的安全防范措施。

（12）通导设备发生故障时应及时排除，确实无法修复时，应报告船长并提出措施和建议。如有设备的自修项目，应报公司通导主管部门批准，并按公司有关规定办理。

（13）修理、安装或更新通导设备时，应现场配合、协调和监督，完工后应认真验收并签单，并及时报告船长或公司通导主管部门。

（14）按规定定期检查、试验相关的通导设备，并将检查、试验情况记入电台日志。

（15）船舶抵港后，应按规定填报通信导航航次报告表，负责做好 PSC 检查准备工作，在任何港口均应尊重和接受港口国监督检查官对本船工作的检查和指导。

（16）厂修前，应拟定船上通信导航设备的修理工程项目，并制单送交大副汇总，报公司主管部门审批。

二、无线电人员守则

根据《无线电规则》和我国有关海上无线电通信的有关规定，船舶无线电人员在正确履职过程中，还应当遵守有关无线电通信的工作制度、保密制度、通信纪律和交接班制度的有关规定，这些规定主要包括以下内容。

（一）工作制度

（1）坚守工作岗位，不得迟到早退，不得擅离职守；
（2）自觉遵守规章制度，工作要耐心、专心、细心，主动配合，保持通信畅通；
（3）严格遵守各项通信规定，认真守听，并详细记录；
（4）对各类通信应按先急后缓，先船后岸的原则处理，并做到迅速、准确、保密；
（5）通信手续简捷，通信内容不得臆测擅改；
（6）对遇险、紧急或特殊通信，要及时准确接收，详细、如实记录，并及时报告；
（7）保持电台肃静整洁，不做与通信工作无关的事情；
（8）爱护机线设备，正确操作和使用，定期做好维护保养和测试工作，保持设备良好；
（9）交接班应交接清楚，重要事项应详细记载。

（二）保密制度

（1）不得在公共场所、私人通信及与无关人员谈话中泄露通信机密、通信内容等；
（2）不得在机上询问机密事项，密电不得经国外台、站转递；
（3）电台通信密件，必须妥善保管，不得私自外带、摘抄，如有遗失泄密，立即报告。

（三）通信纪律

（1）不准主动与无关电台通信联络和承担核定以外的通信任务；
（2）不准冒用、伪造电台呼号、标识和使用核定以外的频率；
（3）不准私编密语、密码和擅自进行私人通信；
（4）不准擅自发送遇险报警、遇险转播和确认或恢复正常通信的通知；
（5）不准伪造通信情况，私自涂改无线电通信日志和收发的电文；
（6）不准无故中断通信、冒充急电、抢叫干扰、争执吵骂和不服从指挥；
（7）不准擅自使用通信设备收听语言广播。

（四）交接班制度

主管船舶通导设备的无线电人员休假离船前，必须按其职责与接班人员认真进行交接工作，办理交接手续，并填写“交接班报告书”。

1. 交接的主要内容

（1）文件资料及修改情况、说明书；
（2）各类在规定保管期限内的报稿、报底、无线电通信日志和各种登记记录簿；
（3）清点所有通导设备备件、工具仪表（器）和各类打印纸等物料；
（4）电源设备（包括配电盘、充放电设备、变压器等）和室外各种收发天线状况，并开机试验所有通导设备，了解设备技术状况、性能、特点、操作规程及注意事项等。

2. 交接时还应注意的事项

（1）在交接班过程中，若发现设备存在故障或工作不正常时，原则上应由交班人员处理完毕或办理申请检修手续。如因时间紧迫，应向接班人员交代清楚，并在“交接班报告书”上说明。

（2）交接中如发现文件丢失、缺页，设备严重损坏或备件、工具等按册存数存在较大缺失时应立即报告船长或公司通导主管部门。

（3）如无线电人员短期航休，应向留船人员说明航休期间应进行的工作，并将交代的工作记入无线电通信日志。回船后检查相应工作的完成情况，必要时应向船舶领导进行口头汇报。

（4）必须将开航前亟待解决的问题及公司通导主管部门或船舶领导布置的有关工作交接清楚。

（5）交接工作后，应在无线电通信日志上说明交接情况（包括存在的遗留问题或处理意见），交接双方签字并由船长加签。

第二节　电台标识

电台通常是指用于进行无线电通信的发信机和/或接收机及其组合。对于水上移动业务的船舶电台而言,其主要应用场景是在非长久停泊的船舶上。在海上通信过程中,为了便于人工或自动识别通信信息,电台需要采用特殊的标识方法以实现快速、便捷和准确的识别。早期通信中,只有一个船名作为标识;但随着通信技术的发展,现代海上通信中,船舶电台一般采用多种标识方法,包括电台呼号(Call Sign)、水上移动业务选择性呼叫号码(Selcall Number)、水上移动业务标识等标识方法相继诞生,其主要功能是识别不同的船舶或不同的通信业务类型。随着卫星通信技术的发展,标识卫星船站的设备识别码也逐渐引入航海通信业务。除了船舶和岸基通信电台的标识码之外,现代信息技术在航海业务中的应用,还引入了航空器电台、AIS - SART、人员落水装置等一系列特殊用途设备的标识。在这些设备的标识方法中,除了船名和岸基电台名称外,其他标识都是由国际电信联盟(ITU)统一分配给不同的国家和地区,再由其主管部门具体分配给申请的电台。

一、电台呼号

由 ITU 分配的用于识别移动电台和海岸电台的字母或字母与数字的组合称为呼号。ITU 划分给中国的呼号范围是:BAA~BZZ、XSA~XSZ 和 3UA~3UZ。其中海岸电台的范围在 XSA~XSZ,船舶电台的范围在 BAA~BZZ,而 3UA~3UZ 还没有具体分配使用。

(一)江、海岸电台的呼号

江、海岸电台的呼号由 2 个字符和 1 个字母组成;或由 2 个字符和 1 个字母后接不超过 3 位数字(紧接着字母后面的数字不能是 0 或 1)组成。

例:XSG——Shanghai Coast Station　上海海岸电台;
A9M——Bahrain Coast Station　巴林海岸电台;
XSB——Jiujiang Coast Station　九江台;
XSE48——Dandong Coast Station　丹东台。

(二)船舶电台的呼号

船舶电台的呼号由 2 个字符和 2 个字母组成;或 2 个字符和 2 个字母后加 1 位数字(紧接着字母后面的数字不能是 0 或 1)组成。

例:BPQX——M/V YUFENG　育锋轮;
VRET2——M/V XINXIANGHAI　新祥海。

对仅设置无线电话设备的船舶电台,其呼号由 2 个字符(若第 2 个是字母)后加 4 位数字(紧接着字母后面的数字不能是 0 或 1)或 2 个字符和 1 个字母后加 4 位数字(紧接着字母后面的数字不能是 0 或 1)组成。

例：9V2215——M/V POTRODUA　POTRODUA 轮(新加坡)；
　　5BB2528——M/V AROFA　AROFA 轮(塞浦路斯)。
尽管如此,有些国家或地区也把上述的 2 种呼号应用于 GMDSS 电台。
例：HO3741——M/V CJK OSAKA　巴拿马；
　　J8B4424——M/V HONG LEOPARD　圣文森特和格林纳丁斯。

(三) 救生艇(筏)电台的呼号

救生艇(筏)电台的呼号由母船呼号后加 2 位数字(紧接着字母后面的数字不能是 0 或 1)组成。

(四) 航空器电台的呼号

航空器电台的呼号由 2 个字符和 3 个字母组成。

二、无线电台的识别

(一) 江、海岸电台的识别方法(包括港口电台和专用电台)

江、海岸电台的识别方法(包括港口电台和专用电台)可使用下列方法之一：
地理名称+Radio：如 Shanghai Radio——上海岸台。
电台呼号：海岸电台呼号、港口电台呼号、船舶电台呼号等。
单位名称：港口、引航站名称等。
其他识别：地理位置、电台特征等。

(二) 船舶电台电话识别

船舶电台电话识别可使用下列方法之一：电台呼号、船舶名称、其他识别。

(三) 救生艇电台电话识别

救生艇电台电话识别可使用下列方法之一：电台呼号、母船名称后加 2 位数字、其他识别。

三、水上移动业务标识(Maritime Mobile Service Identities, MMSI)

为了方便公众通信网络的电话或电报(传)用户与船台间进行自动化连接,1983 年世界无线电行政大会(WARC)制定了水上移动业务标识(MMSI)数字划分表。使得从事水上移动业务的船台、船站、岸台等可以采用 9 位数字码来进行统一标识。MMSI 通常用于 NBDP、DSC 和 EPIRB 等 GMDSS 设备中。此外,还有一些设备如 SSAS AIS、VDR/SVDR 和 AIS－SART 等也编入了此识别码,MMSI 通常由水上识别数字和其后跟随的数字序列构成。

（一）水上识别数字（Maritime Identification Digits，MID）

水上识别数字由3位数字组成。首位数字表示国家或地区所在区域的地理位置：

2——欧洲；

3——北美洲；

4——亚洲（除东南亚外）；

5——澳洲及东南亚；

6——非洲；

7——南美洲。

例如，中国为412、413；英国为232、233、234和235；美国为303、338、366、367、368和369；澳大利亚为503；南非为601；智利为725等。其他国家和地区的MID详见附录4。

（二）船舶电台的MMSI组成

船舶电台的MMSI格式为

$$M_1I_2D_3X_4X_5X_6X_7X_8X_9$$

其中：前3位数字表示水上识别数字（MID），X为0～9中的任何一个数字。MID表示管辖所标识的船舶电台的主管部门。

（三）船舶电台的群呼MMSI组成

群呼是指同时呼叫1条以上船舶的号码，船舶电台群呼标识格式如下：

$$0_1M_2I_3D_4X_5X_6X_7X_8X_9$$

其中：第一个数字为0，X为0～9中的任何一个数字。MID为水上识别数字。

（四）海岸（岸基）电台的标识

水上无线电业务的海岸电台和其他陆地电台MMSI的格式为

$$0_10_2M_3I_4D_5X_6X_7X_8X_9$$

其中：前两位数字为0，第3、4和5位表示MID，X为0～9中的任何一个数字。有些国家，在上述格式中，通过特别指定第6位，来标识不同用途的陆上电台，第6位的具体指定方法如下：

00MID1XXX——海岸无线电台；

00MID2XXX——港口无线电台；

00MID3XXX——试验电台等；

00MID4XXX——AIS中继电台。

这一格式能够为各类用途的电台创建多达999个号码。

（五）海岸（岸基）电台的群呼MMSI标识

海岸电台的通用群呼MMSI格式为

$$0_10_2M_3I_4D_5X_6X_7X_8X_9$$

其中：前两个数字为0，X为0~9的任何一个数字。MID为水上识别数字。按照ITU－T有关建议书的规定，该标识可分配给仅位于1个地理区域的某主管部门的海岸电台。

具体来讲：$0_1 0_2 M_3 I_4 D_5 0_6 0_7 0_8 0_9$ 为特定海岸电台群呼标识，用于群呼某个MID主管部门管辖的所有00MIDXXXX电台。

其中，$0_1 0_2 9_3 9_4 9_5 0_6 0_7 0_8 0_9$ 这一号码为全球所有海岸VHF电台群呼标识，不适用于MF或HF海岸电台。

（六）航空器电台MMSI标识

参与水上搜救工作和其他安全相关通信的航空器电台，其MMSI格式为

$$1_1 1_2 1_3 M_4 I_5 D_6 X_7 X_8 X_9$$

其中：第4、5和6位表示MID，X为0~9中的任何一个数字。MID表示管辖航空器呼叫标识的主管部门。

在上述标识格式中，第7位数字可用于区分该类MMSI在以下应用中的具体使用：

111MID1XX——定翼机；

111MID5XX——直升机。

$1_1 1_2 1_3 M_4 I_5 D_6 0_7 0_8 0_9$ 的样式为航空器电台群呼格式，用于群呼某主管机关的所有具有111MIDXXX格式的电台。

（七）自动识别系统（AIS）航标标识

随着海上导航辅助电子航标如AIS航标的逐渐增多，自动识别系统（AIS）航标标识在日常通信业务中也较为常见，这类设备的9位MMSI码通用格式为

$$9_1 9_2 M_3 I_4 D_5 X_6 X_7 X_8 X_9$$

其中：第3、4和5位代表MID，X为0~9的任何一个数字。MID表示管辖航标标识的主管部门。这种格式适用于所有类型的航标，包括所有AIS航标。在具体应用中，第6位数字可用于区分MMSI在以下应用中的具体使用：

99MID1XXX——实体AIS航标；

99MID6XXX——虚拟AIS航标；

99MID8XXX——移动航标。

（八）具有自由格式数字标识设备的MMSI

采用具有自由格式的数字标识方法的设备主要包括：AIS－SART搜救应答器、人员落水装置（MOB）、应急无线电示位标EPIRB－AIS和需要标识的类似设备。

1. AIS－SART识别码

AIS－SART识别码的格式为

$$9_1 7_2 0_3 X_4 X_5 Y_6 Y_7 Y_8 Y_9$$

其中：$X_4 X_5$ 为生产厂商ID（01~99）；$Y_6 Y_7 Y_8 Y_9$ 为序列号（0000~9999）。当达到9999时，生产厂商应以0000重新开始序列编号。

2. 人员落水报警装置的识别码

人员落水报警装置的识别码格式为

$$9_1 7_2 2_3 X_4 X_5 Y_6 Y_7 Y_8 Y_9$$

其中：X_4X_5 为生产厂商 ID 01 至 99；$Y_6Y_7Y_8Y_9$ 为序列号 0000 至 9999。当达到 9999 时，生产厂商应以 0000 重新开始序列编号。

3. 应急无线电示位标 EPIRB－AIS 的识别码

应急无线电示位标 EPIRB－AIS 的识别码格式为

$$9_1 7_2 4_3 X_4 X_5 Y_6 Y_7 Y_8 Y_9$$

其中：X_4X_5 为生产厂商 ID(01～99)；$Y_6Y_7Y_8Y_9$ 为序列号(0000～9999)。当达到 9999 时，生产厂商应以 0000 重新开始序列编号。EPIRB－AIS 的用户标识为指示 EPIRB－AIS 设备归属的标识，而不是船舶的 MMSI。

四、选择性呼叫号码(Selcall Number)

水上移动业务的选择性呼叫号码是用于窄带直接印字电报业务(NBDP)的电台识别码，它符合 CCIR476 协议。目前不再分配，只有部分船舶电台还在使用，但大多数船舶电台现在都使用符合 CCIR625 协议的 MMSI。海岸电台目前这两个码都可使用。

（一）岸台选呼码

岸台选择性呼叫号码由 4 位数字组成。

例：2010——上海岸台；

1481——香港岸台。

国际电信联盟(ITU)划分给中国岸台 Selcall Number 的范围是 2010～2039。

（二）船舶电台选呼码

船舶电台选择性呼叫号码由 5 位数字组成。

例：19719——M/V ZHENHE　珍河轮；

20100——M/V HAIXING　海星轮。

国际电信联盟(ITU)划分给中国船舶电台 Selcall Number 的范围分别是：03000～03199、09700～09999、19600～20201、20203～20299。

（三）预定的船舶电台群呼号码

预定的船舶电台群呼的选择性呼叫号码由同一数字重复 5 次或 2 个不同的数字交替重复(共 5 位数字)组成。

例：11111 属于美国预定的船舶电台群呼号码。

国际电信联盟(ITU)划分给中国预定的船舶电台群呼的 Selcall Number 为：03030、05050、13131、18181、19191、20202。

第三节　电台行政管理文件与证书

电台行政管理文件和证书是确保电台合法运营的重要文件,应当按照船旗国主管机关要求,获得并保持这些文件和证书的最新状态。

一、电台执照(Radio Licence)

(1) 电台执照是合法设置、使用无线电台的法定凭证。凡核准设立的参与水上无线电通信的船舶电台,必须持有我国或国外有关主管当局核发的电台执照。

(2) 电台执照正文除使用本国文字外,一般都附加国际电联工作语言之一的译文(通常为英文、法文或西班牙文),标明该电台的特征,包括电台名称、呼号、注册国家、船籍港、船东名称和电台可用的工作频段以及可开放的公众通信业务类别等。

(3) 电台执照应存放在电台内便于立即取下携带和出示检查的位置,并由无线电人员负责保管。当船舶发生海难弃船时,无线电人员必须携带电传执照离船。

(4) 电台执照的有效期限一般为5年,有效期届满前3个月,无线电人员应及时向船长或公司通导主管部门报告,以便向有关主管当局申请核发。

二、电台工作日志(GMDSS Log Book)

电台工作日志是船舶的重要文件和法律依据之一,用以记载航行中所发生的有关海上人命安全和日常无线电通信业务的一切事项。当船舶发生海难弃船时,无线电人员必须携带电台工作日志离船。

(一) 电台工作日志填写要求

(1) 电台日志由持GMDSS无线电电子员或通用操作员适任证书的值班驾驶员填写,船长每月或每航次检查并签字;

(2) 电台日志必须使用墨水笔填写,按日志内容逐项逐行详细、准确、清楚如实地记载通信情况,写错时应划去并重写,不得任意涂改和撕页;

(3) 填写电台日志,时间一律采用世界协调时(UTC),尽量采用英文或英文缩写,必要时可用中文注明,但国内航线的船舶可用中文和北京时间填写;

(4) 填写电台日志,以航次结束为界,航次开始时另起页填写。

(二) 电台工作日志填写内容

船舶电台工作日志应记录的内容:

(1) 每航次开始至结束的船舶动态情况,包括航线、起航、抵港、抛锚、移泊、修船、复航等时间和地点;

(2) 遇险、紧急和安全通信情况;

（3）DSC 呼叫、无线电话、NBDP、Inmarsat、Iridium 或北斗报文服务系统的日常通信业务情况；

（4）通报（话）表通电和 MSI 接收情况；

（5）航行期间，每日正午船位、对时、船时更改气象状况、日期变更等情况；

（6）通信条件变化和影响正常通信的情况；

（7）电台设备的使用、测试、故障、维修、保养及蓄电池充、放电情况；

（8）上下班交接和工作业务交接情况；

（9）通导主管部门认为必须记录的其他事项。

三、GMDSS 证书

按照我国或国外有关主管当局规定，凡配备 GMDSS 设备的船舶至少应配备 1 名持有二级或以上的无线电电子员适任证书的专职人员或 2 名持有 GMDSS 通用操作员证书的驾驶员。证书的有关要求如下：

（1）在船期间 GMDSS 适任证书由船长负责统一保管；

（2）适任证书有效期一般为 5 年，有效期到期前 6 个月，由船长（在船期间）或本人（离船期间）向公司主管部门或海事主管机关报告，以便向有关主管当局申请换发。

四、货船无线电安全证书（Cargo Ship Safety Radio Certificate）

（1）所有船舶必须配备我国或国外船级社核发的货船无线电安全证书，该证书由船长负责统一保管；

（2）货船无线电安全证书分换证检验和定期检验。换证检验五年一次，定期检验一年一次。根据相关主管机关要求的到期检验时间规定，由船长向主管船级社或公司主管部门提出申请，对船舶无线电设备进行定期检验或换证检验；

（3）换证检验或定期检验过程中，若船舶检验员对无线电设备的配套、性能等方面提出异议时，船长应报告公司通导主管部门，以便妥善处理。

五、GMDSS 设备的产品证书

（1）GMDSS 设备的产品证书一般由船舶入级的相关船级社核发，所有安装在船的 GMDSS 设备都需要有主管机关认可的产品证书；

（2）该证书长期有效，不需换新，证书原件一般由船长负责保管，电台可存放它们的复印件；

六、岸基维修协议及紧急无线电示位标（Report of Shore-Based Maintenance of Satellite，EPIRB）年度检验和特检报告

（1）岸基维修协议及紧急无线电示位标（EPIRB）年度检验和特检报告统一由船长负责保管；

（2）岸基维修协议由 GMDSS 设备厂家或维修代理核发，其有效期年限一般与船东

协商确定，一般应在有效期届满前3个月提出申请换发；

(3) 紧急无线电示位标检验要求每年进行1次，一般在货船无线电安全证书年度检验的同时对其进行检验，并出具主管机关认可的检验报告；

(4) 紧急无线电示位标特检报告，也称作紧急无线电示位标岸基维修报告(EPIRB)，紧急无线电示位标应按不超过5年的间隔期在经认可的岸基维修站进行维修，并出具特检报告。

第四节　电台技术管理

船舶电台除必须具有我国或国外主管部门颁发的无线电通信执照、导航设备核定表、必要的技术资料和文件、标准电码本以及英汉字典等相关工具书籍之外，还应配备以下国际和国内业务文件及资料。

一、国际业务文件和资料

(1)《无线电规则》(*Radio Regulation*)或《水上移动业务和水上卫星移动业务实用手册》(*Manual for Use by the Maritime Mobile Service and the Maritime Satellite Mobile Service*)；

(2)《海岸电台表》(*List of Coast Stations*, List IV)；

(3)《船舶电台表》(*List of Coast Stations*, List V)；

(4)《水上移动业务和水上卫星移动业务电台呼号和数字识别表》(List of Call Signs and Numerical Identities of Stations Used by the Maritime Mobile Service and the Maritime Satellite Mobile Service, List VIIA)；

(5)《无线电测定和特别业务电台表》(List of RadioDetermination and Special Service Stations, List VI)；

(6)《无线电信号表》Admiralty List of Radio Signals，即ALRS：NP281、NP283、NP285)；

(7) 有关港口检查当局和船舶注册的船级社提交的文件和资料；

(8) 对上述所列文件和资料的必要修改资料。

根据《无线电规则》附录S16，ITU定期出版的表四、表五、表六和表七A以及实用手册是远洋船舶电台必备的业务文件，但各公司可根据船舶航线和挂靠港口情况合理配备，相关的主管部门应根据船舶的航行海区决定文件配备的豁免。

二、国内业务文件和资料

仅航行于国内航线的船舶需要配备的业务资料主要包括：

(1)《水上无线电通信规则》(交通运输部海事局编印)；

(2)《中华人民共和国海(江)岸电台名录》(交通运输部海事局编印)；

(3)《中华人民共和国船舶电台名录》(交通运输部海事局编印)；

(4)《全球海上遇险和安全系统手册》(中文版);

(5) 公司主管部门颁发的业务文件;

(6) 对上述所列文件和资料的必要修改资料。

三、文件资料的管理

(1) 船电台应配备专用的文件柜,并设有文件资料登记本。凡列入文件登记本的内部文件和业务资料,由专人负责保管,按规定定期核点和清理,禁止私自携带离船。

(2) 国际业务文件和资料短缺或已过期时,经请示船舶主管部门或船舶领导后自行购买。

(3) 国内业务文件、资料和专用工具书短缺时,应及时向公司通导主管部门申请领取,或经请示公司通导部门同意后在国内自行购买。

(4) 凡需定期或不定期修改的国际、国内业务文件和资料,应按规定进行修改。当收到相关的修改资料后要及时、认真修改,不得借故拖延。

四、文件资料的登记与签收

船舶文件资料的登记与签收制度是规范船舶电台管理工作,维护通信纪律和通信秩序的重要环节,要求认真填写,逐项填写和妥善保管,不得任意涂改和撕页。登记与签收簿一律使用墨水笔填写,时间一律采用船时。

各种登记与签收簿的有关内容说明及填写要求如下:

(一)《VHF 无线电话使用登记簿》

此登记簿由值班驾驶员或使用人员直接填写,要求每次通话结束后将有关通话内容和航行、锚泊期间每班值守的情况记录在"通话内容摘要"栏内,并在"签字"栏内签署姓名。当进行有关遇险、紧急、安全以及重大事件方面的通信时,应详细记载通话内容和过程,并要求船长签署姓名或加签。

(二)《雷达/ARPA 使用登记》

此登记簿由值班驾驶员(包括船长)直接填写,要求两台雷达(或 ARPA)分别设立登记簿,每次使用设备时,应按照登记簿内所列内容逐项填写,并在"签字"栏内分别签署姓名。

(三)《船舶电台通信导航设备管理登记簿》

此登记簿包括船舶通信导航设备登记表、通信导航设备备件登记表和船舶电台工具仪器(表)登记表等三部分内容,由主管无线电人员负责填写。

(1) 船舶通信导航设备登记表要求将船舶现有的通信导航设备及蓄电瓶的情况认真填写,没有的设备不填;设备拆除时应在备注栏内注明拆除的时间和地点;新装设备或表中未列入的设备重新填写。

(2) 通信导航设备备件登记表要求将船舶现有的通导设备备件,按照设备名称和型号分类登记。备件消耗或新增备件时,应在"备注增耗说明"栏内注明增耗的时间和地点。

（四）船舶电台工具仪表登记表

要求将电台现有的工具和测试仪器（表）逐项填写，工具仪器（表）消耗（包括损坏或短缺）时，应在“备注消耗说明”栏内注明原因、时间和地点；新增工具仪器（表）或表中未列入的工具仪器（表）另起行填写。

（五）《船舶电台通信导航设备维修保养记录簿》

此登记簿包括船舶通信导航设备维修保养记录和船舶电台应急蓄电瓶充电记录两部分内容。

1. 船舶电台通信导航设备维修保养记录

具体记录岸修、自修、日常保养和定期保养工作的情况，要求按表中所列内容填写，其中“维修单位或人员”栏由主管无线电人员填写和签署姓名。

2. 船舶电台应急蓄电瓶充电记录

要求将每次检查、维护、保养情况按表中所列项目详细记载，并且每周至少一次测量电瓶的比重或电压值。

（六）《船舶电报签收簿》

登记船上接收到的窄带直接印字电报（NBDP）、卫通电话、电传、传真或电子邮件，并及时交送船长或有关人员签收。

（七）《航行警告签收簿》

登记与签收接收的各类航行警告和有关航行安全的信息，由值班驾驶员填写登记，并由二副签收。

五、报稿、报底、电台日记和各类记录簿的管理

（一）管理人员分工

船舶电台各类报告、报底和通信费用账单，由无线电人员负责保管。气象报告、气象传真图和航行警告，由二副负责保管。每航次结束后，应及时清点检查，妥善保存。

电台工作日志、船舶导航设备管理登记簿和维修保养记录簿，由无线电人员负责保管。VHF无线电话使用登记簿和雷达使用登记簿，由二副负责保管。使用后应及时检查封存。

（二）保管期限及处理办法

国内各类报文，包括NBDP电传、卫通电传、传真和电子邮件的报稿和报底，保管期为一年。

国际各类报文，包括NBDP电传、卫通电传、传真和电子邮件的报稿和报底，保管期为两年。

气象报告、气象传真图、航行警告和船舶电报、航行警告签收簿，保管期为半年。

电台工作日志和电台账单，保管期为两年。

VHF 无线电话和雷达使用登记簿，保管期为一年。

船舶电台导航设备管理登记簿和维修保养记录簿应长期保管。

各类报稿、报底、电台日志和记录簿保管期满后，应开列清单，经船舶负责人批准后，由保管人员销毁，并向公司主管部门报告。

六、英文版《无线电信号表》

（一）《无线电信号表》简介

英文版《无线电信号表》的英文全称为 Admiralty List of Radio Signals。该书由英国海军水道测量航保部出版，现基本上一年一版。全书分六卷（NP281 ~ NP286），其中，第一卷（Vol. 1）分 2 册，第三卷（Vol. 3）分 2 册，第六卷（Vol. 6）分 7 册。

《无线电信号表》俗称 Radio Signal（R/S），是 GMDSS 船舶无线电人员了解国际海上无线电通信业务的指南，每位 GMDSS 操作员应学会如何查阅。现将各卷主要内容介绍如下：

1. 第一卷 Vol. 1（NP281）

第一卷主要内容包括：全球海事通信台站，包括各国海岸电台业务和值班安排、卫星通信服务介绍、各国海事主管机关通信方式、海上远程医疗咨询服务通信方式、无线电检疫和污染报告、反海盗联系表。

NP281 共分 2 册，第 1 册（Part1）资料主要涉及欧洲、非洲和亚洲（不包括东亚和东南亚）；第 2 册（Part2）资料主要涉及美洲、大洋洲和远东。NP281 分区见图 2－1。

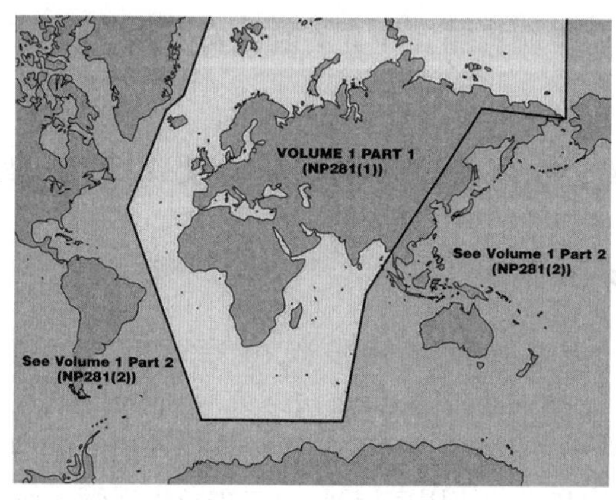

图 2－1　NP281 分区

2. 第二卷 Vol. 2（NP282）

第二卷主要内容包括 VHF 无线电测向台表、雷达信标（Racons 和 Ramarks）、运营中的自动识别系统（AIS）、助航设施、DGPS 信号播发信标、国际标准时间和夏令时及日期、国际无线电时间信号播发表。

3. 第三卷 Vol. 3（NP283）

第三卷主要内容包括无线电气象和航行警告业务、气象传真业务、NAVTEX 业务及

相关图表信息。第一册(Part1)资料主要涉及欧洲、非洲和亚洲(不包括东亚和东南亚)；第二册(Part2)资料主要涉及美洲、大洋洲和远东。NP283 各册覆盖地理范围见图 2-2。

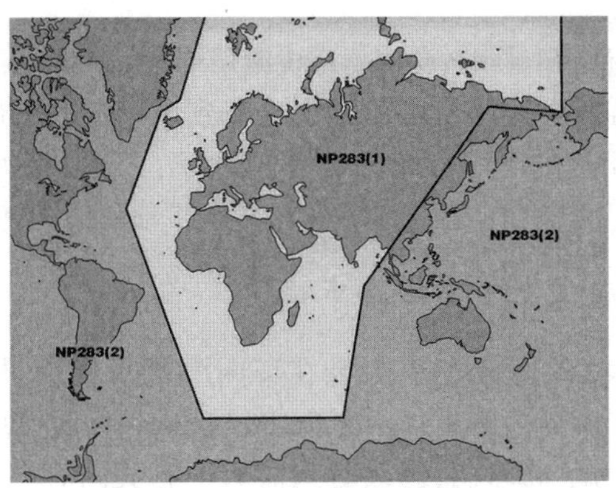

图 2-2　NP283 各册覆盖地理范围

4. 第四卷 Vol.4(NP284)

第四卷主要内容包括全球气象观测台及相应图表。

5. 第五卷 Vol.5(NP285)

第五卷主要内容包括 1978 年 SOLAS 公约和 ITU 有关遇险和搜救的要求和规则、遇险和搜救方法(包括海上搜救协调中心的联系方式)、NAVTEX 和 EGC 系统基本介绍、全球航行警告服务下的 MSI 基本知识、全球 NAVAREA 区域和国家协调员联系详情。

6. 第六卷 Vol.6(NP286)

第六卷主要内容包括：详细的引航信息、联系方式和程序，VTS 信息、联系方式和程序国家和国际船舶报告系统，港口信息、联系方式和程序。

该卷共分 7 册，每册覆盖区域范围见图 2-3。

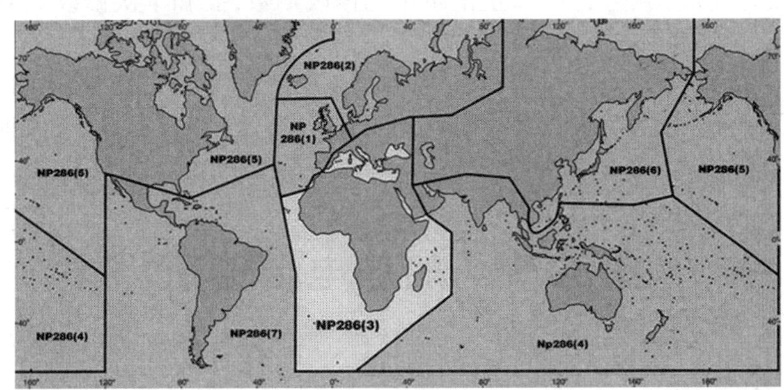

图 2-3　NP286 各册覆盖地理范围

(二)《无线电信号表》的查阅方法

GMDSS 船舶无线电操作员要获得某岸台的详细资料，可通过以下两种方法从信号表中查阅：

（1）已知国家或岸台名称时，可在《无线电信号表》后面的索引中按字母顺序查找所要的国家或岸台名称。在电台名称后会有页码编号，通过该编号在信号书中可以查到该国家岸台的全部资料。

（2）已知某岸台的 MMSI 码时，可在《无线电信号表》后面的“MMSI 号码”中按 MMSI 顺序查找该岸台名称，再按上述岸台名称索引查找到该岸台的全部资料。

另外，部分国家（地区）的海域分属两大洋或两海，一般会按海岸将岸台分类，查阅时应注意，如美国分太平洋海岸和大西洋海岸，埃及分红海和地中海等。

（三）《无线电信号表》修改注意事项

（1）《无线电信号表》的修改资料附录在英国海军水道测量航保部出版的《航海通告》第 6 部分 Corrections to AdmiraltyList of Radio Signal 中。它每周出版 1 次，全年共 52 期修改资料。修改资料为单面印刷，修改时只需剪下有关内容贴于相应位置即可。需注意，应将修改资料右下角的“周期/年份”一并剪下，以便无线电人员自己查询或岸上检查人员检查，也可以根据修改内容用红色墨水笔清楚地进行删改（正楷字体）。

（2）如为新版《无线电信号表》，应先修改《无线电信号表》修改资料的特别补遗部分（Admiralty List of Radio Signals Special Recapitulatory Supplement），再从每周版的第一期起加以修改。因为在印刷出版中，又收集到最新资料，摘录后作为补遗部分同新版一并发行，所以要先修改特别补遗部分后，再修改每周版直至本卷，最后才出版。

（3）航海通告的修改资料一般由船舶二副负责保管。二副收到航海通告后，应及时将该资料的第六部分交给船舶无线电人员。无线电人员也应主动向二副索取，以防积压，并要注意索取的修改资料的年份是否与本船《无线电信号表》相符，核实后再修改。

（4）对所有每周的修改资料，必须分卷分册，逐期逐条地由前向后认真修改，并在修正记录 Record of Amendments（在本卷第 1 页）中注明已修改的期数，便于以后衔接。

（5）修改时应先了解登记的修正记录中的修改期数，要和本次修改期数相衔接，决不可缺期跳越，否则会因内容颠倒而造成错误。

（6）介绍《无线电信号表》的修改工作情况，是船舶无线电人员交接班的内容之一。

（7）《无线电信号表》各卷的时间均用 UTC，方位均采用真方位，顺时针从 000°至 359°。

第五节　船舶电台值班

一、船舶无线电值班的一般规定

船舶电台值班人员应严格遵守值班制度，按照值班的有关规定和要求认真值守，工作时间内不得擅离职守，认真及时地处理各种往来通信业务，按规定测试、检查通导设备，并将每天的工作情况如实记入无线电通信日志。凡涉及遇险、紧急和安全通信，应详细记录，并按相应规定处理。

二、船舶电台值班时间

船台工作时间按人员配备情况而定。配备一名持证无线电人员的船舶，航行期间应进行 8 h 值班。配备两名持证无线电人员的船舶，航行期间至少进行 12 h 的值班。具体工作时间安排由各通信主管部门根据具体航线情况、航行安全和业务需要确定。

目前我国远洋船舶上的驾驶员都持有通用操作员适任证书，这样船舶就实行了 24 h 连续值守，但对于非 24 h 连续值班的船台，遇下列情况之一者，虽超过规定的工作时间，仍应继续工作，直到通信完毕。

(1) 有关的遇险、紧急与安全通信尚未处理完毕。

(2) 与有关电台的通信尚未完毕，或尚有急电待发或等待急电回电。

(3) 当发生危及本船安全的特殊情况时，或当航行于特别海区时，或当执行特别任务时，或当所属通信主管部门或船长要求进行值班时。

三、船舶航行时的无线电值班

(1) 按要求配备 VHF 无线电设备的船舶，应在 VHF CH 70(156.525 MHz)上保持连续值守。同时也应在 CH 13 上保持连续值守，确保船舶航行安全。

(2) 按要求配备 MF 无线电设备的船，应在 MF DSC 遇险和安全频率 2 187.5 kHz 上保持连续值守。

(3) 按要求配备 MF/HF 设备的船，应在 2 187.5 kHz 和 8 145 kHz 上保持连续值守，并应根据当天的时间、船舶所处的地理位置及信号传输条件，至少应在其余的 HF DSC 遇险和安全频率 4 207.5 kHz、6 312.0 kHz、12 577 kHz、16 804.5 kHz 中的一个频率上保持连续值守，也可在上述所有频率上扫描值守。

(4) 配备认可的卫星通信系统船站的船，应保持船站处于常开状态，保持对 MSI 播发的连续值守，以确保能及时收到岸站转发的遇险报警，同时也能及时接收到陆上机构或其他船舶发送的信息。

(5) 应保持 NAVTEX、EGC 接收机和气象传真接收机常开，确保能及时接收到岸台(站)播发的气象警告、气象预报、航行警告和气象传真图等 MSI 信息。配备 HF NBDP 设备的船舶，在 A3、A4 海区航行时，值班人员应根据具体情况选择适当的频率定时接收相关海岸电台播发的 MSI 信息，以保障航行安全。

(6) 没有配备认可的卫星船站的船，必须按时守听通报(话)表、通电，除收听船籍港岸台通报(话)表外，还要注意收听离开港、目的港岸台和经转报文岸台的通报(话)表。

(7) 根据船舶航行海域地理位置和岸台开放的业务情况，将 DSC 常规扫描接收机预置在船籍港、目的港、离开港，或经转岸台 DSC 的相关频率上保持连续守听。

(8) 每天收听报时信号 1 次，并校准驾驶台的天文钟和电台时钟。

(9) 一般至少要每天试验 1 次 DSC 设备(设备自检)当船航行在 DSC 测试岸台的覆盖范围之内时，应至少每周进行 1 次 DSC 呼叫试验，以确保 DSC 设备的功能正常。VHF DSC 的呼叫试验可通过船上的两部 VHF DSC 设备互叫来完成。

（10）每月至少测试1次SART和双向无线电话设备；每3个月至少测试1次卫星EPIRB，并检查电池和释放器的有效期。

（11）按规定做好蓄电池充放电及保养工作；定期检查、维护各种收发天线，并按计划进行通导设备的维护保养工作。

四、船舶停泊期间无线电值班

（1）船舶在候潮、引航、泊位、港界线外锚地或因故在海上漂泊期间，都应按航行值班规定执行。

（2）船舶停泊期间，应保持VHF DSC值守，并根据当地港口有关当局的规定，值班人员应随时注意守听有关通告和通话表。

（3）及时处理有关业务，如填报各种报表、通信资费账单、物料申请和封存各种报底报稿并做好有关通信业务资料（如《无线电信号表》）的改正工作。

（4）船舶停泊期间，若有公司安排的修理、安装或更新通导设备时，应做好现场配合、协调和监督工作，完工后应进行认真验收并签单，并及时报告船长或公司通导主管部门。

（5）每天应至少接收1次相关岸台的气象报告或气象传真图、航行警告和冰况报告等MSI信息，以及校准驾驶台天文钟和电台时钟。

（6）开航前应做好MF/HF/VHF通信设备、卫通船站、NAVTEX、EPIRB、EGC接收机，以及救生艇电台设备等的试验和测试工作，发现问题应及时解决，确保设备处于良好的适航状态。若需进行岸修设备事宜，应及时联系，尽早解决。

（7）装卸货物时，应注意做好室外天线的升降工作。凡正在装卸燃点较低或挥发性较强的易燃气体货物及其他危险品货物时，禁止调试一切发射设备。

（8）配备有2名及以上无线电人员的船舶，至少有1个留船；只配备1名无线电人员的船舶，在离船时应安排好有关工作并向船长请假，经同意后方可离船。

（9）在抵达港口有必要关闭电台时，无线电人员应确保发信机天线可靠接地，并检查备用电源已充满。

第六节　船舶电台的维护与检查

一、船舶电台无线电设备试验或测试通用准则

任何船台都禁止做不必要的发射、多余信号的发射、虚假和混乱信号的发射，以及无识别信号的发射，在试验或测试无线电设备时应注意：

（1）船舶任何无线电设备的试验与测试，应尽可能避免在遇险和安全频率、公用呼叫频率和当地岸台专用频道上进行，并注意避免干扰正在进行的通信。

（2）除与主管机关协调过的必要试验外，禁止在任何遇险和安全频率上进行以试验

为目的的报警和遇险信号的发射。

(3) 船舶停泊期间,发射设备的试验要严格遵守当地港口的有关规定执行。进行发射机试验与测试时,应使用假天线,并将输出功率减至最低档。

(4) 进行卫通船站的试验与测试时,应按设备操作说明书进行自检,非专业技术人员不得对遇险功能进行试验。

(5) 进行 EPIRB 试验测试时,应严格按设备操作步骤和注意事项进行试验,严防误报警。

(6) 进行 SART 试验时,也应严格按设备操作步骤和注意事项进行试验,并注意避免影响和干扰附近航行船舶的安全。

二、船舶无线电设备的安全检查

开航前对船舶通导设备进行安全检查,是确保航行途中通信畅通和通导设备处于正常技术状态的一项重要工作,船舶无线电人员和二副要按照分工认真做好此项工作。

安全检查时应注意以下事项:

(1) 船舶在开航前,要求无线电人员和二副对所负责的通导设备认真进行一次检查,并在无线电通信日志中记载检查的结果。

(2) 检查中发现问题要及时设法修复和解决,解决不了的问题要及时向船长和公司通导主管部门汇报,以便及时安排修理,确保能够在开航前解决。

(3) 对修船和长时间停航的船舶,在接到开航计划时,要在开航前 3 天进行设备安全检查工作,以免检查发现问题后来不及解决而影响开航。

(4) 根据“船舶通信导航设备开航前安全检查核定表”中内容,每往返长航次、短航次按每季度逐项认真检查,并填写表格。此表格一式两份,一份存船,一份报公司通导主管部门。

三、船舶电台的 PSC/FSI 检查

港口国检查(Port State Control,PSC)指港口国在其本国港口对到访的外籍船舶进行的监督检查,主要目的是验证这些外籍船舶及其设备的状况是否满足国际和国内法规的要求,包括船舶是否依照相关规定配备人员并执行相应的操作。此举旨在遏制非标准或低标准船舶的运营,提升船舶的整体安全性,并防止船舶对海洋和大气环境造成污染。

船旗国检查(Flag State Inspection,FSI)则是船旗国针对其旗下船舶,依据国际和国内法规及标准进行的检查。检查的项目和标准与 PSC 相似,其核心目的是督促本国船舶严格遵循国内和国际法规的相关要求,从而提升船舶的安全性,并有效保护海洋和大气环境。

在检查中,如果港口国监督检查官(PSCO)发现有明显证据证明船舶或其设备的状况与证书不相符,或者船长或船员不熟悉基本的船上程序,PSCO 将进行更详细的检查和扩展检查范围;当前,港口国或船旗国检查逐渐朝着规范化和精细化的方向发展,不仅检查设备的证书、设备的维护状况,而且进一步朝着检查人员的操作能力和应对方案方向

发展，良好的知识储备和英语水平已经成为迎接检查的必备条件。IMO 和航运界一致认为，港口国检查工作对加强海事安全和防止海洋污染具有重要贡献。

随着 IMO 在港口国检查中的深入，在连续废除 A. 1138(31)、A. 1052(27)、A. 882(21)、A. 787(19)、A. 742(18)、A. 597(15)和 A. 466 号决议后，于 2019 年通过了关于港口国控制程序的 A. 1155(32)号决议。该程序为 PSC 检查提供基本指导，在进行检查、识别船舶的设备或船员缺陷，以及应用 PSC 程序方面提供了一致的指导。

（一）GMDSS 通信方面 PSC 检查的主要内容

1. 资料、证书的检查

此项主要检查：设备和人员证书是否满足 GMDSS 的要求；是否按要求配备足够数额的有资质的 GMDSS 操作人员；电台执照、无线电安全证书是否有效；设备岸基维修协议是否有效；通信资料及其他技术资料是否齐全等。

2. 设备检查

此项主要检查：通信设备是否与无线电证书相符合；呼号 MMSI 或其他识别是否正确并标志在设备上；通过对设备外观的检查及测试，初步判断设备的状态是否良好；通过设备安全检查记录了解设备的日常维护情况是否符合规范要求。

3. 设备操作检查

设备操作性检查要求负责通信工作的无线电人员，应掌握各种 GMDSS 船用设备的操作，特别是与遇险报警及安全有关的通信操作，并对设备进行自测及日常安全检查，以及查看设备的识别码等，其中 EPIRB、SART、DSC 和双向无线电话是操作性检查的主要设备。

（二）PSC 检查前的准备工作

对于船舶无线电人员来说，日常工作中，应按要求对 GMDSS 设备进行维护保养，定期检查，抵港前做好充分的迎检工作，确保 GMDSS 设备工作状况良好。对于 GMDSS 设备，操作熟练程度特别重要，做到精心准备，在 PSC 检查中就能从容应答。另外值得提倡的是，良好的英语口语能力为无线电人员在 PSC 检查中与 PSCO 的良好沟通提供了一个更加重要的有利条件。

另外，船公司应针对各船舶的 GMDSS 设备，明确有关部门和人员完善自查和开航前的检查制度，设立专门的机构和人员负责船舶在国外 PSC 信息的收集，明确有关部门和人员责任，及时消除缺陷，改善船舶的技术状况。熟悉《港口国控制指南》中关于 GMDSS 滞留缺陷的判定，并制订船舶迎检自查表，有针对性地应对各港口国组织的检查。开航前的检查制度是降低滞留率的另一有效手段，把缺陷发现于国内，把问题留在国内解决，以避免船舶在国外被滞留而造成的经济损失。同时船公司还应与设备厂家或代理商、各个院校、船公司之间保持长期联系，尽可能为无线电人员学习并掌握新技术、新设备创造有利条件。

下面是 PSC 检查有关 GMDSS 方面的重点，在船 GMDSS 负责人员应着重准备和落实。

(1) 无线电证书、电台执照和 GMDSS 岸基维修协议的有效期。

(2) GMDSS 设备配备是否与航区、证书相符。

(3) GMDSS 操作人数是否与证书相符。

(4) GMDSS 遇险报警操作程序和取消误报警操作程序是否张贴。

(5) GMDSS 操作人员是否能够正确说明取消误报警的操作方法。

(6) SART、EPIRB 和双向无线电话设备附近是否张贴有 IMO 标志。

(7) ITU 图书是否齐全,是否最新版本;《无线电信号表》是否齐全,是否最新版本并保持改正到最新。

(8) 检查 GMDSS LOG BOOK 记录是否完整;收到的一些重要海上遇险安全信息是否记录在电台日志中。

(9) 检查 GMDSS 应急电瓶是否正常,防护用具是否齐全,测量电解液比重时操作是否正确,是否有日常对应急电瓶的维护保养记录。

(10) 检查卫通船站设备是否正常,测试状态是否正常。

(11) 中高频组合电台。选择一个合适的岸台进行 SSB、NBDP(如果船配备)通信,选择合适的岸台进行 DSC 测试并能收到确认。

(12) VHF DSC。两台设备之间互相呼叫 DSC 测试是否正常。

(13) SART。检查电池是否在有效期内;开启 X - BAND 雷达,测试 SART 的发射信号是否正常。

(14) EPIRB。外观检查,检查电池和静水压力释放器的有效期,自测试是否正常,是否有 PIRB 的年度检测报告,EPIRB 如果超过 5 年或更换过电池,是否有 5 年的岸基检测报告。

(15) TWO - WAY VHF。测试 3 台双向无线电话是否正常;检查 3 块应急电池是否在有效期内并密封完好;如果封条开启,则视为电池失效。

(16) 检查 GMDSS 设备交直流供电,并能进行交直流供电转换。

PSC 检查虽然侧重于 GMDSS 设备,但也同样会涉及其他一些比较重要的通导设备(如电罗经、雷达、AIS、测深仪、VDR 或 SVDR、计程仪和 SSAS 等)。针对这些设备的检查,常见的重点问题主要包括以下方面:①AIS 中的航行资料是否正确,动态航行资料是否及时更新;②VDR 或 SVDR 的检验由专业的检验员来进行,但 PSCO 会检查相应年度检验报告和安装图纸等资料,以及 VDR 或 SVDR 的电池和信标的有效期等;③SSAS 属于保安装置,通常由主管机关认可的机构检测。SSAS 一般不属于 PSC 检查范围,但是,如果设备出现明显故障不能使用,也可能在 PSC 检查中遇到麻烦。

四、违章和纠察

(1) 无线电人员要严格遵守国际、国内有关通信规定,随时对本船通信导航工作(包括违章情况)进行自查。如果发现泄露国家机密、出现差错、试验时误发报警和遇险信号等应及时向船长汇报,并专门向公司通导主管部门书面汇报。

(2) 在国内、国外有关当局检查人员登船检查时,对于因试验误发的报警或遇险信号的操作,无线电人员应将有关详情记录在无线电通信日志上,及时报告船长,并上报公司通导主管部门，以便妥善处理。

（3）无线电人员应认真、实事求是地填写纠察表，其内容如下：执行业务规章制度的情况、遵守通信纪律情况、工作态度和协作精神情况、保守党和国家机密情况、差错及其他有关情况。

（4）纠察方法：由公司通导主管部门发给各船舶纠察表，船舶每航次将通信中发现的问题一式两份，寄送公司通导主管部门以便转递、查证处理。有关船舶收到纠察表后，应实事求是，认真核对并查明当事人和当时情况，及时退寄公司通导主管部门处理。对国外船岸电台的纠察表，按《无线电规则》附录“国际检测违章报告表”填写。

第七节　海上通信计费

一、海上无线电通信计费机构

船舶海上通信的费用通常由国家海上无线电通信计费机构代为办理。国家海上无线电计费机构在海上无线电通信中发挥重要作用，各沿海国家的海上计费机构的运营应遵守 ITU 公约的条款和《海上无线电规则》的相关规定。其主要职能是促进收取和分配由船舶和岸上授权站之间的无线电通信产生的费用，并积极代理服务提供商、网络运营商和移动用户之间的业务。

计费机构必须具备处理国际市场复杂计费所需的设施、经验和财务资源，并能够为全球运营的船舶提供通信费用全覆盖的会计服务。这些机构负责根据陆地或卫星系统的服务提供商或网络运营商提交的账户信息从船舶电台收取费用，并向服务提供商或网络运营商支付其有会计责任的船舶电台许可证持有人或船东的费用。

为确保准确的信息交换，账务机构必须具有严格的质量控制程序。他们有义务保持准确的记录，并在账户更改、船旗变更、所有权更改等情况下通知服务提供商。

账务机构应定期向服务提供商提供更新的移动用户信息列表，至少每 90 天发布一次，并清晰标识所有更改。国家行政部门负责注册其领土内的账务机构，并为每个计费机构分配其账务机构代码 AAIC（Accounting Authority Identification Code）。

二、账务机构代码 AAIC

AAIC 是计费机构的代码，通信时可由船舶的无线电操作员作为例行事项插入电报的服务说明中，而不必等待海岸站点的请求再发送。这些计费机构可能是国家行政部门或其各自国家获得许可证的私营经营机构。

（一）AAIC 的组成

AAIC 由两部分组成：

第一部分包括一个或两个字母，代表计费机构所在的国家。例如，CN 表示中国是计

费国家。

第二部分由两个数字组成,用于识别特定的计费机构。

有关船舶的AAIC详细信息可以查阅ITU船舶电台和海上移动服务识别分配表(List of Ship Stations and Maritime Mobile Service Identity Assignments),特定计费机构的名称和地址等信息也可以在这个分配表中找到。如果服务船舶电台的账务机构名称和地址未能在分配表中找到,或者与其中给出的详细信息不再一致,船舶电台有责任按照常规程序向其提供服务的海岸电台提供AAIC所有必要的信息。

中国原有的对外账务机构共有两家:上海市邮电管理局账务组(CN01)和交通部北京船舶通信导航公司国际账务核算室(CN03)。如今,CN01已停止相关业务,对外账务机构缩减为一家,代号为CN03保持不变,但其名称已更新为交通运输通信集团有限公司(China Transport Telecommunication Inforamtion Group Co., Ltd.)。

船舶在通信时,应自动或人工地告诉经转的海岸电台本船的AAIC。如船方在通信时遗漏AAIC或海岸电台对之有疑问,则海岸电台操作人员会用"QRC?"或"AAIC?"来询问。

(二)特别提款权(SDR)货币单位

如果账务机构之间没有达成特殊安排,则用于国际电信服务计费和建立国际账户的货币单位应为IMF的货币单位,目前为该组织定义的SDR。在海事无线电通信费用核算中,SDR被用作标准货币单位,以便有效地收取和分配船舶和岸上授权站点之间的无线电通信产生的费用。

思考题>>>>>>>>>

1. 船舶无线电人员的职责有哪些?
2. 简述船舶无线电交接班内容和注意事项。
3. 江、海岸电台和船舶电台的MMSI和群呼MMSI如何组成?
4. 船舶无线电通信相关证书和保管要求有哪些?
5. 船舶电台日志的记录有何规定?一般应记录哪些内容?
6. 简述《无线电信号表》各卷的主要内容。
7. 简述船舶电台的无线电设备试验或测试的注意事项。
8. 简述船舶无线电设备的安全检查的注意事项。
9. 简述PSC检查中有关GMDSS方面的重点事项。

第三章 水上无线电话通信

第一节 无线电话通信概述

一、船舶无线电频率特点及功率选择

海上船舶无线电话通信通常使用 VHF、HF 和 MF 频段的频率完成。在 VHF 通信中,无线电波主要沿直线传播,通信距离由天线高度、信号路径上的障碍物以及地球曲率决定。VHE 电波空间传播示意见图 3-1,由图可见,大船可与岸台联系,但小船不在通信范围内。

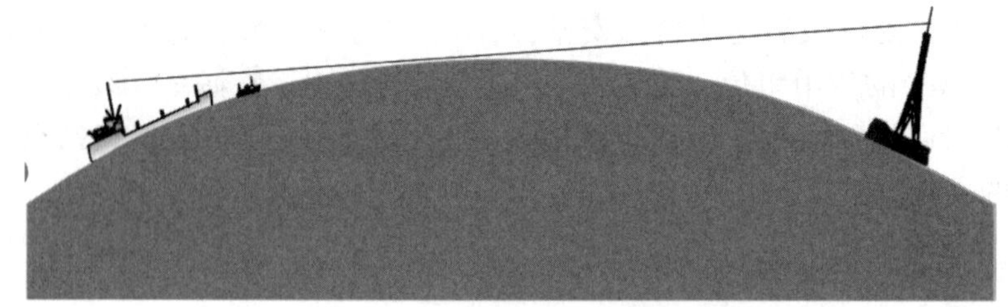

图 3-1 VHF 电波空间传播示意

根据 MSC 105 次会议通过的 VHF 性能标准,船用 VHF 固定式电台的发射功率具有 25 W 和 1 W 两种,同时设备应当允许采取适当措施将发射功率降低为 1 W 以下。手持式 VHF 的发射功率通常仅为 1 W,VHF 通信通常用于船舶之间通信或在 A1 海区内船舶与海岸电台之间的通信。

在 HF 频率上,无线电波会受电离层反射,形成天波传输。虽然无线电波仍沿直线传播,但因反射作用传播距离大大增加,可以实现数千海里的覆盖范围,见图 3-2。HF 无线电话通信主要用于 A3 和 A4 海区。频率越高,覆盖范围越大,但电离层的特性会随阳光的有无而变化,夜间 D 层消失,F 层合并,12 MHz 左右的频率提供的通信通常不太可靠。

使用 HF 通信时,需要考虑时间、季节和所需通信距离,以确定使用的频率。可以通过收听其他正在使用该频段的通信来选择适当频率。对于 HF 通信,所需功率高于 VHF,通常约为 400 W。根据无线电规则规定,船舶电台允许的最大功率为 1 500 W。

在 MF 频率中,传播机制包括地波或天波,后者仅在夜间存在,并由地球和电离层之间的连续反射形成。范围主要取决于发射机输出功率,通常每 2 W 发射机功率可获得约 1 n mile 范围。因此,在 2 182 kHz 上,250 W 发射机可获得约 125 n mile 覆盖范围。夜间,由于天波传播,范围增加至约 1 000 n mile。MF 通常用于 A2、A3 和 A4 海区的通信。

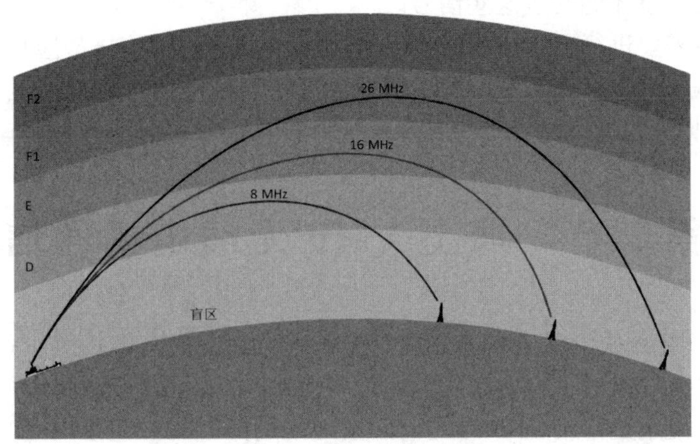

图 3－2 HF 电波白天传输特征

在无线电话通信中，有些无线电电路是双工的，使用两个频率，允许通信双方同时交换信息，如电话电路。但是，通常情况下，无线电电路是单工的，收发使用一个频率，为实现成功通信，海上通信需要建立一种常规操作程序。通话双方使用 OVER 实现交换，每次只有一方通过按下 PPT 键发送信号。通常的呼叫和格式为

——被呼叫台的名称或呼号；

——THIS IS；

——呼叫台的名称或呼号；

——OVER。

二、海上无线电话通信通用要求

本节所述规定适用于海上常规无线电话通信。海上常规无线电话通常是指在中频、高频和甚高频频段内开展的海上无线电话通信，但在遇险、紧急或安全情况下，适用国际电信联盟无线电规则的特殊规定。

船舶无线电台的操作应由主管机关认可的持证无线电人员操作和控制，电台的设备和操作程序应符合最新 ITU《无线电规则》相关规定。

通常在可能的情况下，船舶电台应采用双工模式进行通信。船舶电台应具备发送表明正在某频率上收发信息的信号，从而避免对海岸电台相关服务造成干扰。在手动操作的无线电话（RT）业务中，不得使用设备不间断连续重复呼叫另一电台，且当被呼叫电台仅为一个电台时，应避免在两个或多个频率上实施呼叫。

在两次呼叫间隙，禁止发射任何载波。

当需要拼写某些表达、困难的词语、服务缩写或数字时，应使用附录 5、6 中给出的字母和数字读音表。

除遇险、紧急或安全情况外，使用载波频率 2 182 kHz 或 156.80 MHz（VHF CH 16）呼叫和发送识别信号时，不得超过 1 min。

当一艘船需要发送可能干扰邻近海岸电台工作的信号进行测试或调整时，必须获得

这些海岸电台的同意才能发送这些信号。

当一台电台需要进行测试信号时，无论出于何种原因，该信号都应尽可能简短，但在任何情况下不得超过 10 s。此类测试呼叫必须包括测试电台的呼号或其他标识，并必须缓慢清晰地说出。

第二节　海上 VHF 无线电话通信

正确使用 VHF 无线电话设备是无线电操作人员必备的基本技能。VHF 无线电话的正确使用涉及设备的设置、信息收/发前的准备、信息收/发的程序等一系列规范和知识。这些知识的综合应用是构成 VHF 无线电话正确使用的基础。但是，在实践中，无线电话的使用人员因知识缺乏或培训不到位等原因往往忽略这些要求，不合规范使用和滥用的现象非常普遍，给海上通信的正常进行造成了很大影响。目前，IMO 对在海上广泛滥用 VHF 频道表示密切关注，特别是在遇险和安全频道（VHF CH 16 和 CH 70 信道）以及港口操作、船舶报告和船舶移动业务等频道上的通信。

VHF 无线电话的使用者必须遵守 ITU 的《无线电规则》的相关规定，并根据这些规则操作设备，《无线电规则》是远洋船舶必备的资料，在船期间应仔细阅读。鉴于当前 VHF 无线电话使用状况较为混乱，MSC 105 次会议新采纳的 VHF 性能标准要求 VHF 设备应提供一个手动非锁止式按键来控制发射机，发射机处于发射状态时能够提供可视化指示，以减少不必要的发射；同时，应设置限制发射时间，最长不超过 5 min。另外，国际社会也认识到，加强培训和提升无线电操作人员的个人业务素质和修养也是有效的克服方法。

（一）VHF 通信技术与要求

（1）VHF 电话通信前准备。在发送前，需考虑待交换信息的主题，必要时准备书面记录，以防通信不必要中断和节约相关信道上的通信时间。

（2）收听。在发送前，先收听以确保频道未被占用，以避免不必要干扰。

（3）VHF 无线电话通信纪律。应正确使用 VHF 设备，并按无线电规则操作。特别应避免：①在有其他可用频道的情况下，在 16 频道上进行非紧急、危险或非常简短的安全通信；②在港口操作频道上进行与安全和导航无关的通信；③发送不必要和多余的信号和通信；④发送没有正确识别信号的信息；⑤在条件差的情况下长时间占用特定频道；⑥使用冒犯性语言。〔VHF 70 频道只用于数字选择呼叫（DSC），而非语音通信〕

（4）VHF 通信重复。除非接收站要求重复，应避免重复单词和短语。

（5）减少功率。应尽可能使用最低发射功率，以满足通信要求。

（6）积极使用自动识别系统（AIS）。AIS 用于船舶间通信和与岸基设施通信中的数据交换，目的在于帮助识别船舶、协助目标跟踪、简化信息交换并提供附加信息以增强情况意识。AIS 可与 VHF 语音通信一起使用，便于识别通信对象。

（二）VHF 与岸台通信

在分配给港口操作服务的 VHF 频道上，只允许发送与船舶操作、移动和安全有关的信息，以及在紧急情况下涉及人员安全的信息，因为在这些频道上进行船舶间通信可能严重干扰港口区域内与航运运动和安全有关的通信。

应遵守岸台就通信事宜给出的指示，通信应在岸台指示的频道上进行。当要求更换频道时，船舶应确认；岸台要求停止发送后，直到另行通知，不得再进行任何通信（岸台可能正在接收遇险或安全信息，其他任何传输都可能会干扰）。

（三）与其他船舶通信

VHFCh 13 频道是《无线电规则》指定的船舶与船舶之间通信频道。被呼叫船舶可指定其他工作频道进一步通信。呼叫船舶更换频道前应确认接收。

（四）遇险通信

遇险呼叫/信息比其他所有通信都具有更高信道使用优先权。收到遇险呼叫/信息时，所有其他传输应停止并保持守听。

应将任何遇险呼叫/信息记录在船舶日志中，并及时报告船长。收到遇险信息后，如果在附近，应积极考虑接收和确认。如果不在附近，应允许短暂时间的间隔，以便更靠近遇险船舶的船舶能够确认接收信息。

（五）呼叫

根据无线电规则，VHF CH 16 频道只用于遇险、紧急、安全通信和简短的呼叫通信，其他通信应在适当工作频道上进行。同时，船岸通信时，尽量使用工作频率进行呼叫。如果没有工作频率，则可使用 VHF CH 16 频道进行呼叫，前提是该频道没有正在进行的紧急和危险通信。

呼叫中，如果无法与船舶或海岸电台建立联系，可等待一定时间后再重复呼叫，避免占用频道，或可改换其他频道再次呼叫。

（六）切换频道

如果频道通信不畅，通信中需要明确表示需要切换频道，切换后，在新的信道上再次发起与通话对象的呼叫。

（七）拼写

如果需要拼写（如描述性名称、呼号、易误解的词等），请使用《国际信号代码》《无线电规则》和《标准海事通信用语》中包含的表达方式。

（八）识别

请谨慎使用“我”和“你”这些词，清楚表明所指对象。

例如：

Message:"Seaship,this is Port Radar,Port Radar,do you have a pilot?"

Reply:"Port Radar,this is Seaship,I do have a pilot."

在上述通信中，首先使用了各自的名称，而后紧接着使用人称代词，避免了直接使用“我”和“你”。

（九）值班

根据 SOLAS 公约第四章有关值班规定的要求。船舶在航行中必须保持在 VHF DSC CH 70 频道的连续值班。如果情况允许，在 VHF CH 16 频道上也需要连续监听。

二、VHF 通信程序

（一）呼叫

呼叫海岸电台或另一艘船时，先呼叫该海岸电台的名称一次（如果通信繁忙可重复两次），然后缓慢说出本船名称 2 次，指明所使用的频道。

例如：“Wu song VTS,this is Yufeng,Yufeng,on channel 14,OVER.”

（二）信息交换

当与一艘名称未知但位置已知的船舶通信时，可以使用该位置呼叫这个对象。在这种情况下，呼叫面向所有船舶。

例如：“Hello all ships,this is Yufeng,Yufeng. Ship approaching number four buoy. I am passing Changjiangkou Lightboat.”

当收到一条信息，并只需确认已收到时，说“received”。

当收到一条信息，并需要确认信息正确接收时，说“received”“understood”，如有需要可进一步重复信息。

例如：

Message:"Your berth will be clear at 08.30 hours."

Reply:"Received,understood. Berth clear at 08.30 hours."

（三）在适当情况下，应发送以下信息：“请使用 IMO 标准海事通信用语。”

当存在语言障碍无法通过使用 IMO 标准海事通信用语解决时，应使用国际信号码。在这种情况下，INTERCO 一词应在国际信号码组之前。

例如：“Please use/I will use the International Code of Signals.”

（四）当信息包含指示或建议时，回复时应重复信息的主要内容。

例如：

Message:"Advise you pass astern of me."

Reply:"I will pass astern of you."

（五）注意事项

如果通话中信息没有听完整，要求对方重复，通常使用“Say again”。

如果接收到信息但不理解，要求对方进一步说明，通常使用“Message not understood”。

如果需要将当前通话的频道或频率转换为另一个频道，可使用“Change to channel...”，然后在原频道上等待对方确认，确认后再转换。

在通话过程中，一方讲完，请求对方讲话，使用“Over”。结束双方通话使用信息标识语“Out”，双方挂机。

在海上VHF通信中，通信的主要目的是双方交换信息，涉及呼叫、应答、身份识别、频道转换等标准化过程。交换的信息通常涉及船舶和航行安全等标准和常用信息，因此，在通话过程中建议使用通用的标准语言，便于双方理解，提高信息交换的效率和准确性。常用的标准语言见IMO标准海事通信用语（IMO Standard Marine Communication Phrases，SMCP）。

三、无线电台的识别方法

（一）海岸电台的识别

在无线电话通信中，海岸电台的识别方法：使用海岸电台的呼号，或者使用海岸电台的地理名称+Radio。可在《海岸电台和特别业务台表》中查询，如上海海岸电台的呼叫方式为“Shanghai Radio”。

（二）船舶电台的识别方法

船舶电台的识别方法：使用船舶的呼号；使用船舶的名称，该名称不能与遇险、紧急、安全信号或用语出现混淆；使用船舶的选择性呼叫码或MMSI。

四、通信模式选择

电话通信是传输语音或其他声音的通信方式。在海上移动服务中，无线电话通常使用双工频道进行通话。双工操作是同时进行双向传输的操作方法，需要使用两个频率，一个用于船对岸方向，另一个用于岸对船方向。相比之下，单工操作是在通信信道中交替进行传输的操作方法，如通过手动控制，有时被称为单频或单向操作方法。

五、无线电话通信初始操作

在发射前，电台应采取预防措施，确保其信号不会干扰正在进行的通信。如果有干扰的可能，电台应等待适当的时间。如果即使采取了这些预防措施，电台的信号仍然干扰了正在进行的通信，应遵循以下规则：

（1）如果电台的信号干扰了海岸电台与移动站之间的通信，海岸电台第一次请求时，船舶电台应立即停止发送。

（2）如果电台的信号干扰了移动站之间正在进行的通信，其他电台第一次请求时，船舶电台应立即停止发送。

（3）提出请求的电台应指明应停止发送的电台应等待的大致时间。

六、船舶无线电话呼叫

通常情况下，船舶电台负责与海岸电台建立通信。只有进入海岸电台服务范围内时才能呼叫海岸电台。但是，如果海岸电台有要传递给船舶电台的信息，并且有理由相信船舶电台正在监听其工作频率并位于其服务范围内，则海岸电台可以呼叫船舶电台。

近年来，海上公共通信电话大部分已经转向卫星服务。尽管如此，一些海岸电台仍然提供在陆地海事波段上的电话服务，通常采用双工模式运行。详细信息可查阅英版《无线电信号表》第一卷。

七、海岸电台无线电话呼叫

海岸电台应尽量采用“通信列表”形式发送呼叫，该列表应按字母顺序列出其当前有通信任务的所有船舶电台的呼号或其他标识。海岸电台应在与有关管理机构达成协议的特定时间内，每隔 2~4 h，在工作时间内，使用适当频段上的正常工作频率发送通信列表。在发送通信列表之前，应向所有电台进行一次日常通信等级的广播呼叫。

向所有电台广播通信列表的日常呼叫可以采用以下格式：

——Hello all ships, all ships, all ships,

——THIS IS,

——Shanghai Radio, Shanghai Radio, Shanghai Radio,

——Listen for my traffic list on 2 761 kHz.

若存在语言困难，可使用如下语言形式：

——CHARLIE QUEBEC, CHARLIE QUEBEC, CHARLIE QUEBEC, DELTA ECHO,

——Shanghai Radio, Shanghai Radio, Shanghai Radio,

——Listen for my traffic list on 2 761 kHz.

请勿在任何情况下重复此呼叫内容。但是，在 VHF 频段上，当建立联系的条件良好时，可以使用以下呼叫替代先前的呼叫：

——Hello all ships,

——THIS IS,

——Shanghai Radio, Shanghai Radio,

——Listen for my traffic list on channel 24.

若存在语言困难，可使用如下语言形式：

——CHARLIE QUEBEC, CHARLIE QUEBEC, CHARLIE QUEBEC, DELTA ECHO,

——Shanghai Radio, Shanghai Radio, Shanghai Radio,

——Listen for my traffic list on channel 24.

请勿在任何情况下重复此呼叫。

在 2 182 kHz 或 VHF CH 16 上进行上述格式的呼叫时,必须严格执行上述要求。

海岸电台在特定时间以及使用特定频率和发射类别发送其通信列表的详细信息,可在《国际电信联盟海岸电台和特殊服务站名单》或其数字出版物中找到。船舶电台应尽可能地收听海岸电台发送的通信列表。一旦船舶电台在列表中听到本船的呼号或其他标识,应尽快回复。当无法立即发送通信时,海岸电台应立即通知每个相关船舶电台可能开始工作的时间,并告知必要时所用的频率和发射类别。

八、工作次序

当海岸电台同时接收到多个船舶电台的呼叫时,需要根据船舶电台手头的通信优先级和每个呼叫台需要完成的通信数量来决定通信的发送顺序。

九、呼叫重复

当已经呼叫的电台在 2 min 间隔内发送 3 次呼叫后仍未回复时,应停止呼叫。但是,如果已呼叫的电台未回复,可以在 3 min 间隔内重复呼叫。在呼叫之间,船舶电台不应发送载波。

在与海岸电台能够建立可靠 VHF 通信的区域,呼叫的船舶电台可以在确认海岸电台通信结束后立即重复呼叫。

十、无线电话呼叫和应答

无线电话的呼叫格式为

——Shanghai Radio, Shanghai Radio, Shanghai Radio,

——THIS IS,

当存在语言困难,THIS IS 可以使用 DE(DELTA ECHO)代替,在 VHF 波段,当通信条件良好时,上述呼叫可以使用下面的格式来代替:

——Shanghai Radio(呼叫名称一次),

——THIS IS,

——MUDAN,MUDAN.

呼叫使用多频道的 VHF 海岸电台时,呼叫船舶电台在呼叫中应包含频道编号。

建立联系后,只需要发送 1 次呼叫标志或其他识别信息。

当海岸电台配备了 DSC 并且船舶电台配备了接收这类选择呼叫的设备时,海岸电台应通过发送相应的 DSC 信号呼叫船舶。然后,船舶电台应使用标准无线电话呼叫程序通过语音呼叫海岸电台。

无线电话呼叫的应答只需要重复呼叫电台的呼叫标志或其他识别信息,但不应超过 3 次。例如:

——MUDAN, MUDAN, MUDAN,
——THIS IS,
——Shanghai Radio, Shanghai Radio, Shanghai Radio.

第三节　无线电话频率的使用与管理

海上无线电通信频率的使用和管理是建立海上通信的基础，在海上 MF、HF 和 VHF 频段内，按照 ITU 的规则，以及海上通信实践，设置和分配有特定的海上通信频率，这包括海岸电台的工作频率、公共频率以及遇险和安全通信频率。正确管理和应用这些频率是无线电操作人员必备的知识和技能。

通常，无线电通信使用的频段命名按照以下规则：频率的单位是赫兹（Hz），频率表达时以千赫（kHz）为单位，最高不超过 3 000 kHz；以兆赫（MHz）为单位，频率从 3 MHz 到 3 000 MHz；以千兆赫（GHz）为单位，频率从 3 GHz 到 3 000 GHz。

一、呼叫和应答频率的选用

（一）1 605~4 000 kHz 的频带

1. 船舶电台呼叫海岸电台

船舶电台呼叫海岸电台时，按照下列顺序选用无线电频率：

（1）优先选择海岸电台的工作频率（可在《无线电信号表》第一卷中查找 NP281）；

（2）其次使用 2 182 kHz 频率呼叫。

2. 船舶电台呼叫船舶电台

船舶电台呼叫船舶电台时，按照下列顺序选用无线电频率：

（1）使用 2 182 kHz；

（2）船舶间频率，用于通信繁忙的条件下，船舶间可通过事先约定的方式商定船舶间通话的频率。

船舶电台至海岸电台工作信道，参见附录 2。

3. 海岸电台呼叫船舶电台

通常海岸电台应根据所在国家要求，使用工作频率呼叫本国船舶或使用 2 182 kHz 呼叫单个船舶。

当一艘船舶电台同时值守工作频率和 2 182 kHz 时，应在工作频率上呼叫该船舶。一般来说，海岸电台应在载波频率 2 182 kHz 上呼叫其他国家的船舶电台。

当海岸电台使用数字选择性呼叫设备呼叫船舶电台时，应根据 ITU《无线电规则》的规定实施呼叫。

在通信中，以下几点应注意：

（1）当一艘船舶在载波频率 2 182 kHz 上被呼叫时，应在相同频率上回复，除非呼叫方明确指定其他频率。

(2) 当一艘船舶通过 DSC 被呼叫时,应在海岸电台保持值守的频率上给予回复。

(3) 当一艘船舶通过工作频率被同一国籍的海岸电台呼叫时,应在与该频率关联的工作频率上回复。

(4) 当一艘船舶呼叫海岸电台或另一艘船舶时,如果需要在不同于呼叫频率的频率上回复,则应指定回复的频率。如果一艘船舶频繁地与另一国籍的海岸电台通信,则可以在该海岸电台相关主管方同意的前提下,采用与该海岸电台国籍相同的船舶的回复程序实施。

通常,收到呼叫后,海岸电台应按以下方式回复呼叫:①在载波频率 2 182 kHz 上回复在该频率上发出的呼叫;②在工作频率上回复在工作频率上发出的呼叫。

4. 2 182 kHz 频率的使用规定

2 182 kHz 用于 GMDSS 无线电话遇险和安全通信。

2007 年在 ITU 第七届世界无线电通信大会上通过第 331 号决议,同意保留允许在 2 182 kHz 上进行一般语音呼叫的规定。在可行情况下,应在工作频率上传输安全信息。在该频率上应使用 J3E 发射方式。(无线电信号发射类型代码参见附录 11)

2 182 kHz 还可以用于:①呼叫和回复;②海岸电台发布在其他频率上发送通信表的广播。

此外,无线电通信行政管理机构可以指定其他频率供其电台使用。为便于 2 182 kHz 用于遇险通信,所有在该频率上发射应降低至最低程度。在使用 2 182 kHz 之前,电台应在该频率上收听一段时间,以确保该频率上没有正在进行的遇险和安全通信。此处说明不适用于遇险情况下的船舶通信。

使用 2 182 kHz 进行呼叫的海岸电台应能在 1 605 kHz 至 2 850 kHz 授权频带中使用至少一个其他频率。被授权在 1 605 kHz 至 2 850 kHz 授权频带中使用一个或多个频率进行无线电话通信的海岸电台应在这些频率上使用 J3E 方式发射。

5. MF 船—岸和船舶间工作频率

所有从事国际航行的船舶电台,除了能够使用其通常的工作频率外,还应当能够使用:

(1) 在有业务需要的情况下,船至岸方向的工作频率 2 045 kHz(指配频率 2 046. 4 kHz),发射种类 J3E。

(2) 在有业务需要的情况下,船至岸方向的工作频率 2 048 kHz(指配频率 2 049. 4 kHz),发射种类 J3E。这一频率也可以用作岸至船方向的备用频率。

下面的频率通常指定给海岸电台作为接收频率:

载波频率 2 051 kHz(指配频率 2 052. 4 kHz);

载波频率 2 054 kHz(指配频率 2 055. 4 kHz);

载波频率 2 057 kHz(指配频率 2 058. 4 kHz)。

(二) 4 000~27 500 kHz 的频带

1. 呼叫

船舶电台通过无线电话呼叫海岸电台应使用附录 3 中标有#的高频呼叫频率;或者船舶可以使用海岸电台的工作频率,通常指双工发射模式的 SSB 工作频率。

海岸电台通过无线电话呼叫船舶电台选用的频率：

（1）附录 3 中列出的呼叫频率；

（2）公布在《ITU 海岸电台和特别业务表》中的海岸电台的工作频率，或 4 125 kHz，或 6 215 kHz。

上述规定不适用于海岸电台和船舶电台通过单工 SSB 模式进行的通信。

2. 应答

被海岸电台呼叫的船舶电台应使用 2020 年《无线电规则》附录 17 中列出的船舶呼叫频率或使用与该海岸电台呼叫频率相关的双工工作频率进行应答。

当某个电台在 4 125 kHz 或 6 215 kHz 的载波频率上收到呼叫时，该电台应在同一频率上应答，除非呼叫电台指明其他应答频率。

（三）VHF 频段（156~174 MHz）

在 VHF 频段，一般情况下，船舶间通话和海岸电台对船舶的通话应在 VHF CH 16 进行。但是，海岸电台对船舶的呼叫也可以在工作频道或行政部门为此目的指定的双频呼叫频道上进行。除遇险、紧急或安全通信外，当使用 VHF CH 16 时，船对岸的呼叫应尽可能在工作频道或行政部门为此目的指定的双频呼叫频道上进行。

当开放公众通信业务的海岸电台以语音或数字选择呼叫方式使用双工频道呼叫船舶时，船舶电台应在与呼叫海岸电台相关的频率上以语音作出应答，反之，海岸电台应在与船舶电台相关的频道上应答船舶电台的呼叫。

VHF CH 13：该频道被指定用于航行安全相关的船对船无线电话通信。商船应在可行情况下，对该频道保持连续收听，以进行与航行安全或船舶安全移动有关的通信。

二、无线电话通信频率的管理

（一）通信的频率指定

指示或指定要用于通信的频率是指告知另一个站点将用于通信的频率或信道的过程。当一个站点呼叫另一个站点时，它们应该指示他们想要用于通信的频率或信道。如果被呼叫的站点同意使用该频率或信道，则会表明它们已准备好在该频率或信道上接收来自呼叫站点的通信。这个过程有助于确保两个站点都使用相同的频率或信道，并能有效地进行通信。在指示频率的过程中应当遵守下列原则或要求：

1. 1 605 kHz 和 4 000 kHz 频带

如果在载波频率 2 182 kHz 上建立了联系，海岸电台和船舶电台应转入海岸电台的工作频率以交换信息。

当一个船台在所选频段的呼叫频率上与海岸电台或另一个船台建立联系后，应在各自的工作频率上交换信息。

2. VHF 频带（156~174 MHz）

在公共通信服务中，当海岸电台与船舶电台在 VHF CH 16 或双频呼叫频道上建立联系后，两个站应转到其正常的一对工作频道上进行后续通信。进行频道转换时，呼叫台

应通过使用 VHF 频道号来表明其拟转入的频道。同样地，当船舶电台与另一船舶在 VHF CH 16 上建立联系后，也应通过使用 VHF 频道号来表明其拟转入的船间频道。

（二）通信频率的协商

协商频率是指确定和确认两个电台之间通信所使用的频率或信道的过程。当一个电台呼叫另一个电台时，它们必须就用于通信的工作频率或信道达成一致。一旦两个电台都同意使用该频率或信道，被呼叫的电台将表明它已准备好接收来自呼叫电台的通信。这个过程有助于确保两个电台都使用相同的频率或信道，并能够有效地进行通信。

如果被呼叫的电台同意使用呼叫电台提出的工作频率或信道，则应发送以下信息：

（1）发送明确的确认信息，表明将在呼叫电台建议的工作频率或信道上进行保持收听；

（2）准备接收来自呼叫电台的通信。

如果被呼叫的电台同意建议使用的工作频率或信道，则应发送所建议的工作频率或信道。对于海岸电台和船舶站之间的通信，海岸电台最终决定要使用的频率或信道。

（三）延迟通信

如果被呼叫的电台无法立即接收通信，则应以正常方式回复，但后面必须加上"Wait... minutes（等待...分钟）"（或在语言障碍的情况下，口头表述为"ALFA - SIRRA... minute"），表示等待时间的预计时长（以分钟为单位）。

例如：——YUFENG，
——This is Shanghai Radio.
——Wait ten minutes.
——Over.

如果预计等待时间超过十分钟，应说明延迟的原因。被呼叫的电台也可以通过任何适当的方式表明它没有准备立即接收通信。当一个电台接到一个不确定是否针对它的呼叫时，应等待确认后再回复。当一个电台接到一个针对它的呼叫，但不确定呼叫方身份时，应立即回复，并要求重复呼号或其他标识呼叫方身份的信息。

例如：——Station calling Yufeng.
——This is Yufeng.
——Repeat your call.
——Over.

（四）通信的执行

每个电台都应该在呼叫所在频段的一个工作频率上发送其通信（无线电话或无线电报）。海岸电台可以在同一频段中使用一个或多个补充频率。

除紧急情况下的通信外，禁止使用保留用于遇险和安全呼叫的频率进行通信。建立了用于通信的频率联系之后，发送无线电报或无线电话呼叫应先发送如下的呼叫信息：

——被呼叫电台的呼号或其他识别；
——THIS IS〔语言困难时，使用 DE（DELTA ECHO）〕；
——呼叫台的呼号或其他识别信息。

呼号和其他识别信息不需要重复。

（五）无线电话线路的构建

在建立无线电话呼叫时，海岸电台应尽快与电话网络建立连接。同时，船舶电台应按照海岸电台指示保持对应的工作频率的守听。如果不能快速建立连接，则海岸电台应相应地通知船舶电台。然后，后者可以选择继续在适当的频率上守听，直到有效通信电路建立，或者在双方约定的时间后再联系海岸电台。当无线电话呼叫完成时，应发送通信结束信号 OUT，除非任一电台有进一步通信需求。

（六）无线电话程序用语

程序用语在进行无线电通信时用于传达特定的含义，有时也称为 pro-words。它们对于操作无线电话设备的搜救人员特别有用，理解和使用以下术语对于无线电话信息正确传递具有重要作用：

AFFIRMATIVE 表示所传递的信息是正确的。
BREAK 用于将消息的不同部分或不同消息分开。
FIGURES 标识随后说出的是数字。
I SPELL 在拼写名称等专有名词时使用。
NEGATIVE 表示否定。
OUT 表示传输结束，不需要回复。
OVER 表示对方可以开始发言。
ROGER 表示“我已经准确接收你的信息。”
SILENCE FINE（发音为：SEELONCE FEENEE）表示：无线电静默结束，正常通信可以进行。
WAIT 表示“我必须暂停一会儿，请稍等再通信。”

（七）使用 DSC 建立无线电话通信

为确保通信质量，使用 DSC 进行呼叫和确认接收到的 DSC 呼叫应按照 DSC 呼叫和确认程序正确进行。

在建立无线电话通话时，当就所使用的无线电话工作频率或信道达成一致后，两个电台转移到商定用于无线电话工作频率或信道。其他操作控制与无线电话相关规定相同。

（八）引航服务：呼叫程序

船舶电台呼叫提供引航服务的电台时，按照下述顺序使用频率：
（1）VHF 频段适当的频道；
（2）在 1 605 至 4 000 kHz 频段内的工作频率；
（3）2 182 kHz 载波频率，仅用于呼叫和确定要使用的后续工作频率。

（九）通信控制

在 2182 kHz 或 VHF CH 16 上进行的初始呼叫或通信，除非是遇险、紧急和安全情况，否则不得超过一分钟。

在海岸电台和船舶电台之间的通信中，船舶电台应遵守海岸电台关于通信顺序和时间、频率选择，以及工作时间和暂停等所有问题的指示。

在船舶电台之间的通信中，被呼叫的电台控制通信过程，包括使用的频率、持续时间和暂停。如果海岸电台参与，则应遵循海岸电台的指示。

三、海上无线电话业务管理

（一）港口操作和船舶移动业务

港口操作服务中的通信仅限于与船舶操作、处理、移动和安全相关的内容，以及在紧急情况下涉及人员安全的通信，不允许发送公共通信性质的信息。当 VHF CH 16 正在进行遇险、紧急或安全通信时，使用港口操作服务的船舶可通过 VHF CH 12 或其他在 ITU 海岸电台和特殊服务电台列表中标识为黑体的频道上建立联系。

（二）船舶移动业务

船舶移动业务中的通信仅限于与船舶移动相关的内容，不允许发送公共通信性质的信息。使用港口操作服务或船舶移动服务的船舶，应在 ITU 海岸电台和特殊服务电台列表中查阅工作频道，以呼叫该服务。

当港口操作服务中的电台与船舶之间通过 VHF CH 16 建立了联系后，船舶应明确所需的服务，如导航信息、停靠指令等。港口电台需指明用于通信的频道或频率。

如果必须让通信范围内的所有船舶都能收到有关航行安全的简短信息发布（不超过一分钟），则无须在工作频率上发送，可使用公共频率，听到有关航行安全播发的电台应认真收听该信息。在此期间不应进行任何可能干扰该信息的发射。

四、标准海事通信用语（SMCP）

尽管在进行遇险、紧急和安全通信时通常使用英语，但为了提升语言通信的效率和准确性，克服语言障碍，有必要引入海上语音通信的标准形式。这将促进航行和船舶行为的安全，并实现海上航行、进港等交流中使用语言的标准化。STCW 公约规定，要求超过 500 总吨的船舶上负责航行值班的高级船员必须有能力理解和使用标准海事通信用语（SMCP）。为此，IMO 第 22 届大会于 2001 年 11 月通过了 A. 918（22）号决议（IMO 标准海事通信用语）。

五、无线电话设备测试

为了避免干扰邻近海岸电台的工作，当船舶电台需要发送可能会产生干扰的测试或调整信号时，应先获得这些电台的同意。在进行测试发送时，应尽可能使用人工天线和降低功率。为了确保遇险和安全呼叫频率上的通信质量，任何测试信号的发射次数和持续时间都应尽量减少。最好避免在遇险和安全呼叫频率上进行测试。

为了确保测试信号不会干扰其他正在传输的信号，在测试信号发送之前，应当在测试所用的频率上仔细收听，保证没有正在进行的通信。测试信号必须包括发射测试信号的电台呼号或其他标识，并且必须慢慢清晰地说出。

任何可能对用于遇险和安全目的的海上移动和海上移动卫星服务频率造成有害干扰的发射都是被禁止的。

六、特殊收费安排

海上移动电台发送如下信息时，相应通信业务免收服务费用：

（1）遇险呼叫/信息，或此类呼叫和信息的回复；

（2）需要岸上搜救机构支持的信息（如落水者、油污或海盗袭击类信息）；

（3）有关航行安全的通知信息（如冰山、碍航物和地雷）或有关台风、暴雨和大雾类信息；

（4）有关浮标位置变化、灯塔工作情况、与浮标有关的装置的工作情况的信息；

（5）有关威胁航空安全或威胁海上停泊地点安全的意外现象的信息。

任何用于安全和遇险通信的地面站或固定电话的费用将向有关岸上当局收取。日常通信业务的费用，按照有关岸上业务机构公布的费用标准正常收取。

思考题 >>>>>>>>

1. 简述船舶无线电频率特点及功率选择原则。
2. 简述船舶无线电话通信的通用要求。
3. 简述 VHF 通信的一般技术要点和注意事项。
4. 简述使用 VHF 无线电话与岸台通信的注意事项。
5. 简述使用 VHF 无线电话呼叫的注意事项。
6. 简述 VHF 通信程序。
7. 简述 VHF 电话通信中信息交换的注意事项。
8. 简述 VHF 电话通信中海岸电台和船舶电台的识别方法。
9. 简述 VHF 电话发射前避免干扰的措施。
10. 简述船舶无线电话呼叫和应答选择频率的原则。
11. 简述 2 182 kHz 频率的使用规定。
12. 简述无线电话通信频率制定的要求。
13. 简述无线电话通信频率的协商过程。
14. 简述无线电话通信控制的一般要求。
15. 简述无线电话设备测试的一般要求。

第四章 NBDP 通信业务

第一节 NBDP 通信的一般规定和频率使用

本节主要介绍无线电传和相关数据传输业务。VHF 频段在水面移动业务中没有专门用于电传的频率，但是随着技术进步，未来可能提供数据服务。水上电传也称窄带直接印字电报(NBDP)，有时还称为无线电打字机(Radio Teletype，RTT)或简易无线电电报(Simplex Teletype over Radio，SITOR)。由于卫星通信技术的广泛应用，当前，许多国家停止了自身和国际的电传系统，转而使用数字服务如数据和电子邮件；部分海事国家和机构还关闭了他们的电传搜救和安全服务。由于 GMDSS 现代化计划实施和国际电信联盟对无线电传工作频段和工作模式数字化的新规定，ITU 已将 518 个 NBDP 频率对重新分配给更新的数字技术，留下 194 个频率对供海岸站 NBDP 操作使用。ITU 还改变了 NBDP 船对船频率，并在 42 个船舶发射频率通道中的 10 个频率之间引入了 250 赫兹的间距；这种 250 赫兹的间距需要在 Telex 显示器和无线电控制器的显示中添加第 7 位数字。现有大多数现代 MF/HF 系统不能满足这些新的频率规定，也不能正确显示频率，除非从制造商处进行升级，直接导致了 NBDP 设备未来装船数量的下降。然而，在 A3 或 A4 海区接收 MSI 方面，NBDP 仍有重要作用。因此，作为海上无线电通信操作员，还需掌握该设备的基本知识，包括设备操作、维护和管理，正确处理包括安全信息接收在内的所有通信业务。

一、NBDP 通信的一般规定

(1) 船舶电台和海岸电台采用 NBDP 进行通信时，应在其指定频段内的成对工作频率或非成对工作频率进行通信。海岸电台的工作频率由主管部门指定，船舶电台根据不同的通信对象选择相应的频率。

(2) 两台电台间通信时，应采用“自动请求重发(ARQ)”方式。

(3) 一个岸台或船台向两个或两个以上电台发送电文时，应采用“前向纠错(FEC)”方式。

(4) 我国船舶电台使用 NBDP 与陆上用户通信时，可按经转的国内/外海岸电台的相关规定办理。

二、NBDP 使用的频率和工作种类

（一）415~535 kHz 的频带

在该频带内，所有装备有无线电传设备的船舶电台应能够在进行无线电传业务的工作频率上接收 F1B 或 J2B 的发射。符合 GMDSS 要求的船舶能够在 518 kHz 上接收 F1B 类型的发射。

490 kHz 的频率是海岸电台用于向海上航行的船舶发送气象、航行警告和其他紧急信息的专用频率。在此频率上，当地政府用当地语言播发国内 NAVTEX 信息，是国内 NAVTEX 专用频率。

在海上移动业务的此频带内，518 kHz 的频率是海岸电台用 NBDP 技术专门为船舶播发气象、航行警告、气象预报和其他紧急信息的专用国际频率，即国际 NAVTEX 业务专用频率。

（二）1 605~27 500 kHz 的频带

在该频带内，所有装备有无线电传设备的船舶电台应能够在进行无线电传业务的工作频率上发送和接收 F1B 或 J2B 的无线电发射类型。

在海上移动业务的 HF 频带内，海岸电台利用 NAVTEX 的发送方式在 4 209. 5 kHz 上为船舶发送气象、航行警告和其他紧急信息。

在海上移动业务的 HF 频带内，4 177. 5 kHz、6 268 kHz、8 376. 5 kHz、12 520 kHz 和 16 695 kHz 这些频率是遇险和安全通信专用的无线电传频率。

在海上移动业务的 HF 频带内，4 210 kHz、6 314 kHz、8 416. 5 kHz、2 579 kHz、6 806. 5 kHz 和 22 376 kHz 这些频率是海岸电台以无线电传 FEC 方式发送海上安全信息的专用频率。

值得注意的是，根据第 23 届全球无线电行政大会决议对《无线电规则》相关条款的调整，由于 NDDP 不再作为遇险后续通信使用选项，原分配给 NBDP 的遇险安全通信频道将分配给 DSC 的自动链接系统（ACS）使用，生效日期为 2028 年 1 月。

三、NBDP 的工作方式

在无线电传通信中主要有两种工作方式，即“自动请求重发（ARQ）”和“前向纠错方式（FEC）”。

（一）ARQ 工作方式

ARQ 是 NBDP 通信中的一种主要通信方式，采用 F1B 或 J2B 的调制方式进行点对点带有纠错功能的通信。该工作方式要求通信双方的收发信机同时工作。通常用于两个电台之间的通信，如船舶电台与海岸电台之间、船舶电台与船舶电台之间，或通过海岸电台转接的陆上电传用户之间的无线电通信。ARQ 工作方式的示意见图 4 - 1。

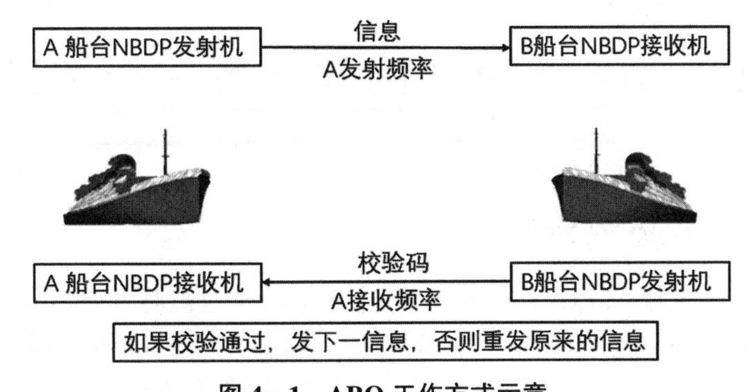

图 4-1　ARQ 工作方式示意

（二）FEC 工作方式

FEC 是 NBDP 通信中另一种主要的通信方式，即前向纠错工作方式。在采用 FEC 方式时，收发方需以单频方式工作。使用 CFEC 方式适用于某电台向所有其他电台广播通播信息的场景，如海上遇险、紧急与安全信息，而 SFEC 则适用于接收台是一个或具有某特征的一组台。

需要注意的是，在发送信息时，采用 FEC 方式的起始呼叫至少应持续 10 s，并且应至少发送一个回车和一个换行信号。FEC 工作方式的示意见图 4-2。

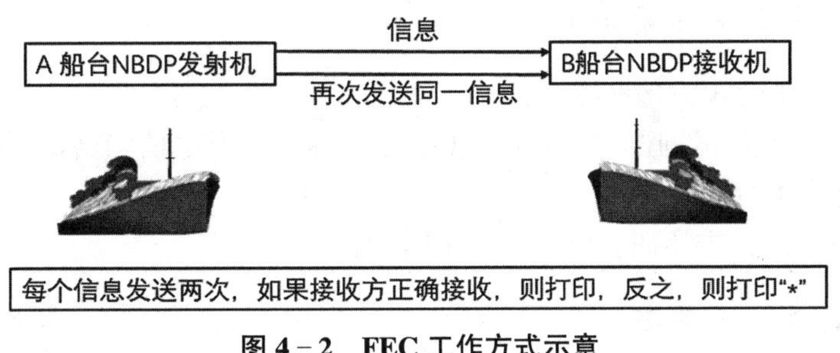

图 4-2　FEC 工作方式示意

四、NBDP 的业务种类

（一）国内公众船舶无线电传

国内船舶经本国岸台转接与本国陆上电传网络用户间进行的无线电传通信，均属国内公众船舶无线电传。

（二）国际公众船舶无线电传

国内船台与国外船岸台间、外国船台与本国岸台间或本国船台经本国岸台与外国用户间进行的无线电传通信，均属国际公众船舶无线电传。

第二节　NBDP 通信业务一般知识

一、NBDP 的识别码和应答码

在 NBDP 通信中，除 CFEC 方式外，呼叫台首先需发送被呼叫台的识别码，目的是相互识别并建立无线电链路。GMDSS 中船舶电台和海岸电台的电传识别码目前使用的是选择性呼叫码（Selcall number）和 MMSI 码。操作员为确认其是否已连接到所要求的岸台、船台或陆上电传用户，通常需在电传线路接通时交换其应答码。电传应答码通常编程写进并固化在电传机或 NBDP 设备中。电传应答码组成如下：

（一）陆上电传用户应答码

陆上电传用户应答码的组成是：

陆上用户电传号码+用户单位名称缩写+用户所在国家电信网络识别标识

例：上海远洋公司的电传应答码：33057 COSCO CN。

丹麦 S. P. RADIO A/S 的电传应答码：69789 SPRAD DK。

（二）海岸电台电传应答码

海岸电台电传应答码的组成是：

海岸电台选择性呼叫码或 MMSI+岸台识别+国家电信网络识别标识

例：广州海岸电台应答码：2017 XSQ CN。

香港海岸电台应答码：1481 HKGRDO HX。

（三）船舶电台应答码

船舶电台应答码的组成是：

船舶电台选择性呼叫码或 MMSI+船舶电台识别（船名缩写或呼号）+X（X 表示移动业务电台）

例：兴海河轮应答码：19800 BOBH X。

育锋轮应答码：412049010 BPQX X。

二、电传电文格式

船舶电台若配备有 NBDP 设备或 C 站，就可利用无线电传业务与岸上或海上的电传用户进行电传通信，建议的标准电传电文格式为

TO：收报人电传号码与识别（或用户应答码）。

ATTN：具体收报人或部门（如果没有，可略）。

COPY：分抄部门（如果没有，可略）。

FM：发报人名址（对船台：船名/呼号/MMSI。如卫通船站：船名/呼号/IMN/登录洋区）；

DD：报文交发时间、日期（通常用UTC）

电传优先等级（日常可略）；

REF：参照号（如果是针对某个电文的回电，需要时可提供参照号）；

空一行；

电传电文；

空一行；

NNNN（电文结束标志）。

电传电文实例：

TO：33051 PENAN CN；

FM：M/V YUMIMN/BPQX/376879000；

DD：0330 UTC 20/05/2024；

REF：TLX No. 18/05/2024；

空一行；

PLS B ADVD TT EX/ETA CJK PILOT/STN 210830LT PLS ARRNG PILOT AND SUPPLY FRESH WATER 300T ON/ARRVL

B. RGDS/MASTER

空一行；

NNNN

三、特殊符号的传递和错误字符的处理

因为陆上电传网络上传递的是国际电报2号码（ITA NO. 2），在该网上只能传递下列字符：英文字母A~Z，阿拉伯数字0~9，符号+、-、?、:、(　)、,、'、.、=、/和空格，以及回车换行、字母转换、数字转换等功能字符。如果其他字符也被编进电文里，对方收到为空格。因此在编电文时必须对一些特别字符进行处理后才能传递。

（一）分数的传递

当一组数字包含有整数和分数时，整数与分数之间应用短横线分开，但不能留有空格，如：$3\frac{1}{2}$应发送3-1/2。

（二）百分号的传递

10%应发送为10-0/0或10 percent。

（三）非标准符号的传递

如："&"应发送为"AND"，"@"应发送为"AT"或（A），"$"应发送为"DOLLARS"，"#"应发送为"NR"，"□"应发送为"SQUARE"等。

（四）重要字组的重复

对电文中出现的重要数字或字组，可以重复一次以示重要，比如：2500（2500），或 2500REPEAT 2500，CANCEL REPEAT CANCEL 等。

（五）通信过程中错误的处理

如果在紧急的情况下，以在线的方式发送电文，这时如果发生差错，应紧接着发送“XXXXX”和 1 个空格，或 3 组“EEE”和 1 个空格，如 ETA CJK TOGXXXXX TOWER。

（六）取消电传电文

在发送电传电文的过程中，因故必须取消该电文，船舶电台的操作员应在发送电文的屏幕上另起一行，并发送 ANUL ANUL ANUL 的字样，表明取消该电文。

第三节　NBDP 电传通信程序

一、ARQ 方式下的电传通信程序

（一）船到岸的 ARQ 通信

在进行电传通信之前，船台应在预定的岸台接收频率上，使用 NBDP 设备和岸台的 MMSI 或 4 位选呼码呼叫岸台。岸台无线电设备收到船台呼叫后，便在相应的发射频率上自动地或在人工控制下回答。船到岸的 ARQ 通信程序如下：

（1）船舶电台呼叫海岸电台：输入岸台 MMSI 或 4 位选呼码，启动呼叫；

（2）建立通信，船岸自动交换应答码；

（3）海岸电台发“GA+?”；

（4）船台发送电传业务指令，如“DIRTLXxy+”，请求发送直通电传到陆上用户；

（5）海岸电台发“MOM”，请船台稍等；

（6）如果陆上用户接通，船舶电台将收到陆上用户电传应答码和海岸电台发送的指令“MSG+?”，请船台发送电文；

（7）船台调发已编辑好的电文；

（8）电文发送完毕，船台发送“KKKK”，拆除陆上电传线路，保留与海岸电台之间的无线线路；

（9）船岸电台之间自动交换应答码；

（10）海岸电台发送电传计费时间等信息；

（11）海岸电台再次发送“GA+?”指令；

（12）船台如果还有电文要发送，可以从第（4）步开始重复；如果没有，发送“BRK+”，拆除船岸之间的无线线路，结束通信。

以下是一条通过上海海岸电台发送给中国电传用户 33057 的通信实例，船台的 MMSI 号码为 412001000。

船：发送呼叫识别码，如 2010+的信号。

岸：以 2010 SHAIRDO CN 的信号回复。

船：发送 412001000 BOLU X 的信号。

岸：以 GA+? 的信号回复。

船：发送 DIRTLX08533057+的信号。

岸：回复MOM

33057+

33057 COSCO CN+

MSG+?

船：发送 TXT... 电文，电文应以 NNNN 作为结尾。

船：发送 KKKK 的信号。

岸：回复 2010 SHAIRDO CN 的信号。

船：再次发送 412001000 BOLU X 的信号。

岸：发送TIME：05－25－2023 1230

SHIP：412001000 BOLU X

SUBSCR：33057 COSCO CN

DURATION：1.5 MIN

GA+?

船：最后发送 BRK+的信号，结束通信。

（二）岸到船的 ARQ 通信

岸到船的 NBDP 呼叫有两种方法：

（1）岸台首先通过 DSC 呼叫船台，并指明后续通信方式为 ARQ，以及随后的工作频道或频率。船台应答后，船岸双方各自转到工作频道或频率上进行 ARQ 通信。

（2）船台的 NBDP 终端对经常联系的岸台的电传信道进行扫描值守，或者船台主动将自己的值守安排通过“FREQ+”指令通知岸台。于是岸台可使用 NBDP 设备在其规定的电传发射频率上以 ARQ 方式呼叫船台，船台监测到后将在值守岸台发射频率的对应频率上进行应答，建立通信链路。

（三）船到船的 ARQ 通信

船到船的 ARQ 通信，与岸台呼叫船台类似，也是通过 DSC 进行的。被叫船应答后，双方均转到工作频率上即可以进行 ARQ 通信。

二、NBDP ARQ 通信的常用指令

下面列出的是 NBDP ARQ 通信的常用指令。在输入指令时，字母间不得出现空格。这些常用指令仅适用于船与岸之间的 ARQ 通信，不适用于船与船之间的 ARQ 通信。

指令	含义
AMV+	发送 AMVER 船位报告
BRK+	中断无线电传线路
CANCEL+	取消在以前 FREQ+电文中给出的值守指令
CEMAILnn+	中文电子邮件业务，nn 为邮箱地址，邮址中“@”用“/”来替代
CFAXxy+	中文传真业务，x=前缀“0”的国家码，y=用户传真号码(包括城市码)
CHISREP+	发送中国船舶报告
DIRTLXxy+	直接连接业务，x=前缀“0”的电传国家码，y=用户电传号码
EMAILnn+	电子邮件业务，nn 为邮箱地址，邮址中“@”用“/”来替代
FAXxy+	传真业务，x=前缀“0”的国家码，y=用户传真号码(包括城市码)
FREQ+	向海岸电台发送本船电台的值守安排
GA+	请继续键入下一指令
HELP+(HLP+)	请求帮助指令，海岸电台将发给船舶电台本台开放的所有业务指令
INF+	询问系统能提供的信息
KKKK	拆除与陆上用户的有线线路
MED+	请求海上医疗指导或援助指令
MSG+	请求对方发送电文
MULFAXxy,xy...+	将电传发送给多个传真用户
MULTLXxy,xy...+	发送电传给多个电传用户
NAV+	请求发送航行警告
OBS+	将船舶气象报告自动传递到气象部门
OPR+	请求岸台值机员帮助，请告知船舶的 AAIC
STS+	船到船无线电传业务
SVC+	发送业务电文
TEST+(TST+)	请求电传链路测试
TGM+	通过无线电传发送无线电报
TLXxy+	存储转发的电传业务，x=前缀“0”的电传国家码，y=用户电传号码
URG+	有关海上遇险和安全业务时请求岸台值机员援助
WX+	请求发送气象报告

三、国际电传系统常用代码

下面列出的是电传系统中表明系统状态或出现的问题的常用代码。在使用过程中，用户应明确这些代码的含义，以便理解电传系统的工作状态并根据需要采取相应措施，以确保电传系统能够正常地发送信号。

代码	含义
ABS	用户不在/办公室停止办公连接中断,请再叫
AGN	连接中断,请再呼叫
ANUL	删除
BK	切断
CFM	请证实
CI	无法通信
COL	请校对
CRV	你的接收情况好吗?/我的接收情况很好
DER	故障
DF	你与被叫用户处于通信状态中
FMT	格式错误
INF	暂时接不通用户,请呼叫查询业务台
ITL	随后发送
JFE	节假日办公室停止办公
MNS	分(钟)
MOM	请等候
MUT	电文残缺
NA	不允许与这个用户进行通信
NC	没有线路
NCH	用户号码已改变
NI	没有线路识别可用
NP	不是我要求的被叫用户
OCC	用户占线
R	已收妥
RSBA	重发直至被收妥
XXXXX	错误

四、FEC方式下的通信操作程序

CFEC方式通常用于遇险、紧急和安全通信,以及播发和接收通报表、通电和海上安全信息(MSI)等。发送方一般应先使用DSC进行报警或呼叫,并指明随后的通信方式是FEC,接收方收到后将接收机调到相应的频率上准备接收。

CFEC通信的发送程序如下:

(1) 选择CFEC方式,设置发射频率,并启动呼叫,此时设备自动进行定相信号的发送,一般至少等待10 s。

(2) 调发事先编辑好的电文,或边输入边发送(在线方式)。

(3) 发送完电文拆线。

SFEC方式常用于向一组船舶(船队)或某一指定的船舶发送电文。发送前应事先约定或使用 DSC 设备进行呼叫，并指明随后通信方式（FEC）和通信频率。收方收到后将接收机调到指定频率上准备接收。发方用 SFEC 发送信息的程序与 CFEC 基本相同，只是第（1）步应选择 SFEC 方式，并输入接收方的群呼 MMSI 码或指定船的 MMSI，其他步骤相同。FEC 信息的接收，只要求选择好接收机的工作方式（F1B/J2B 或 TLX），并设置好接收频率即可。对于接收定时播发的通报表、通电和海上安全信息（航行警告、气象警告和气象预报等），一般应提前 2 min 开始接收。

五、电传的收费

电传通信费用主要由 3 个因素决定：

（1）电传线路的使用时间；

（2）用户与海岸无线电台的距离（陆地线路费）；

（3）所选用的频段。

高频通信通常比中频通信费用更高。也有些管理机构提供全球任何目的地的统一电传费率，此时呼叫费用按时间计算。自动连接的电传呼叫通常以 6 s 为计费单位，每 6 s 增加 1 次费用。手动连接的电传呼叫通常以 3 min 为计费单位，每分钟增加 1 次费用。

当用户接通后，自动计时器开始计算使用时间。但是，如果信号不佳，设备需要多次发送才能确保字符成功传输，计时器会暂停。电传通话结束时发送 KKKK 或 BRK+，设备停止计时。

六、海上电传通信现状

海上和陆上的电传正在逐渐被更新的电子通信方式所替代。虽然电传业务正在减少，但仍有一些海岸无线电台提供无线电报服务，并且无线电报也可以作为一种除电话之外的遇险通信手段。截至 2023 年 9 月，提供 MF/HF 无线电传服务的海岸台见表 4－1。

表 4－1　提供 MF/HF 无线电传业务的海岸无线电台

国家	地点（英文名称）	Selcall/MMSI	频率/MHz
巴林	Bahrain	4650	2,4,8,12,16,22
加拿大	Iqaluit and Resolute	003160023	4,6,8,12,16
埃及	Alexandria	4822	2,4,6,8,12,16,22
	Al Qusayr	4824	2,8
	Port Said	4823	12
中国	Guangzhou	2017	4,6,8,12,16
	Qingdao	2018	2
	Shanghai	2010	4,6,8,12,16
	Xiamen	004122700	4
加拉帕戈斯	Ayora	4757	2,4,6,8,12,16

表4-1(续表)

国家	地点(英文名称)	Selcall/MMSI	频率/MHz
希腊	Olympia	1780	4,8,12,16,22
印度尼西亚	Approx. 40 locations	Refer to ITU list of coast stations	Refer to ITU list of coast stations
科特迪瓦	Abidjan	006192100	2,4,6,8,12,16
日本	Tokyo	2400	4,8,12,16
挪威	Rogaland	002570000	4,6,16
新西兰	Taupo	Contact via RT	2,4,6,8,12,16
	Rescue Services	002618102	2
俄罗斯	Kalingrad	002734417	8,12,16
	Moskva	3701	6,8,12,16
	Murmansk	3744	4,6,8,12,16
	Sankt Perterburg	3700	2,4
韩国	Incheon	3400	4
	Tonghae	3401	4
土耳其	Istanbul	4360	4,8,12

为提高带宽利用率,海上频段的使用和划分正在不断优化。甚高频波段承载了越来越多的数据流量。由于卫星通信技术的使用,海上中波和高频海事波段相对以往变得空闲许多,有待更好地发挥作用。目前,VDES 数据服务正在开发中,它能够有效缓解全球某些沿海地区 AIS 频率的拥堵问题。另外,NAVDAT 服务也已启动,它能够在中波和高频波段广播 MSI,从而增强 NAVTEX 服务。

七、岸—船无线电传通信方式及中国 NBDP 通信现状

(一)无线电传通报表

无线电传通报表类似于通话表,岸台的电传通报表使用 FEC 方式播发,播发频率和播发时间在《无线电信号表》第一卷中海岸电台的无线电传业务后标明。船舶电台应注意接收岸台的通报表,以免漏报。船舶也可以主动开机询问岸台,是否有本船的电传。

海岸电台在通报表中标明有无线电传,船舶应主动呼叫海岸电台,建立无线电传通信链路,用 MSG+指令从海岸电台取来给本船的无线电传,或者用 OPR+让操作员将电传发给船舶。

个别海岸电台开放常规 DSC 业务,当陆地用户有电传发给船舶用户时,直接通过 DSC 方式呼叫船舶电台,船舶电台接收到 DSC 信息后,主动与海岸电台联系获取信息。船舶电台必须在相关岸台的 DSC 常规频率上保持值守。

(二)广播式电传通信

广播式电传通信采用的是 CFEC 工作方式,比如海岸电台的电传通报表业务等。

(三)常规通信

能在现有的常规通信电路上,与沿海、近洋和远洋船舶电台进行 MF/HF 无线电话通信和无线电报通信。各海岸电台所用频率如附表 2 所示。除汕头、北海、连云港、厦门海岸电台外,其余海岸电台均设有常规通信电路,其中,湛江、海口、八所、三亚、福州和烟台海岸电台将 2 MHz 的遇险安全通信频率用于常规通信。

思考题 >>>>>>>>>

1. 简述 NBDP 海上安全信息的播发频率。
2. 简述 NBDP 的工作方式及特点。
3. 简述 NBDP 电传线路中特殊字符的处理方式。
4. 简述船到岸 ARQ 通信程序。

第五章　DSC 通信业务

第一节　DSC 系统概述

DSC 是一种利用数字编码技术实现无线电选择性呼叫功能的设备，它可以实现自动、快速和可靠地建立无线电通信链路，并进行遇险报警、通信和确认。根据国际电联《无线电规则》第 25 条规定，所有参加 GMDSS 并装有 VHF/MF/HF/Inmarsat 设备或其他卫星设备以及 EPIRBs、SART 等设备或系统的船舶，必须装有在相应频段范围内能够进行数字选择性呼叫功能的 DSC。

一、DSC 主要功能

（一）遇险报警功能

当船舶遇险时，可通过 DSC 设备上的遇险按钮，自动发送遇险报警信息给海岸电台或其他船舶。遇险报警包含识别码、位置、时间和遇险性质等信息。接收到遇险报警的电台应立即确认，并在必要时转播给其他电台或搜救部门。

（二）遇险转发功能

当电台收到来自其他电台的遇险报警而认为该电台可能无法被海岸电台或搜救部门收到时，可通过 DSC 设备转发该遇险报警给更远距离的电台。

（三）自动连接系统

自动连接系统（ACS）是 DSC 设备的一项创新功能，旨在自动选择最佳频段以优化后续通信，从而简化中高频无线电通信过程。ACS 的呼叫频率包括 2 174. 5 kHz、4 177. 5 kHz、6 268 kHz、8 376. 5 kHz、12 520 kHz 和 16 695 kHz，这些频率与先前用于遇险后续通信的 NBDP 频率相同。

ACS 的工作原理如下：主叫方发出带有 ACS 标识的 DSC 呼叫（在上述 6 个频率上同时发送）。接收到呼叫后，被叫方自动评估并选择最佳通信频带，并在选定的频带上确定后续工作频率。随后，被叫方向主叫方发送一个确认信号，表明接受或拒绝呼叫。如果被叫方同意建立连接，确认信息将包含双方后续通信的频率，使得双方能在该频率上自动开始通信；若被叫方拒绝连接，则确认信息中不会包含后续通信频率，双方不会建立通信连接，呼叫随即终止。MSC 105 次会议通过了包含 ACS 的水上中高频通信设备性能标准,原定生效日期为 2024 年 1 月,但 MSC 107 次会议将该生效日期推迟至 2028 年 1 月。

(四) 常规呼叫功能

当电台需要与特定电台或电台组建立通信时,可通过 DSC 设备发送常规呼叫信息。常规呼叫包含呼叫者和被呼叫者的识别码及建议的工作频率或信道等信息。收到常规呼叫的电台应立即确认并在指定频率上通话。

(五) 查询功能和位置报告功能

当电台需要获取其他特定电台或电台组的信息时,可通过 DSC 设备发送查询请求,获取是否在线、当前位置、速度方向等信息。

数字选择性呼叫系统是 GMDSS 在 MF、HF 和 VHF 频段的主要报警方式,用于遇险、紧急和安全通信。

DSC 不仅用于遇险、紧急和安全呼叫,还被用作建立一般通信的呼叫机制,即常规或商业通信。取决于使用的频段,使用的程序略有不同。

符合公约要求配备 GMDSS 的船舶必须持续值守 DSC 遇险频率。同时,为了接收日常等级呼叫,船舶也需要值守相应的常规通信 DSC 频率。在值守常规频率时,重要的是不干扰或中断对各种 DSC 遇险频率的值守和通信。现代 DSC 控制器包含了涵盖这两种情况的扫描程序。因此,可以通过设置 DSC 设备控制器来扫描常规频率,而不会中断针对中频/高频 DSC 遇险频率的扫描值守。在实践中,通常选择值守所有 6 个 DSC 遇险和安全频率。

二、DSC 呼叫等级与识别码

数字选择性呼叫(DSC)是一种利用校验码技术传输数字数据的呼叫系统,可用于船对岸、岸对船或船对船之间的通信。

该系统提供了 4 种不同等级的呼叫:遇险、紧急、安全、其他类型。

常见的呼叫格式有以下几种:

(1) 发送至“所有船”(包括紧急和安全等级);

(2) 发送至某一特定地理区域内的所有船舶;

(3) 发送至特定的一组船队或海岸电台。

配备 DSC 的电台都有一个 9 位数字的唯一识别码,称为水上移动业务识别码(Maritime Mobile Service Identity,MMSI),用于在海上移动业务中标识该电台。DSC 的一个重要特点是能够发送远程指令,让操作员在 DSC 呼叫中附加一些额外信息。例如,可以在 DSC 呼叫序列中指定后续通信的发射模式、建议信道或发射频率等,便于建立后续通信。这就是所谓的 DSC 远程指令,分为第一远程指令和第二远程指令。第一远程指令用于告知接收台后续的通信类型(电传或无线电话);第二远程指令用于推荐针对第一通信类型的频道或频率。

船上的现代无线电台设备能够全自动地进行 DSC 操作。配合自动调谐的发射器和接

收器,可以实现无人值守的操作。只要设置得当,就可以在收到 DSC 呼叫时自动回复,并自动切换到合适的 RT 工作频率或频道,大大提高了海上通信的联通能力。此外,现代的 DSC 控制器还采用了各种技术手段来避免误报警呼叫的接收。该系统也非常快速敏捷,如 1 个 DSC 单呼根据呼叫类型和使用的 MF 或 HF 呼叫频率,可以在 0.45~7.20 s 内完成。

第二节　DSC 常规呼叫频率使用

DSC 常规通信业务和遇险、安全通信业务中的频率使用是不同的。本节将重点介绍 DSC 常规通信中频率的使用。关于 DSC 遇险呼叫频率的使用,请参考 DSC 遇险通信的相应章节。数字选择性呼叫设备应符合现行国际电联无线电规则和相关建议案的技术要求。海岸电台提供的数字选择呼叫服务频率应在国际电联海岸电台和特别服务台表中标明,并提供其他说明性信息。

一、MF DSC:415 kHz 和 526.5 kHz 之间的频段

在 415 kHz 和 526.5 kHz 之间授权的频段内,采用数字选择性呼叫和确认的无线电发射类型为 F1B 或 J2B。其中,船台发射的数字选择性呼叫和确认,其平均功率不得超过 400 W。

(一) MF DSC 呼叫和确认频率

对于通过 DSC 技术进行的呼叫和确认,应使用相应的信道。国际数字选择呼叫频率 455.5kHz 可分配给任何海岸电台。为了减少对该频率的干扰,在一般情况下,海岸电台可使用该频率呼叫其他国家或地区的船舶,或在不清楚该船舶电台在哪个 DSC 频率上值班时使用。国际 DSC 频率 458.5 kHz 可由任何船台使用。为了减少该频率上的干扰,只有在分配给海岸电台的国家频率无法进行通话时才可使用该频率。在发送确认信息时,通常应使用与所选用呼叫频率成对匹配的频率。

(二) MF DSC 值守频率

使用 DSC 技术提供国际公共通信服务的海岸电台,在其服务时间内,应在适当的国家或国际呼叫频率上保持自动 DSC 值班。有关值班时间和频率安排情况可在国际电联海岸电台和特别服务台表或 ALRS 第一卷中查询。

配备有 DSC 设备的船舶电台在授权的海上中频频段工作时,当船台处在海岸电台在这些频段提供 DSC 服务的地理覆盖范围时,应在相应海岸电台的这些频段内的一个或多个适当的 DSC 频率上保持自动 DSC 值守。

二、1 606.5 kHz 和 4 000 kHz 之间的频段

在这个频段内,数字选择性呼叫和确认使用 F1B 或 J2B 类型的发射。在 A1 海区,船台发射的数字选择性呼叫和确认的平均功率不得超过 400 W。

（一）呼叫与确认

当使用 DSC 技术呼叫海岸电台时，船台应按以下顺序选择频率：①海岸电台值守的国家 DSC 频率；②国际 DSC 呼叫频率 2 189.5 kHz。

国际 DSC 频率 2 189.5 kHz 可以分配给任何船台。为了减少该频率的干扰，一般情况下，船台可使用该频率呼叫另一个国家的海岸电台。

船舶电台使用 DSC 呼叫另一艘船舶时，应使用 2 177 kHz 频率。对于这种呼叫的确认，也应在这个频率上进行。

海岸电台使用 DSC 技术呼叫船舶电台时，频率选择的优先顺序为：①海岸电台正在值守的国家 DSC 频率；②国际 DSC 频率 2 177 kHz。

国际 DSC 频率 2 177 kHz 可以分配给任何海岸电台。为了减少该频率的干扰，海岸电台可使用该频率呼叫其他船旗的船舶。如果不知道船台在 1 606.5 kHz 和 4 000 kHz 频段内哪个 DSC 频率上保持值班，则也可以使用该频率。发送确认的频率通常应与接收呼叫所使用的频率成对匹配。相关频率可在国际电联的海岸电台和特殊业务电台表或 ALRS 第一卷查阅。

（二）值守安排

如果海岸电台使用 DSC 技术提供国际公共通信服务，则应在其服务时间内，在 1 606.5 kHz 和 4 000 kHz 频段内适当的国家或国际呼叫频率上保持自动 DSC 值守。这些时间和频率的详细说明可在国际电联的海岸电台和特殊业务电台表或 ALRS 第一卷查阅。

配备有 DSC 设备的船舶电台在授权的海上频段工作时，在提供 DSC 服务的海岸电台的覆盖范围内，应对该海岸电台公布的工作频率的一个或多个适当的 DSC 频率上保持自动 DSC 值守，同时应值守适当的公共国际 DSC 频率。

三、高频（HF）DSC：4 000 kHz 和 27 500 kHz 之间的频段

该频段内授权的数字选择性呼叫和确认的发射类型为 F1B 或 J2B。船舶在该频段内的数字选择性呼叫和确认的无线电发射应限制在 1.5 kW 的平均功率。

（一）呼叫和确认

在授权的海上高频频段内，当船舶电台通过 DSC 技术向海岸电台发出呼叫时，船舶电台应按以下顺序选择频率：①海岸电台正在值守的国家 DSC 频率；②如果无法使用国家 DSC 频率，则可使用指定的国际 DSC 频率。

当海岸电台在授权的无线电频段内使用 DSC 呼叫船舶电台时，应按以下顺序使用频率：①海岸电台正在值守的国家 DSC 频率；②分配给海岸电台用于常规呼叫的国际 DSC 频率（非遇险或安全）。

（二）HF DSC：值守

在海上高频频段内使用 DSC 技术提供国际公共通信服务的海岸电台应在服务时间

内,在适当的频率上保持自动 DSC 值守。有关值守安排的详细信息可在国际电联的海岸电台和特殊业务电台表或 ALRS 第一卷中查询。

配备 DSC 设备的船台应在海上高频频段内适当的 DSC 频率上保持自动 DSC 值守。选择频率时,船舶应充分考虑无线电波的传播特性和提供 DSC 服务的海岸电台的呼叫频率安排情况。

船舶—海岸电台国际 DSC 呼叫频率见表 5－1。表中所列的国际 DSC 频率可供任何船台使用。为减少这些频率上的干扰,只有在国家指定的频率不能进行呼叫时才可使用这些频率。在不确定船台在该频段内哪个 DSC 频率上值守的情况下,也可使用这些频率。

表 5－1　船舶—海岸电台国际 DSC 呼叫频率　　单位: kHz

频带	船台发送频率	岸台发送频率
MFI	458.5	455.5
MFII	2 189.5	2 177.0
HF 4 MHz	4 208.0	4 219.5
	4 208.5	4 220.0
	4 209.5	4 220.5
HF 6 MHz	6 312.5	6 331.0
	6 313.0	6 331.5
	6 313.5	6 332.0
HF 8 MHz	8 415.0	8 436.5
	8 415.5	8 437.0
	8 416.0	8 437.5
HF 12 MHz	12 577.5	12 657.0
	12 578.0	12 657.5
	12 578.5	12 658.0
HF 16 MHz	16 805.0	18 903.0
	16 805.5	16 903.5
	16 806.0	16 904.0
HF 18 MHz	18 898.5	19 703.5
	18 899.0	19 704.0
	18 899.5	19 704.5
HF 22 MHz	22 374.5	22 444.0
	22 375.0	22 444.5
	22 375.5	22 445.0

表5-1(续表)

频带	船台发送频率	岸台发送频率
HF 25 MHz	25 208. 5	26 121. 0
	25 209. 0	26 121. 5
	25 209. 5	26 122. 0
VHF	CH 70	CH 70

表 5 - 2 为船岸间日常呼叫首选 DSC 频率。

表 5 - 2　船岸间日常呼叫首选 DSC 频率　　单位：kHz

船台发送频率	岸台发送频率
2 189. 50	2 177. 00
4 208. 00	4 219. 50
6 312. 50	6 331. 00
8 415. 00	8 436. 50
12 577. 50	12 657. 00
16 805. 00	18 903. 00
18 898. 50	19 703. 50
22 374. 50	22 444. 00
25 208. 50	26 121. 00

四、VHF DSC：156 MHz 至 174 MHz 之间的频段

在 156 MHz 至 174 MHz 之间的 VHF 频段，数字选择呼叫和确认的发射类型应为 G2B。

（一）VHF DSC 呼叫和确认

频率 156. 525 MHz(即 VHF CH 70)是海上移动业务使用的国际 DSC 频道，用于遇险、紧急、安全和常规呼叫。这个频道可以进行船舶—海岸电台、海岸电台—船舶和船舶—船舶之间的公共通信呼叫，因此所有的 VHF DSC 呼叫都在 70 频道上进行，不论是遇险、紧急、安全还是常规呼叫。但是，该频道不适用于 RT 通信。

（二）VHF DSC 值守

海岸电台在 70 频道上的 VHF DSC 值班安排公布在国际电联的海岸电台和特殊业务电台表或 ALRS 第一卷中。

配备有 DSC 设备的船舶在授权的海上 VHF 频段工作时，应在海上保持连续的 VHF DSC 自动值守。

第三节　DSC 常规呼叫操作与管理

随着卫星通信技术的发展，许多海岸电台的业务量已经大幅减少或停止原有业务，尤其是在 HF 远距离通信服务上，全球业务量急剧下降。但是，仍有许多海岸电台继续为海上无线电通信提供服务。

DSC 呼叫主要应用于地面通信系统中通信链路的建立。在常规 DSC 呼叫中，每个 DSC 呼叫应指明一个或多个被呼叫电台和本台身份识别。呼叫中还应说明要建立的后续通信类型，并可附加信息，如建议的工作频率或频道等。对于海岸电台的呼叫来说，特别要说明后续通信类型和建议的工作频率。中频或高频的常规 DSC 呼叫通常持续 7 s，VHF 上 DSC 呼叫持续约 0.45 s。

一、常规 DSC 呼叫的格式

DSC 呼叫序列由一系列二进制信息字段组成，并在同步方式下发送。数字符号 100 至 127 用于表示不同字段的含义。DSC 呼叫以点阵开始，然后是一个定相序列，用于使接收机与发射机同步。

DSC 序列中第 1 个字段是呼叫格式符（format specifier），用于说明呼叫类型，包括以下几种：遇险、所有船、单船、地理区域、群呼、自动电话呼叫。

对于地理区域类型的呼叫，应先给出纬度再给出经度。地理区域的定义采用墨卡托投影中的矩形，左上角（即西北方）是该地区的参考点，然后给出向南和向东的跨度。当前的 DSC 控制器也可以接收以本船为圆心的圆形区域，并根据半径大小自动转换为矩形区域。

对于常规的 DSC 呼叫，第 2 个字段是地址字段，用于指明目标地址的 MMSI 码。

第 3 个字段是呼叫等级字段，用于指明本次呼叫的通信等级，包括遇险、紧急、安全和日常 4 个等级。

第 4 个字段是自识别字段，即本台的 MMSI 码。

随后的 2 个字段称为电传遥指令 1 和电传遥指令 2（Telecommand1 和 Telecommand2）。

电传遥指令 1 通常从 14 个选项中选择一个，主要涉及后续通信所使用的发射模式。该指令也可以用于表明本次呼叫是“遇险确认”或“遇险转发”。需要注意的是，这类呼叫不属于遇险报警性质的呼叫，因为没有遵循遇险报警呼叫的相关规定。但是，由于这类呼叫包含有关遇险船舶的信息，在发送前必须得到船长授权。

电传遥指令 2 是对电传遥指令 1 的进一步补充，有 15 个选项可供选择。例如，在电传遥指令 1 中如果选择了 RT 作为后续通信方式，则在电传遥指令 2 中可以进一步选择 RT 通信所使用的频率或频道。同时，在这 15 个选项当中，有两项适用于战区：选项“船舶和飞机”表明相关船舶或飞机属于中立方，选项“医疗运输”表明船舶为医疗船。

DSC 呼叫都以一个序列结束（EOS）字段结束，并在最后附带一个包含错误校验字符信息的字段。

二、DSC 常规呼叫的确认方式

对于需要确认的 DSC 呼叫，应通过 DSC 发送确认呼叫进行回应。确认呼叫可以手动或自动发送。确认信息应在收到呼叫频率相同的中频或高频上发送，以最快地通知呼叫者。如果在多个呼叫频道上收到同一个呼叫，则应选择最合适的频道来发送确认信息。对于 VHF，应使用 VHF 70 频道进行确认。

当知道船舶没有值守海岸电台的国家频率时，高频和中频国际 DSC 频率只能用于岸上对船的呼叫，以及来自装有自动 DSC 设备的船舶对相关呼叫的确认。

所有船对岸的 DSC 呼叫都应在海岸电台指定的国家频率上进行，并且最好使用高频和中频。国家频率呼叫应是首选，而在可以使用国家频率的情况下，海岸电台应避免使用国际 DSC 频率进行呼叫。实际通信时，海岸电台有权决定使用哪个工作频率或频道。

如果船台在 5 min 内未能回复收到的呼叫，则针对呼叫的回复应采用标准 DSC 呼叫程序重新发出。

三、DSC 值守：常规呼叫

现代 DSC 接收设备具有扫描值守功能，可以让操作者对接收器进行设置，以扫描所需海岸电台的发射频率。但是 DSC 日常扫描值守功能不能影响 DSC 接收机对遇险和安全频率的值守。因此，通常情况下，扫描功能分为两个不同的单元：一个用于扫描专用的 DSC 遇险频率；另一个用于扫描经过批准的商业 DSC 频率，实现双重值守功能。

第四节　DSC 设备管理与测试

对船舶电台 DSC 设备的测试，按 DSC 设备的技术规范，DSC 设备应具备允许做正常试验而不会启动与其相连接的发信机的功能（内部试验），即在进行 DSC 设备试验时，发信机不得产生任何辐射信号。船舶无线电人员一般至少每天试验一次 DSC 设备（内部试验），以便确信 DSC 设备的正常工作状态。

当船舶航行在配备有 DSC 设备的岸台的覆盖范围之内时，船舶电台至少应每周进行 1 次 DSC 呼叫试验（外部试验），以测试 DSC 设备的工作正常。如果船舶航行在配备有 DSC 设备海岸电台的覆盖范围以外的时间超过 1 周，则当船舶在进入开放 DSC 业务的岸台的覆盖范围时，有机会就应进行 DSC 呼叫试验。

通常应避免在遇险和安全呼叫专用频率上进行 DSC 呼叫试验。但是，如果认为有必要时可在 DSC 遇险和安全呼叫专用频率上进行。DSC 呼叫试验应由船舶电台发送，并表明试验且应由海岸电台收妥确认，呼叫试验后，通常船台和岸台之间不应再进行进一步的通信。

VHF DSC 设备的外部呼叫试验，一般是编辑 DSC 日常呼叫电文通过船上的两部 VHF DSC 设备互叫来完成；但如果船上只配备一套 VHF DSC 设备，则可通过 AIS 设备，

选择附近配备有 VHF DSC 设备的船,通过两船间的 VHF DSC 设备呼叫来完成,但不得与海岸电台进行 VHF DSC 呼叫试验。

对于 DSC 内部试验,比较简单,不管是 VHF DSC 还是 MF/HF DSC,只要在设备的主操作菜单里查找到设备自检项并对其进行确认,DSC 设备就能自动完成,并会显示和打印出自检结果报告。相对而言,MF/HF DSC 呼叫试验就比较难实现。

一、MF/HF DSC 呼叫试验注意点

首先要选择一个合适的岸台。查阅英版《无线电信号表》第一卷,根据本船船位,可以确定进行 MF/HF DSC 呼叫试验的海岸电台。一般尽量选择比较近的岸台,如果距离合适也尽量选择中频 2 187. 5 kHz。但必须注意,并不是所有海岸电台都开放 MF/HF DSC 业务,大部分岸台只开放 MF DSC 业务。

其次是要选择一个合适的 DSC 呼叫频率。就如上所述,尽量选择比较近的岸台,也尽量选择中频 2 187. 5 kHz,因为这样 DSC 呼叫时互相干扰就少了。但如果要选择距离比较远的岸台,那么白天尽量选择频率较高的 DSC 呼叫频率(如 8 414. 5 kHz、12 577 kHz 或 16 804. 5 kHz),晚上则选择频率较低的频率(如 4 207. 5 kHz、6 312 kHz)。

最后,进行 MF/HF DSC 呼叫试验时,有些 MF/HF DSC 设备(如丹麦的 SKANTI. SAILOR 和日本的 FURUNO 等厂家生产的 MF/HF DSC 电台设备)有专门的 DSC 呼叫测试程序,只要按照操作使用手册,进入此程序,并输入岸台的 MMSI 码,选择一个合适的 DSC 呼叫频率即可。但有些厂家生产的 ME/HF DSC 电台设备(如日本的 JRC 电台),就不具有专门的 DSC 呼叫测试程序。进行 MF/HF DSC 呼叫试验跟日常的 DSC 呼叫操作流程是一样的,但在编辑 DSC 呼叫测试电文时类别必须选择 Safety(安全),第一遥指令必须选择 Test(试验),序列终止符必须选择 ACK RQ(要求确认)。

二、MF/HF DSC 呼叫试验的程序

(1) 将 MF/HF SSB 发信机调谐到某个合适的 DSC 遇险和安全频率上。目前绝大多数 GMDSS 设备中的 DSC 控制器都能遥控 SSB 收发信机,完成收发频率和工作模式的正确设置,并能自动调谐。因此收发频率只要在 DSC 控制器中设置即可。

(2) 根据设备说明书在 DSC 控制器上编辑好 DSC 呼叫测试电文。

(3) 在充分确认没有任何其他电台在此频率上进行 DSC 呼叫之后,发送 DSC 呼叫。

(4) 等待海岸电台发送的 DSC 收妥承认。

一般情况下,海岸电台在收到船台 DSC 呼叫后的 1 min 内会给予确认。一旦收到岸台的 DSC 应答,船上的 MF/HF DSC 设备会产生声光报警,并且打印机会自动打印出岸台的 DSC 确认电文,一般要保存好,便于检查,并且在电台日志中给予记录。

下面是某船舶电台跟上海海岸电台进行 HF DSC 呼叫试验的测试实例:

* Transmitted message at July 1, 2023 17: 05: 01 *

TEST MESSAGE

DESTINATION ID : 004122100

PRIORITY : SAFETY
SELF－IDENTITY : 412325000
KIND : TEST
COMMUNICATION OPTION : NO IMFORMATION
COMMUNICATION FREQ : NO INFORMATION
ACKNOWLEDGEMENT REQUIRED
DSC FREQUENCY TX：4 207.5 kHz
RX：4 207.5 kHz

＊Received message at July 1, 2023 17：05：35＊
TEST MESSAGE
DESTINATION ID : 412325000
PRIORITY : SAFETY
SELF－IDENTITY : 004122100
KIND : TEST
COMMUNICATION OPTION : NO IMFORMATION
COMMUNICATION FREQ : NO INFORMATION
ACKNOWLEDGEMENT
ERROR－CHECK : OK
DSC FREQUENCY : TX：4 207.5 kHz
: RX：4 207.5 kHz

应尽量避免在遇险安全频率 2 187.5 kHz 上进行测试。测试呼叫应由船台发出，并由被呼叫台确认。一般情况下，测试时两个台之间不需要有进一步的通信。

思考题 > > > > > > > >

1. 简述 DSC 的基本功能。
2. 简述 DSC 的值守要求。
3. 简述 DSC 的呼叫等级和呼叫格式。
4. 简述 MF DSC 呼叫和确认频率的选择。
5. 简述 MF DSC 值守频率的一般要求。
6. 简述 VHF DSC 呼叫、确认和值守要求。
7. 简述常规 DSC 呼叫格式。
8. 如何使用 DSC 呼叫建立 SSB 海上无线电话通信。
9. DSC 试验有何规定？如何进行 DSC 试验？

第六章 Inmarsat 卫星通信

第一节 Inmarsat GMDSS 卫星系统概述

一、Inmarsat 卫星系统

Inmarsat 卫星系统由 3 部分组成：空间部分，即 Inmarsat 卫星；地面部分，包括卫星上传/下载站，即卫星接入站(SAS)或海岸地球站(CES)/陆地地球站(LES)；用户部分，即船舶设备，称为船舶地球站(SES)或移动地球站(MES)。卫星运营中心(SOC)控制该系统，网络运营中心(NOC)位于伦敦总部，负责监控和维护各类地面基础设施。

(一) 空间部分

目前，Inmarsat 的 GMDSS 部分使用 4 颗卫星，如表 6－1 和图 6－1、6－2 所示。系统拥有备用卫星可供使用，由国际移动卫星组织(IMSO)对此进行监管。在 2018—2019 年，GMDSS 服务已从 I－3 卫星转移到表 6－1 的卫星，以供 Fleet-Broadband/Fleet Safety 和 Inmarsat C/Mini C 服务使用。从 2021 年末开始，Inmarsat 开始发射 Inmarsat-6(I－6)卫星，并逐步将 GMDSS 服务转移到这些新卫星上。对于 Inmarsat C 和 Mini C 服务，这些卫星仍然被称为 AOR－E、IOR、POR 和 AOR－W。所有卫星都由位于伦敦的 Inmarsat 总部的卫星控制中心(SCC)控制。除了 GMDSS 外，Inmarsat 目前还运营有通信卫星，包括使用 Ka 频段的 GX(Global Xpress)服务，以及备用的 L 频段，被称为 FX(Fleet Xpress)。所有静止轨道卫星都位于赤道上空约 36 000 km 处，覆盖范围为 76°N 和 76°S 之间的地理区域，全天持续提供服务。

表 6－1 Inmarsat 服务于 GMDSS 的主用卫星

卫星	Inmarsat C 洋区	Fleet Safety 洋区	船站
I－3－F5	AOR－E		Inmarsat C, Mini C
I－4－F3	AOR－W	AMER (Americas)	Inmarsat C, Mini C, Fleet Safety
I－4－F1	POR	APAC	Inmarsat C, Mini C, Fleet Safety
I－4－F4	IOR(Indian Ocean Region)	EMEA(Europe, Middle East & Africa)	Inmarsat C, Mini C, Fleet Safety
I－4－F2		MEAS(Middle East & Asia)	Fleet Safety

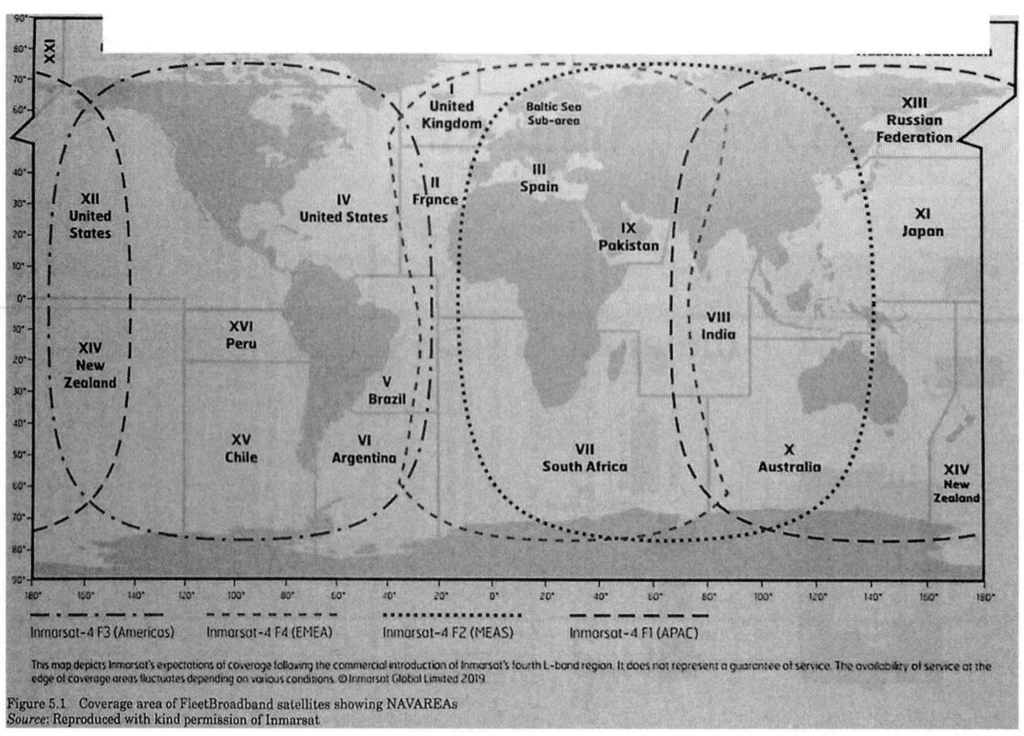

图 6－1 Inmarsat GMDSS 卫星空间分布

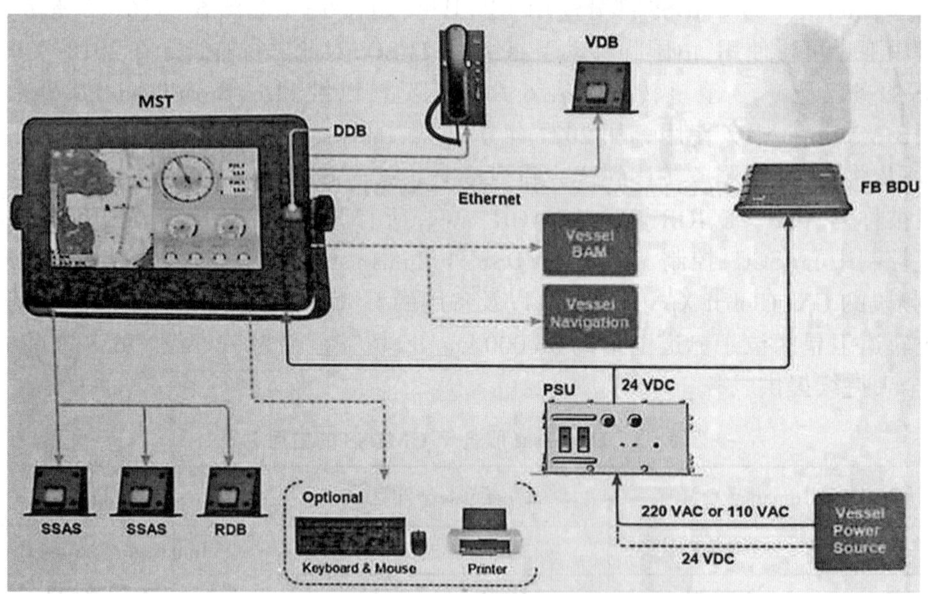

图 6－2 符合 GMDSS 要求具备海事安全终端(MST)的 FBB 系统构成

（二）地面部分

1．网络控制中心(Network Control Centre,NCC)

网络控制中心位于英国伦敦国际移动卫星组织总部内,其任务是监视、协调、并掌控

Inmarsat 系统中各部分的运行情况。

2. 网络协调站(Network Coordination Station,NCS)

每个洋区都设有一个岸站兼作网络协调站(NCS),其作用是作为一种线间操作员,为本洋区的移动地球站及陆地地球站之间的电话、电传和数据信道进行分配、控制和监视。

3. 陆地地球站(Land Earth Station,LES)

陆地地球站又称岸站(Coast Earth Station,CES)或地面站,其基本作用是通过卫星船站进行通信,并为船站提供一个接口,接入国内或国际通信网络。Inmarsat 系统中的每个岸站都有一个唯一的识别码。Inmarsat C 各洋区的陆地地球站其识别码见附录 8。

(三) 用户部分

Inmarsat 的用户部分为移动地球站(Mobile Earth Station,MES)。移动地球站是指 Inmarsat 系统中的所有终端站,船上设备也称为船站(Ship Earth Station,SES),可使用户通过所选的卫星与岸站和陆上用户进行双向通信。目前已经投入 GMDSS 使用的海上终端设备有 Inmarsat-C、Mini-C、Fleet safety 等。

二、Inmarsat GMDSS 卫星频率

GMDSS 卫星系统采用以下频段(表 6-2):

SES:L 波段收发频率(接收频率 1.5 GHz 和发射频率 1.6 GHz)。

卫星:C 波段收发频率(接收频率 3.6 GHz 和发射频率 6.4 GHz)。

表 6-2 Inmarsat 卫星频带

通信方向	频带/MHz
MES 到卫星的上行链路	1 626.5~1 660.5
卫星到 MES 的下行链路	1 525.0~1 559.0
LES 到卫星的上行链路	6 425.0~6 441.0
卫星到 LES 的下行链路	3 600.0~3 621.0

三、Inmarsat GMDSS 通信优先级

Inmarsat 系统内有 4 个 GMDSS 优先级别:

Priority 0(等级 0):日常优先级(Routine)。

Priority 1(等级 1):安全优先级(Safety)。

Priority 2(等级 2):紧急优先级(Ugrency)。

Priority 3(等级 3):遇险优先级(Distress)。

这些优先级别适用于 Fleet Safety 和 Inmarsat C/Mini C 业务,确保系统遵守 IMO GMDSS 规定的关于遇险、紧急和安全通信的要求。等级 3 具有最高信道使用权的优先

级，专门用于遇险。通常情况下，按住遇险按钮至少 3 s 将启动遇险警报或呼叫，同时，在通信系统繁忙的情况下，等级 3 呼叫可抢占所有船到岸和岸到船方向的通信，确保连通性。等级 2 呼叫可抢占除遇险等级外的安全和日常呼叫。等级 1 呼叫可抢占除遇险和紧急等级外的日常通信等级的信道使用。

四、Inmarsat 系统的卫星洋区接入码

Inmarsat 系统的卫星洋区接入码是用于船到船或岸到船的电话、电传、传真和数据通信的一种标识码。它表示卫星所覆盖的洋区。表 6－3 给出了 Inmarsat 系统的洋区接入码（Ocean-Area Access Code）。

表 6－3 Inmarsat 系统的洋区接入码

	AOR－E	POR	IOR	AOR－W
电话	870	870	870	870
传真	870	870	870	870
电传	581	582	583	584
数据	1111	1112	1113	1114

第二节 Inmarsat Fleet Safety 业务

一、Fleet Safety 业务概述

Fleet Safety 是一项安全通信业务，它依托于全球卫星宽带网络（BGAN）之上，通过 Fleet Broadband（FB）系统或 Fleet One（FO）系统运行。BGAN 是一种移动网络服务，提供高达 432 kbit/s 的数据通信和语音电话功能，基于 3G 标准，支持电子邮件、互联网接入、企业网络访问以及国际电话等服务。利用 FB 设备，船舶能够同时进行多达 9 路的电话通话。然而，由于 FB 系统未能满足 GMDSS 的标准——它不支持专用的遇险按钮报警功能，也未提供使用 SafetyNET 系统接收 MSI（海事安全信息）广播的途径，因此 FB 系统无法达到 GMDSS 的要求。为了解决这一问题，Fleet Safety 业务采用了 IP（Internet Protocol）技术，取代了传统的存储转发通信方式，从而实现了 GMDSS 的现代化。这项技术能够显著减少反应时间。2018 年 5 月，经过 IMSO 的评估，Fleet Safety 获得了加入 GMDSS 的批准。

为方便系统推广，IMSO 同意采用“海事安全终端”（Maritime Safety Terminal，MST）这一小型附加功能来弥补现有 FB 或 FO 设备不符合 GMDSS 要求的不足（图 6－3）。MST 配备了红色的遇险专用报警按钮，并具备使用增强版 SafetyNET——SafetyNET II 接收 MSI 的能力。因此，通过安装 MST，现有的 FB 或 FO 设备可以升级为满足 GMDSS 要求的

设备。从硬件构成来看,Fleet Safety 系统包括 MST、FB 或 FO。若单独审视这些硬件,它们各自均不满足 GMDSS 的要求。

图 6-3 Fleet Safety 设备构成

凭借 Inmarsat 超过四十年的海上安全经验,Fleet Safety 自 1999 年 GMDSS 推出以来,被认为是海上安全服务领域的一项重大进步。这项获得 GMDSS 认证的服务主要提供数据、语音传输以及 Inmarsat 安全信息服务,并通过 MST 连接,为 Fleet Broadband 和 Fleet One 用户提供了 GMDSS 安全服务。除了 GMDSS 和 Inmarsat 安全服务外,Fleet Safety 还整合了船舶保安警报系统(SSAS),该系统配备了两个远程激活按钮,用于在船舶遭遇攻击时迅速发出警报。此外,Fleet Safety 还满足了 LRIT 和船舶监控系统(VMS)的所有监管要求,使得小型船舶能够通过安全认证的 IP 网络、高速互联网连接及同时进行的语音通信,来实现 GMDSS 服务和 VMS 功能。

二、Fleet Safety 的业务类型

在国际海事与航运通信领域,设备的标准化,尤其是安全设备的标准化以及界面的统一化,能够确保用户无缝切换、降低人为错误和减轻工作压力。Fleet Safety 的安全终端保障了不同型号或制造商的终端设备,其系统显示界面和风格的一致性。Fleet Safety 的核心业务范围主要包括以下内容。

(一) 遇险报警(Distress Alert)

该功能是 Fleet Safety 首选遇险报警方式,使用 RescueNET 系统,遇险报警可被直接链接到五十多个 IMO 认可的 Inmarsat 相关搜救协调中心(RCC),遇险报警能够几秒钟内抵达最近的 RCC。此外,系统提供三级通知,以进一步保证遇险信息已发送、传递和被有资质的 RCC 收妥并阅读。

(二) 遇险语音报警(Voice Distress)

Fleet Safety 的第二种遇险报警方式是遇险语音报警。通过按下语音求救按钮,用户的电话将直接连接到 Inmarsat 全球具有搜救优先级的 RCC 之一。这种方式旨在帮助用户在极其紧急的情况下,也能够快捷地与 RCC 建立语音报警。

（三）遇险报文（Distress Message）

Fleet Safety 允许用户在发送遇险报警后，发送遇险优先等级的报文，以提供进一步详细的信息和其他信息。Fleet Safety 通过三级通知功能，在几秒钟内提供此功能并确保发送。

（四）紧急优先级数据

用户可以使用交互式界面选择医疗建议、医疗援助或海上援助，创建消息并直接自动将其发送到正确的机构。

（五）紧急优先级语音

Fleet Safety 提供直接的 IP 语音连接，用于提供医疗建议、援助及海上援助。

（六）安全优先级消息

Fleet Safety 通过 MST 使用户能够向岸基机构提供导航和气象更新信息。

（七）海上安全信息

用户可以从所有经 IMO 认可的 NAVAREAs、METAREAs 和 RCCs 获得海上安全信息。通过选择和快速设置界面，用户可以选择从哪些相邻区域接收信息。

除以上 1~7 项 IMO GMDSS 服务外，Fleet Safety 还提供下列 8~9 项增强的 Inmarsat 安全服务：

（八）遇险群聊（Distress Chat）

遇险群聊功能是 Fleet Safety 的一项特色，它允许在遇险船舶、搜救船舶与 RCC 之间建立一个具有最高优先级的文本聊天室。通常情况下，这个聊天室由 RCC 发起，一旦建立，RCC 便能邀请其他船舶和 RCC 加入，从而在遇险或搜救行动中提供一个高效的协调平台。这大大简化了遇险搜救行动的协调工作。在搜救行动中，船舶通常会在 MST 屏幕上接收到 RCC 发出的群聊邀请，点击接受后即可迅速加入文字聊天室。聊天室内的所有成员都能看到彼此的交流信息，即便有新成员加入，也能查看之前的聊天记录，这样的设计有效避免了信息的重复传递。值得注意的是，只有 RCC 才有权限关闭正在进行的遇险聊天室。

（九）紧急情况下的船舶追踪

Fleet Safety 具备船舶追踪功能，在紧急情况下，RCC 可以使用该系统，启动对某个船舶的追踪，保证即使在没有船舶报告的情况下，尽可能将船舶的位置锁定在有限的范围内，提升搜救成功的机会。

在 Fleet 系列中，Fleet 33 和 Fleet 55 的船舶通信服务于 2018 年 3 月 31 日停止运营，Fleet 77 于 2020 年 12 月 1 日停止运营。

三、Inmarsat Fleet Safety 识别码(IMN)

Inmarsat Fleet Safety IMN 由 9 位数字组成。前两个数字是 77。Inmarsat Fleet Safety SES 号码格式为：771234567。因 Fleet Safety 依托 Fleet Broadband 终端运行，所以，Fleet Broadband 的识别码与 Fleet Safety 相同，要呼叫 Fleet Broadband 终端，用户应以 0087077xxxxxxxx 开头，其中 77xxxxxxx 是 Fleet Broadband 船舶 IMN。

四、Fleet safety 遇险语音报警操作程序

在符合 SOLAS 公约标准的船舶上，如果配备有海上安全终端(MST)，按下红色语音 Voice Distress 呼叫按钮 5 s，将自动向 MRCC 发送语音紧急呼叫，实现快速地与 MRCC 语音通信。同时，船舶的详细信息，包括位置、名称、IMO 编号、MMSI、航向、航速、电话号码以及其他相关信息，也将被发送。具体步骤如下：

(1) 在 MST(或遥控按钮)上按住红色语音呼叫按钮，持续 5 s。

(2) 拿起电话听筒。

(3) MRCC 操作员回复时，报告以下信息：MAYDAY(遇险呼叫)、船名/呼号/船舶 IMN、位置、遇险性质、任何其他相关信息。

(4) 按照 MRCC 操作员的指示操作。

(5) 除非 MRCC 操作员指示，否则不要挂断电话。

(6) 准备好在 VHF、MF 或 HF RT 上接收来自附近船舶或岸台的任何无线电通信。

除了上述遇险功能外，FB 系统还提供了辅助报警功能，即 505 短号功能，使用电话拨打 505 短号(模仿 SOS)的功能一直是 Fleet Broadband 系统的一个特色。这是一个紧急电话呼叫功能，专为非 SOLAS 公约船舶设计。它提供了免费的语音访问方式，可以访问澳大利亚珀斯 MRCC、荷兰的 Den Helder 或美国的诺福克的搜救协调中心，具体取决于 SES 当时所通信的卫星。但是，该功能不能替代 MST 红色报警按钮，因为 505 短号服务不具备遇险和安全优先通信的等级，因而，不是 GMDSS 的替代方案。

当前，一些 Fleet Broadband 制造商已经推出符合 SOLAS 公约的语音遇险警报面板，提供一个红色的语音遇险按钮。这确保当按下红色按钮 5 s 时，如果需要，Fleet Broadband 正在进行的所有非优先级电话呼叫都将被中断，将呼叫者直接连接到 MRCC。红色按钮的激活同时会向 MRCC 和网络控制器发送电子邮件，提供船名、标识和位置。语音遇险报警可以添加到任何 Fleet Broadband 系统 FB500、FB250、FB150 或 Fleet One 中。值得注意的是，添加遇险报警面板并不能提供接收 MSI 或使用 RescueNET 等功能。要接收所有 Fleet Safety 服务，必须添加 MST。

五、Fleet Safety 短号业务(SACS)

短号业务可以通过拨打相应的 2 位数字代码快速访问特定的业务，Inmarsat 现有业务系统中，短号服务类型并不完全一致，业务类型取决于所使用的是 Fleet Broadband 还是 Fleet Safety 设备。

以下业务是 Fleet Broadband 开放的语音短拨号业务：

32# 请求医疗建议；

38# 请求医疗援助；

39# 请求海事援助。

以下业务可以通过 MST 在 Fleet Safety 上进行语音和数据访问：

语音业务

32# 请求医疗建议；

38# 请求医疗援助；

39# 请求海事援助。

以下服务仅适用于 Fleet Safety 的数据业务(书面报告,但不包括语音)：

41# 发送气象报告；

42# 海事报告(如导航灯不亮、发现浮动集装箱等)。

使用以下服务时,只要保证是处在正常使用状态,而非滥用的情况下,通信免费。

32# 代码通常会直接将船舶连接到一家当地的医院,以提供适当的建议。具体使用时,需要使用 MEDICO 一词并提供船舶名称/呼号、IMN、位置和患者的状况。

38# 代码通常将船舶与最近的 MRCC 连接,应在需要医疗援助时使用。需要提供船舶名称/呼号和 IMN、位置以及患者的状况。

39# 代码通常将船舶与最近的 MRCC 连接,只有在关系到人员安全或船舶安全的紧急情况下才应使用(如操纵设备故障、不能自主航行或发生油污染)。需要提供船舶名称/呼号和 IMN、船舶位置以及事故的详细信息。

第三节　Inmarsat 系统 Fleet Broadband

一、海事卫星宽带系统概述

海上宽带业务(Fleet Broadband,FB)利用 Inmarsat 的宽带全球区域网络(BGAN)提供服务。根据安装的设备类型,该系统能够同时提供多种速度的语音和数据服务。BGAN 是 Inmarsat 于 2005 年推出的面向陆地用户的宽带服务,它融合了第三代数字通信技术的优势,并在卫星通信中满足了便携性、宽带和网络通信的需求,支持高达 492 kbit/s 的移动语音和高速数据传输。

通过集成 MST(Maritime safety terminal),FB 系统能够满足 GMDSS 标准。FB 系列包括以下型号：

FB500：提供高速语音、传真、数据和消息服务,支持高达 432 kbit/s 的持续在线速度和 256 kbit/s 的流媒体速率,同时支持多达 9 个电话呼叫。FB500 拥有最大的天线罩,直径约 60 cm,高度 70 cm,内部装有三轴向天线和集成的 GNSS 卫星接收天线,实现自动卫星跟踪。

FB250：广泛应用于小型船舶,如沿海商船和渔船,提供高达 284 kbit/s 的数据传输

速度,适用于视频会议等实时流媒体应用,并支持最多 9 条电话线路的 Fleet Broadband Multi-voice 语音通话。尽管其天线尺寸适中,直径约为 30 cm,但其内部组件与 FB500 天线相似。

FB150:为小型船舶提供全球语音服务、最高 150 kbit/s 的 IP 数据和 SMS 短信服务,适用于不需要高带宽的应用。其上甲板和下甲板设备设计紧凑,易于安装,天线尺寸为 22.1 cm×29.1 cm,重量仅为 2.5 kg。

Fleet One:作为 Inmarsat 精心设计的专属产品,主要针对 GMDSS 的目标市场。该产品可无缝集成至 Fleet Xpress(FX)系统,作为 Global Express(GX)和 GMDSS 的备用解决方案。其设计宗旨在于满足那些需求不频繁或季节性使用的用户对低数据量的需求。

与 Fleet Broadband 系列设备一致,Fleet One 同样配备了 505 安全服务。在安装了移动卫星终端(MST)后,Fleet One 能够提供遇险警报和紧急呼叫服务(免费),通过短代码 32、38 和 39 实现。除了语音服务,它还能提供高达 150 kbit/s 的数据服务。硬件方面,Fleet One 的天线罩是 Fleet 系列中尺寸最小的。

二、FB 系统提供的业务

Fleet Broadband 提供的主要服务包括:

标准 IP 数据:一种始终保持连接的数据服务,适用于电子邮件、互联网访问、实时电子海图和天气报告等应用程序。

流媒体 IP:此功能为视频会议、数据库同步等应用程序提供稳定的网络传输速度,仅适用于 FB250 和 FB500 型号。

卫星语音:通过 Fleet Broadband 多语音服务,FB150 用户可使用 3 条线路,而单个终端最多可接入 9 条电话线路。

增强语音服务:提供语音邮件以及其他高级呼叫管理功能,如呼叫者识别、呼叫限制和呼叫转移。

船员电话业务:提供预付费和后付费服务选项。

GSM 呼叫:FB250 和 FB500 设备上的 GSM 功能允许用户使用预付费 SIM 卡,在个人手机上进行语音通话和发送短信。

短信:用户可以通过 PC 或智能设备与其他 Fleet Broadband 终端及陆地移动网络之间互发短信。

遇险:通过专用遇险报警按钮和 MST 的配合使用,可与当前卫星连接的 MRCC 建立可靠的遇险和安全通信。

安全:若船舶未配备 MST,通过拨打 505 号码,船舶可免费与 MRCC 直接联系,进行遇险报警和通信。

传真:在电路交换网络的支持下,提供 G3/G4 传真服务(FB150 仅支持 G3 传真)。

FB 系统的独特之处在于它不仅实现了真正的 IP 业务,还支持多业务同时进行。传统海上业务通常是单通道的,电话、传真和数据在同一时间只能通过一条线路,而海上宽带技术充分迎合了通信技术宽带化和个性化的发展趋势,用户在进行话音呼叫的同时,可以维持一个或多个高速数据连接,满足在船舶上使用单一终端进行多种通信的需求。

例如，在通话的同时可以收发短信、访问电子邮箱、浏览网络、文件传输、召开视频会议等，使船舶的工作模式与岸基办公室同步，从根本上改变海上通信的方式并提升工作效率。

三、Inmarsat Fleet Broadband 卫星服务覆盖区域

Fleet Broadband 所提供的服务覆盖区域主要包括：I－4－F3 AMER（美洲）、I－4－F2 MEAS（中东和亚洲）、I－4－F1 APAC（亚太地区）、I－4－F4 EMEA（欧洲，中东和非洲）。

无论船舶如何移动，SES 都会自动追踪相应的卫星。一旦锁定目标，天线将自动调整方位角和俯仰角以维持连接。若 SES 超出当前海洋区域的服务范围，天线将自动重新定位，对准新进入的海区内的卫星。

四、海事安全终端（MST）

在 2018 年 5 月，IMO 批准 Inmarsat 的 Fleet Safety 服务之前，FleetBroadband（FB）设备并不满足 GMDSS 的要求。批准之后，通过集成移动卫星终端（MST），现有的 FB 设备得以升级，以符合 GMDSS 的安装标准。若缺少 MST，FB 设备将不具备公认的遇险和安全报警功能。MST 的引入使得终端能够接入高速语音和数据通信服务，其功能包括：

（1）增设了“遇险”按钮，使船舶能够联系到 50 多个海事救援协调中心（MRCC）网络，并享有完全的遇险通信优先权。系统能够自动将遇险报警路由至最近的 RCC，从而实现几乎即时的联系。随后，可通过同一 RCC 进行语音遇险通信。

（2）MST 能够从所有 21 个导航/气象区域（NAV/METAREAs）以及所有经 IMO 认证的 RCC 接收海上安全信息（MSI）。

提供 MSI 在线下载功能，便于获取历史海上安全信息数据。

（3）所有遇险、紧急和安全通信均具有相应的优先级，确保了通信的可靠性。

（4）“遇险聊天”功能可实现搜救机构与遇险船舶之间的实时通信。通过搜救协调中心（RCC）向遇险船舶和参与搜救的船舶发出加入聊天室的邀请，创建聊天室，并在必要时可邀请最多 10 艘船舶加入。

（5）“自动路由遇险通信”功能，确保遇险安全报警自动转接到最近的 RCC。

（6）遇险船舶可自主选择特定的 RCC。

（7）LRIT 功能：Fleet Safety 系统能够满足所有长距离识别和跟踪（LRIT）的监管要求。

（8）SSAS 功能可通过 Inmarsat 卫星系统的两个按钮实现远程和静默触发报警，以保护船舶免受海盗和武装抢劫的威胁。

（9）提供 VMS 功能，允许小型船舶通过授权的 IP 网络使用 GMDSS 服务和船舶监控服务（Vessel Monitoring Service）。

拥有现有 Fleet Broadband 或 Fleet One 终端的船东，可以从设备制造商处购买 MST，以实现设备升级。安装 MST 的过程简便，只需通过网线将 MST 插入 FB 甲板下的设备终端，并确认 FB 系统是否安装了最新软件版本，即可立即使用 Fleet Safety 服务。

为了方便船员操作，MST在设计时确保了硬件和软件的分离，这意味着无论硬件设备制造商是谁，所有的MST操作系统均保持一致。这保证了操作界面的统一性，为用户提供了便利。

MST还具备"遇险报警测试"功能，测试过程中不会向MRCC发送实时通知。只需长按遇险按钮使其发光，遇险报警倒计时将开始运行。测试页面底部将显示勾号或叉号以指示当前状态。

五、Fleet Broadband SIM卡业务

为了使用FB系统，必须在甲板下的设备中插入一张与FB兼容的SIM卡，该卡由服务运营商提供。SIM卡内嵌有注册号码，激活时，用户须输入4到8位的PIN(个人识别号码)以获得访问权限。若连续3次输入错误的PIN，系统将被锁定，导致FB无法使用。此时，需要使用PUK码(PIN解锁密钥)来解锁SIM卡。

FB SIM卡业务主要包括电话、短信服务及传真服务。这些服务的操作流程与移动电话或ISDN电话的操作方式极为相似。

(一) FB电话使用指南

通过电话按键直接拨打号码，或采用以下3种方式之一进行电话业务：

(1) 通过输入电话号码或存储的短号码进行电话通信：将电话机从底座取下，输入00、国家代码、用户号码。

注意：若需拨打其他Inmarsat或Iridium船舶。拨号方式如下：

Inmarsat船站：00 870 Inmarsat SES IMN。

Iridium船站：00 881 Iridium IMN。

(2) 从通话记录中选择号码。

(3) 从联系人列表中选择号码。

进行内部船舶呼叫时，仅需拨打内部分机号码(通常是四位数)。

(二) 短信服务(SMS服务)

此服务允许向移动电话(前提是已获得授权)和其他船舶发送最多160个字符的SMS消息。通常，您仅需输入密码登录SMS服务。之后，发送SMS消息的过程与使用手机类似。

(三) 发送传真

如果FB设备连接有传真机，您可以按照以下步骤发送传真。

(1) 岸基传真发送，输入陆上目的地址：

键入：2 * 00+国家代码+传真号码+#，

然后按下START键发送传真。

(2) 移动端传真发送，输入另一艘船的传真号码：

键入2 * 00+870(Inmarsat)或881(Iridium)+船舶号码+#，

接着按下 START 键发送传真。

六、洋区接入码

若需通过电话或传真与 Inmarsat 船站取得联系，可拨打洋区代码 00 870。此代码能自动将呼叫转接至目标船站，无论其位于世界何地。该代码被称为单一网络接入代码（SNAC）。

若要在全球范围内通过电话或传真联系 Iridium 船站，应使用接入码 00 881。

卫星通信费用将通过 SIM 卡自动计入船东与 Inmarsat 代理商之间建立的账户；同时，船员亦可向 Inmarsat 代理商购买个人 SIM 卡，将通信费用记入个人账户，从而实现全球范围内的即时通信。

第四节　Inmarsat C 业务

Inmarsat C 是目前全球范围内应用最广泛的船舶安全通信系统，其装船数量已达到 16 万。该系统自 1991 年推出以来，一直是 GMDSS 中一个长期且稳定的组成部分。

Inmarsat C 系统能够提供包括遇险、紧急、安全及日常等级在内的多种报文通信服务。该系统仅限于支持纯文本格式的电子邮件、短信、传真（仅限于船舶发送方向）、X－25、PSTN 和电传通信，而不具备电话功能。此外，它还能够提供可靠且连续的 MSI 接收服务。

船舶可以将 Inmarsat C 和 Mini C 作为 SSAS（船舶保安报警系统）和/或通信系统使用，以满足自 2008 年 12 月起实施的 LRIT（长程识别和跟踪）要求。

一、Inmarsat C 系统概述

在 2018 年至 2019 年期间，Inmarsat C 服务实现了从 1－3 卫星向 1－4 卫星的迁移，但 AOR－E（大西洋东区）地区除外，该地区继续使用原有的 1－3 卫星。Inmarsat C/Mini C 的海洋区域分类保持不变，分别为 AOR－E、POR（太平洋区）、IOR（印度洋区）以及 AOR－W（大西洋西区）。

每个 Inmarsat C/Mini C LES（地面站）由特定公司负责运营，并能在最多 4 个海洋区域内设立基站。每个基站都配备有独立的 LES ID 和相应的 RCC（区域控制中心），详细信息请参见表 6－4。

表 6-4 Inmarsat C 和 Mini C 的 LES 以及各自的接入码(LES ID)和 MRCC

国家	地面站	运营方	区域	LES ID	相关 RCC
Netherlands	Burum	Inmarsat solutions	AOR-W	002	MRCC UK
				012	JRCC Den Helder
			AOR-E	102	MRCC UK
				112	JRCC Den Helder
			POR	202	MRCC UK
				212	RCC Australia
			IOR	302	MRCC UK
				312	RCC Australia
Norway	Eik	Comsat, Marlink	AOR-W	001	USCG Norfolk
				004	JRCC Stavanger
			AOR-E	101	USCG Norfolk
				104	JRCC Stavanger
			POR	201	USCG Alameda
				204	JRCC Stavanger
			IOR	301	JRCC Stavanger
				304	JRCC Stavanger
Japan	Yamaguchi	KDDI	AOR-W	003	Opr. Centre, Tokyo
			AOR-E	103	Opr. Centre, Tokyo
			POR	203	Opr. Centre, Tokyo
			IOR	303	Opr. Centre, Tokyo
Italy	Fucino	Telecom Italia	AOR-E	105	CG Rome
			IOR	335	CG Rome
India	BSNL	BSNI	POR	206	MRCC Mumbai
			IOR	306	MRCC Mumbai
China	Beijing	MCN	POR	211	MRCC Beijing
			IOR	311	MRCC Beijing
Russian Fed-eration	Nudol	Marsat	POR	217	MRCC Vladivostok
			IOR	317	MRCC Moscow
France	Aussaguel	Marlink	AOR-W	021	CROSS Griz-Nez

表6-4(续表)

国家	地面站	运营方	区域	LES ID	相关 RCC
			AOR - E	121	CROSS Griz-Nez
			POR	221	CROSS Griz-Nez
			IOR	321	CROSS Griz-Nez
Vietnam	Hai Phong	Vishipel	POR	230	MRCC Vietnam

Inmarsat C 或 Mini C SES(Ship Earth Station)都会分配一个唯一的 9 位数字识别号，即 IMN 码。如果在一艘船上安装了多个 SES，则每个 SES 都有自己的 IMN(Inmarsat Mobile Number)。IMN 码编号方式如下：

Inmarsat C 和 Mini C 的 IMN 码格式为

$$4\ MID\ X_5X_6X_7X_8X_9$$

其中：4 代表 Inmarsat C 终端；MID 代表海上识别数字，表示国家或地理区域；$X_5X_6X_7X_8X_9$ 表示特定的 SES。

中国 INM C IMN 码格式为：4 412 12345。

二、Inmarsat C 和 Mini C 船舶地球站

Inmarsat C SES 系统主要由以下部件构成：小型全向天线(配备 GNSS 接收器)、紧凑型收发机(集发射机与接收机于一体)、信息单元，以及专用遇险按键(满足 GMDSS 需求或具备遇险功能)。另外，根据 SOLAS 公约的规定，若缺少专用显示屏和非易失存储器，相关船舶必须配备打印机。

于 2002 年推出的 Inmarsat Mini C 终端是迄今为止最小的型号，但其提供的通信服务与 Inmarsat C 终端相同。为了确保船员和船只的安全，现代的 Inmarsat C 和 Mini C 终端均配备了全球卫星导航系统(GNSS)接收器，能在启动遇险报警时自动更新并报告终端位置。

三、Inmarsat C 业务种类

Inmarsat C 业务类型涵盖以下几项：

电传业务：允许用户与接入国家及国际电报网络的任何电报终端设备进行信息的发送与接收。

电子邮件服务：用户可与接入国家及国际公共交换电话网络(PSTN)和分组交换数据网络(PSDN)的任何计算机终端设备交换电子邮件。

船对岸传真：此服务使得消息能够从船舶发送至接入国家及国际电话网络的传真终端设备。然而，传真消息不能从岸上发送至船上。

船舶间数据通信：允许在 4 个洋区内与其他配备 Inmarsat C 终端设备的船舶进行数据交换。

遇险、紧急和安全通信：遇险级别的信息将自动发送，并被路由至任何海上搜救协调

中心(RCC),RCC将采取必要措施,通知搜救服务以及向难船附近的其他船舶和飞机通报情况。

增强群呼功能(EGC):所有海上 Inmarsat C 系统必须具备 EGC 接收功能,以便接收海上安全信息(MSI)。

所有海上 Inmarsat C 船站必须提供基本的遇险报警服务。

四、Inmarsat C 和 Mini C 的安全功能

遇险报警:在船舶或船员遭遇严重或重大危险时,可以利用 Inmarsat C 终端发送遇险报警信息。若紧急情况下无法手动输入信息,操作员应迅速按下红色求救按钮并持续 5 s,以自动发送遇险警报。

遇险优先级报文:通过 Inmarsat C 终端,可以发送船对船及岸对船的遇险优先级报文,这些报文通常在遇险警报后发出,用以提供更详尽的遇险情况说明。

增强群呼(ECG):Inmarsat C 终端具备增强群呼(EGC)功能,用于接收海洋安全信息(MSI)和搜救相关信息。

LRIT:Inmarsat C 终端还配备了长距离识别和跟踪(LRIT)功能,能够定期、随机或根据岸基操作中心的轮询命令发送包含船舶位置、航行计划或渔船报告等数据的报告。

SSAS:船舶保安警报系统。

VMS:船舶监控系统。

五、Inmarsat C 遇险报警功能

(一) 在 Inmarsat C 系统中,发出遇险报警有两种方法

方法一:利用遇险报警按钮(非指定报警)。这同样可以通过远程遇险报警按钮来完成。

方法二:通过编辑设备将信息输入 SES 终端,随后使用遇险报警按钮(指定报警)。

1. 方法一:使用 SES 上的遇险报警按钮(或遥控按钮)

若 SES 装备有遇险报警按钮,并且面临紧急情况,无法及时通过 SES 键盘输入报警信息,可以采取此方法启动报警。在使用此方法时需特别注意,除非最近更新,否则船舶的位置信息可能已不再准确。为了海上人员的安全,建议操作员确保 SES 持续更新最新的船位信息。根据最新的 IMO 规则,SES 必须连接卫星导航定位信息,但为了确保位置信息的准确性,应人工检查并更新位置信息,如有必要,应手动输入。

报警操作步骤如下:

步骤 1:按下远程遇险报警按钮,直至 SES 显示处于遇险报警模式。在收到 LES 的确认之前,应保持此指示不变。

步骤 2:如果在 5 min 内未收到 LES 和 RCC 的确认,则应重复发出遇险报警。

步骤 3:如条件允许,请使用 SES 编辑遇险报文,发送关于遇险情况的最新信息。

2. 方法二：使用 SES 终端上的编辑工具发送报警

此方法允许操作员输入更详尽的报警信息，有助于 MRCC 在接收到信息后作出更准确的决策。

报警操作操作步骤：

步骤 1：依照设备操作说明选择遇险报警菜单。

步骤 2：如有需要，根据要求填写表 6－5 的信息。

表 6－5　报警手动输入信息

项目	内容
SES IMN	由内置 GNSS 自动输入，如有必要，也可通过键盘手动输入。
最后一次位置更新的日期和时间	自动或手动输入，所有时间均以协调世界时（UTC）为准。
遇险性质	以下之一：未指明、倾斜、火灾/爆炸、下沉、进水、无动力漂航、碰撞、弃船、搁浅、需要援助、海盗/武装劫持。
船舶航向（0°～359°）	手动或自动输入。
船速（节）	手动或自动输入。

输入上述信息后，与以往的 Inmarsat 系统不同，新的 Inmarsat C 系统报警功能无须挑选最近的地面站（LES），因为 Inmarsat C 的地面站已实现全球覆盖，会自动将报警信息转发至最近的地面站。

步骤 3：按下专用或远程遇险按钮发送警报。

步骤 4：如果在 5 min 内没有从 LES 和 RCC 两者接收到确认。

步骤 5：重复遇险警报。

（二）Inmarsat C 遇险优先等级报文

时间许可的情况下，应使用 Inmarsat-C 报文编辑器，编辑遇险优先等级报文，向 LES 详细报告遇险情况。应注意，报文应发送给收到初始遇险报警的同一个 LES。

发送方法：

步骤 1：确保 SES 已登录，调谐至船舶所在洋区的 NCS 公共频道。

步骤 2：编辑遇险电文（按照通用遇险格式编写）。

步骤 3：指明所需的援助类型。

步骤 4：选择遇险优先级。

步骤 5：输入收到遇险报警的同一个 LES 的代码。该 LES 将把遇险电文路由到最近的 RCC。

步骤 6：按发送键发送信息。

步骤 7：等待 LES 的确认。

（三）Inmarsat C 2 位数字码业务

Inmarsat C 系统支持使用 2 位数代码访问岸上的紧急、安全和其他常用服务。可用的服务如表 6－6 所示。

表 6－6 Inmarsat C 2 位码业务类型(选)

代码	所提供的服务
31	海事查询
32*	请求医疗建议
33	请求技术援助
37	提供电话时间和收费建议
38*	请求医疗援助
39*	请求海上援助
41	提供给气象中心的 OBS 信息
42*	将天气危险和导航报告发送给岸上当局
43	提供给岸上当局的位置报告(如 AMVER、AUSREP 等)

注：带星号(*)的代码对于发送紧急/安全信息非常重要。SES 操作员应与他们的 LES 核实他们提供的服务。

六、Inmarsat C 登录/注销(Logging in/off)

船舶应遵循设备说明书的指导，登录至其所在洋区的网络协调站(NCS)，以确保能够实时发送和接收信息。当船舶穿越洋区边界，从一个服务区域进入另一个时，必须进行新洋区的登录操作。船舶仅能通过已登录洋区的本地地球站(LES)进行通信。

注意：若船舶计划长期关闭 Inmarsat C 卫星通信设备(SES)，则必须先执行注销程序。这将阻止该区域的 NCS 向 SES 发送信息，直至 SES 重新登录。若未执行注销，为船舶提供服务的 LES 将持续尝试与 SES 建立联系。若多次尝试失败，LES 可能会拒绝向船舶发送消息，从而可能导致船舶永久无法接收到信息。此外，即便信息未被接收，某些 LES 仍可能向发送方收取卫星使用费。

目前，大部分 Inmarsat C 终端已配备自动登录/注销功能，从而免去了手动登录和注销的需要。

七、Inmarsat C 日常通信

（一）日常通信程序概述

Inmarsat C SES 可以通过 Telex、PSTN、PSDN 和 X. 400 等系统将文本或数据消息发送到目的地。目前，发送电子邮件是最为常见的日常通信方式。在进行通信之前，SES 终端

必须登录到某个洋区。常规的 SES 报文通信过程如下：

(1) 使用 SES 编辑器创建消息。

(2) 选择 Transmit 或 Send 模式。

(3) 从地址簿中选择消息目的地，或创建新地址。

(4) 选择希望通信经过的 LES。

(5) 选择发送时间(默认是立即)。

(6) 选择优先级。

(7) 选择是否需要收妥确认(该服务需要付费)。

(8) 输入发送消息的命令。

(9) 几分钟内，应该收到一条消息，表示成功发送。这并不意味着消息已经到达最终目的地。

(10) 如果选择了收妥确认，则 LES 通常会在 4~6 min 内发出报告。

(11) 如果报文未发送成功，则 LES 将发出未发送通知。

(二) Inmarsat C 报文地址

SES 终端可以使用不同通信网络将报文发送至各类接收终端，操作员需要在 SES 终端正确配置报文接收方的目的地地址，确保报文的正确发送，不同报文地址配置见表 6－7。

表 6－7 SES 报文地址格式

目的地类型	目的地号码构成
船→岸 电报	岸上电报国家代码+电报用户号码
船→船 电报	船对船电报洋区代码+SES IMN
船→船 传真	国家代码+传真号码
船→船 数据	DNIC+SES IMN
船→岸 数据	DNIC+X. 25 数据地址
船→岸 传真	国家代码+传真号码
船→岸 PSTN	PSTN 洋区代码+SES IMN
船→X. 400	参考 X. 400 服务提供商指南
电子邮件	普通电子邮件地址(需要特别接入码)
短信	国家代码+手机号码

(三) Inmarsat C 报文未成功投递代码

Inmarsat C 报文投递出现问题时，在船站终端通常使用表 6－8 的代码指示当前报文未成功投递的原因。

表 6-8 Inmarsat C 报文投递失败代码

代码	意义
ABS	用户不在线;SES 未登录洋区
ACB	权限受限
ADR	收件人拒绝接收消息
ANU	删除(如果未在 1 h 内传递)
ATD	正在尝试传递消息
BK	消息中止(用于传真或 PSTN 连接异常断开的情况)
BUS	忙
CCD	通话被中断或断开
CI	无法通话
CIE	LES 处理/通信能力不足,无法处理您的消息
ERR	错误
FAU	有故障的
FMT	格式错误
FSA	快速选择未订阅
IAB	收信人回复无效
IAM	无法处理以下信息中的地址信息
IDs	船舶发送的日期无效
IDT	输入数据超时
FR	设备运行出现问题
IMS	消息大小无效(最大为 7,932 个字符)
InD	不兼容的目标
INH	无法从以下标头确定消息类型
INV	无效的
ISR	无效的船舶请求
LDE	消息长度或持续时间超过最大可接受值
LEF	本地设备故障
LPE	本地程序错误
MBB	高优先级消息中断
MCO	消息通道拥塞
MCF	消息通道故障

表6-8(续表)

代码	意义
MKO	操作员取消了消息
MSO	设备关闭
NA	不能与此用户通信
NAL	没有地址线
NC	没有电路连接

八、Inmarsat C 与 Fleet safety 安全功能对比

Inmarsat C 和 Fleet Safety 为当前 Inmarsat 系统下符合 GMDSS 功能要求的两个系统，为方便了解两个系统的功能特点，对比两系统的功能见表 6-9。

表 6-9 Inmarsat C 与 Fleet safety 安全功能对比

GMDSS 功能	Fleet Safety	INM C/MINI C
Distress 报警	是	是
Distress 报文	是	否
全球 EGC-MSI	是	是
MSI 请求功能	是	否
LRIT 功能	是	是
GMDSS 功能	是	是
手动 RCC 选择	是	否
RCC 船舶跟踪	是	否
SAR 通信	是	是
短接入码-数据	是	是
短接入码-语音	是	否
船舶保安警报系统(SSAS)	是	是
船舶监控系统(VMS)	是	是
505 紧急服务	是	否
遇险等级语音通信	是	否
发送/投递/已读通知	是	否
动态地址路由	是	否

第五节 Inmarsat Fleet Xpress

Fleet Xpress 是一种基于 Ka 波段的高速卫星通信系统,目前依托 Inmarsat I-5 系列卫星运行。尽管它不属于 GMDSS,众多商船依然选择安装 Fleet Xpress 以满足其商业通信需求。该系统能够提供高达 50 Mbit/s 的下载速度和高达 5 Mbit/s 的上传速度。

Inmarsat 所提供的 Fleet Xpress 服务确保了全球范围内的连续卫星通信。当船舶驶入卫星信号覆盖区域时,其自动跟踪系统会无缝切换至新的卫星,无须船员介入或手动操作,从而保证了通信的连续性。在 Ka 波段信号减弱的情况下,系统会自动切换至 L 波段的 Fleet Broadband 网络,以防止服务中断。所有 Inmarsat 地面站都设计有冗余功能,确保船员能够持续保持通信。

Fleet Xpress 将 Ka 波段网络的高速数据传输能力与 L 波段网络的可靠性相结合,为海上通信带来了速度、持续连接性和性能保障的新时代。此外,Fleet Xpress 还授权用户接入 Inmarsat Fleet Data 平台,支持物联网(IoT)的发展,利用船上的传感器快速响应查询、做出决策并满足监管要求。同时,它还具备性能监测和基于状态的维护功能。Fleet Xpress 和 Fleet Data 将数据转化为实际效益,提升效率,确保监管合规性,并改善船员福利,实现船舶的数字化联通,进而提高船舶的效率和性能。

思考题 > > > > > > > >

1. 简述 Inmarsat GMDSS 卫星系统的构成及作用。
2. 简述 Inmarsat GMDSS 通信优先级别。
3. 简述 Inmarsat Fleet safety 与 FB 和 FO 的关系。
4. 简述 Fleet Safety 的业务类型。
5. 简述 Inmarsat Fleet Safety 识别码的构成。
6. 简述 Fleet safety 遇险语音报警操作程序。
7. 简述 Fleet Safety 短号业务。
8. 简述 Fleet Broadband 的主要业务。
9. 简述 Inmarsat Fleet Broadband 卫星服务洋区。
10. 简述海事安全终端(MST)及功能。
11. 简述 FB 电话使用方法。
12. 简述 Inmarsat C 洋区划分。
13. 简述 Inmarsat IMN 构成。
14. 简述 Inmarsat C 的业务类型。
15. 简述 Inmarsat C 和 Mini C 的安全通信功能。
16. 简述 Inmarsat C 的遇险报警功能。
17. 简述 Inmarsat C 遇险优先等级报文。

18. 简述 Inmarsat C 登录/注销(Logging in/off)方法和原因。
19. 简述 Inmarsat C 日常通信程序。
20. 简述 Inmarsat C 日常通信不同业务下目的地地址构成。

第七章　其他卫星通信系统

第一节　铱星卫星通信系统

一、铱星卫星系统概述

2020 年 1 月,IMO 认定铱星系统符合 GMDSS 卫星服务的必要技术标准。之后,铱星与国际移动卫星组织(IMSO)达成了关于 GMDSS 卫星服务的公共服务协议(PSA)。使用铱星 GMDSS 卫星服务需要相应的铱星 GMDSS 卫星服务终端。铱星 GMDSS 服务于 2020 年 12 月 11 日启动。

Iridium 卫星公司拥有和运营全球移动个人卫星通信(GMPCS)系统,提供完全全球化的数字通信。Iridium 卫星移动通信系统的主要组成部分包括:①空间段,空间部分由 66 颗在用卫星和轨道备用卫星组成;②地面段,地面系统包括用于在网关和卫星星座之间传输语音和数据通信的卫星遥测站以及提供与地面语音和数据网络连接的网关;③移动地球站,由卫星调制解调器和外部天线组成。

(一) 空间段

Iridium 卫星是一组由 66 颗低轨道卫星组成的卫星系统,覆盖全球,服务于 A1、A2、A3 和 A4 海域,包括极地地区,星座组成见图 7-1。这些卫星分布在 6 个轨道平面上,每个平面上有 11 个卫星,还有备用卫星。每个卫星大约 100 min 绕地球一圈,高度为 778 km。

这些卫星支持 3 种类型的通信链接:卫星间链接、卫星—电信中继链接和卫星—用户终端链接。每颗卫星能与其轨道平面内前后相邻的卫星(南/北方向)通信,也能和每个相邻轨道平面内最近的卫星(东/西方向)通信。因此,用户终端不需要在与网关相同的卫星覆盖范围内也能相互访问。Iridium 系统是唯一采用这种交叉链接卫星结构的移动卫星系统。从船到用户的 Iridium 通信路由包括移动用户到卫星、卫星到卫星、卫星到网关、网关到用户。

卫星—用户终端链接使用 L 波段天线系统。这种系统在地球上投射出 48 个点波束(或称单元),每个点波束直径约为 400 km。每个 L 波段天线的“覆盖范围”直径约为 4 500 km。相邻卫星“覆盖范围”在地球表面重叠,从而实现了从南极到北极的无缝全球覆盖。由交叉链接卫星提供的重叠覆盖,构成了一个完全网状的网络。

图 7－1 Iridium 空间段卫星网络

用户终端所在的单元大约每分钟将转换到同一颗卫星上的另一个波束上，大约每 6 min 单元将切换到相邻卫星上的波束。这种特殊的“切换”处理确保通信时刻畅通。

（二）地面段

卫星网络运营中心（SNOC）负责管理卫星星座并在整个铱星系统上提供网络管理。SNOC 通过遥测跟踪和控制（TTAC）设施与卫星通信。除了控制 SNOC 与卫星之间的通信外，TTAC 站点还跟踪铱星并接收来自卫星的遥测数据。全球 Iridium 地面站称为 teleport，将卫星与位于亚利桑那州坦佩的主要 Iridium 网关相互连接。备用网关位于亚利桑那州钱德勒，以提供系统备份。系统工作过程见图 7－2。

目前铱星在全球各地运营有中继站，这些中继站是铱星商业通信网络的重要组成部分，它们将卫星星座与铱星网关连接起来以传输铱星用户终端的通信。

主网关提供铱星网络与基于陆地的网络之间的连接，是网络信息的交换中心。同时，铱星系统也在全球其他地方寻找合适的站点以增加额外的网关，提高整个系统的可靠性和容量。每个网关都控制系统访问、呼叫设置、移动性管理、计费、跟踪并维护有关用户终端的所有信息，如用户身份和地理位置。

（三）Iridium 移动地球站

铱星系统提供多种类型的终端设备，以手持卫星电话（ISU）为主。这些设备不仅支持语音电话通信，还配备了 RS232 标准数据接口，能够连接多种设备以实现传真和数据通信。除了传统的 ISU，铱星系统现已扩展至海事、航空、陆地以及政府服务等多个移动通信应用领域，并为这些领域开发了专门的终端设备。铱星系统的海用设备能够提供电话、数据、传真、遇险报警、短信、短脉冲数据、定位以及海上宽带等多种服务。大多数铱

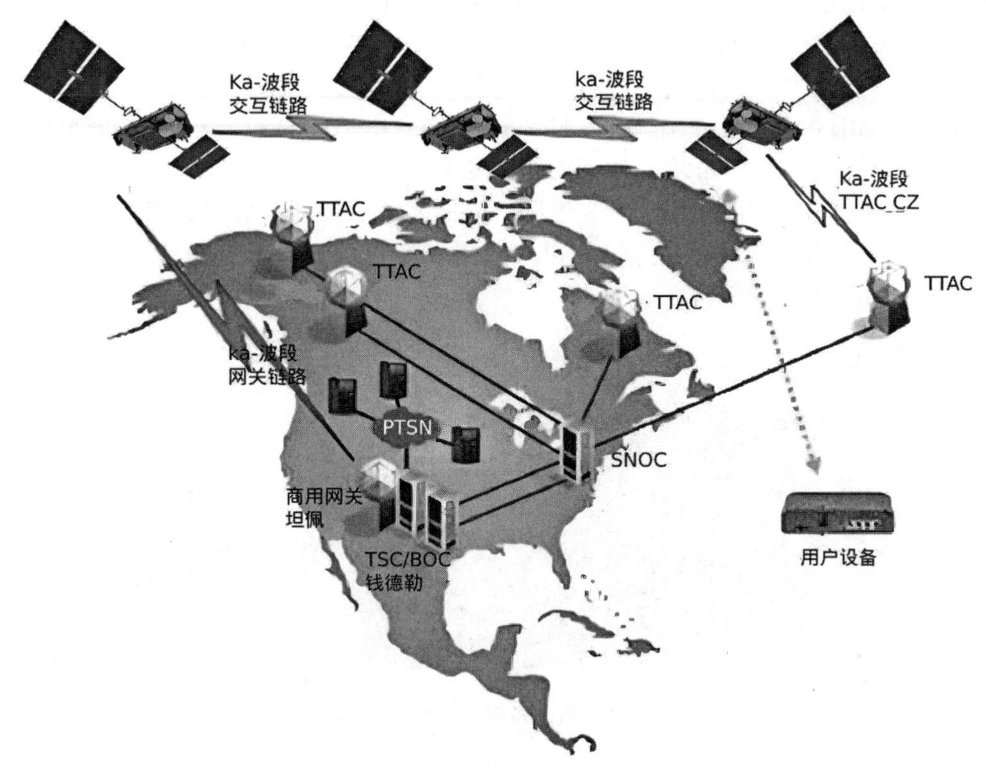

图 7-2 铱星全球卫星系统及工作网络(中/北美部分)

星终端设备需要使用 SIM 卡,以便存储用户信息并在通信时进行身份验证。

铱星系统在 2008 年推出了海用终端 Iridium Open Port,这是首个提供全球语音和数据业务的终端。然而,该服务已于 2016 年停止,并被二代海事解决方案 Iridium Pilot 所取代。Iridium Pilot 支持 3 条独立的话音线路,并提供高达 134 kbit/s 的 Iridium Open Port 宽带服务,使用户能够进行网页浏览、电子邮件通信以及使用虚拟专用网络(VPN)等网络功能。

Iridium Certus 是铱星公司推出的新型移动宽带业务,通过 L 波段为全球用户提供可靠的服务。Iridium Certus 业务的基础带宽为 350 kbit/s,最高可提升至 704 kbit/s,支持高质量的语音通话、IP 数据传输、预付费业务以及 GMDSS 的使用,能够满足全方位的海事应用需求。目前,支持 Iridium Certus 服务的终端设备包括 Thales 公司的 MissionLINK 设备、Cobham 公司的 SAILOR 4300 设备和 Thales 公司的 VesseLINK 设备。

铱星公司与合作伙伴 Lars Thrane 共同研发的 LT-3100S 设备,是首个提供 GMDSS 服务的产品,自 2020 年上半年起便启动了铱星 GMDSS 服务。该设备配备了小型全向天线。同时,现有的 Iridium 海事终端,包括 Cobham SAILOR 4300 和 Thales VesseLINK,也已兼容 GMDSS 服务。然而,这些终端需要通过其制造商进行甲板下设备升级,才能充分利用 Iridium GMDSS 服务。

铱星的 SafetyCast 业务是一项获得 GMDSS 认证的增强性群呼(EGC)服务,它根据 SOLAS 公约规定,为船舶提供航行和气象警告、气象预报、岸到船遇险警报、与搜索与救援(SAR)相关的信息,以及其他紧急和安全信息。该服务能够自动向所有海域中固定和可变地理区域播发信息,包括向国际 NAVTEX 服务未覆盖的沿海警告区发送航海安全信息(MSI),适用于各种类型和大小的船舶。

Iridium GMDSS 船站由操作单元、遇险报警按钮、电话听筒和屏幕组成,屏幕可用于查看各类消息和菜单等。船站设备还支持连接打印机,以便输出 MSI 等内部信息。此外,船站可与 ECDIS 和雷达连接,为这些设备提供相关信息。系统还支持连接到电子定位系统,如北斗导航仪和 GPS 导航仪,以实时更新船位信息。铱星船站设备构成(Lars Thrane A/S)如图 7－3 所示。

图 7－3　铱星船站设备构成(Lars Thrane A/S)

二、Iridium GMDSS SIM 卡

为了接入 Iridium GMDSS 系统,船舶地面站必须配备 Iridium GMDSS SIM 卡,且 SIM 卡须预先录入完整的 MSISDN 号码。若要发起对 Iridium SES 的呼叫,必须使用移动用户 ISDN(MSISDN)号码。号码通常遵循以下格式:881612345678。在安装 SIM 卡的过程中,首先需要进行激活,并向 GMDSS 服务提供商提供以下详细信息:船名、IMO 编号、MMSI 号码。

铱星提供的 GMDSS 业务包括:遇险报警(Distress Alerting)、遇险语音(Distress Voice)、安全信息、紧急和安全服务、接收 MSI(通过 SafetyCast)、常规通信。

其他服务还包括:船舶保安警报系统(SSAS)、远程识别跟踪(LRIT)、搜寻和救助(SAR)、渔业 VMS 和捕捞报告、排放监测(MRV)、E-navigation、反海盗和武装劫持解决方案、冰上导航。

Iridium 网络致力于在全球范围内提供不间断的服务。一旦服务遭遇中断,Iridium 承诺将在察觉到故障的 10 min 内发出通知,并持续提供最新进展,直至问题得到解决。在部分或全部卫星发生故障的情况下,受影响用户的连接将在数分钟内迅速恢复。由于卫星星座的设计和运作机制,单一卫星故障不会导致用户长时间的服务中断。即便卫星轨道发生变化,在“回声”传输模式下,船舶在卫星故障时仍能发送紧急求救信号,并接收海洋安全信息(MSI)或搜救(SAR)通信。

第二节　铱星通信程序

一、Iridium 常规通信

铱星系统使得用户能够利用类似移动电话的设备,在全球范围内进行语音通信。每个铱星用户终端在初次与网关建立连接时,都会使用存储在 SIM 卡中的个人信息。SIM 卡中还包含了铱星网络用户识别码(INSI),这是一个永久性的移动用户身份标识符。铱星用户的电话号码被称为移动用户 ISDN 号码(MSISDN)。

此外,通过标准的 RS232 端口,用户可以添加数据和传真服务。数据传输速度为 2.4 kbit/s,但通过访问铱星的 10 kbit/s 压缩数据服务,速度可以提升至 10 kbit/s。除了基本的电子邮件交换和互联网接入,用户还可以使用基于 PC 的铱星短信服务,与其他铱星手机进行短信交流。

在铱星网络上,传真服务可以通过小型、低成本的传真适配器和铱星手机轻松实现。用户只需将传真机插入适配器并按下发送按钮即可开始传真。该设备具备缓存传真功能,即使在通话中断的情况下,也能从上次中断的地方继续发送,确保了传输的高效性和准确性。

此外,铱星系统还提供了其他功能,包括:

(1) 预付费卡业务(或个人 SIM 卡)用于船员通话;

(2) 船舶保安警报系统(SSAS),配备有远程警报按钮,便于紧急情况下的使用;

(3) 远程识别和跟踪(LRIT)。

建立与铱星船站的电话通信。在建立与安装有铱星船站的电话通信时,需要拨打铱星卫星系统的网关号码,并按照下列程序建立通信:

步骤 1:拨打 00 以自动连接至国际电话网络。

步骤 2:输入 881 作为铱星系统的接入代码。

步骤 3:输入 612345678,这是一个以 6 开头的 9 位铱星船舶电话号码。

二、遇险通信

遇险报警时,按下红色遇险按钮持续 5 s 即可发送遇险报警(图 7-4)。该报警将被位于美国的网关接收并通过已建立的通道中继到离求救地理位置最近的适当 RCC,以便提供救助。随后,船舶随即接通至 MRCC 的直连电话。

接下来,船舶应按照正常的遇险操作程序实施报警和遇险通信:MAYDAY,船名/呼号和铱星号码/时间、位置,遇险性质,需求的援助类型,其他信息。

报警过程中,操作员不可断开连接,需要听从 MRCC 指示并准备与附近船舶通过 VHF/MF 通信。

除了语音报警外,Iridium 未来还将提供短信报警系统,方便 MRCC 和船舶交流。

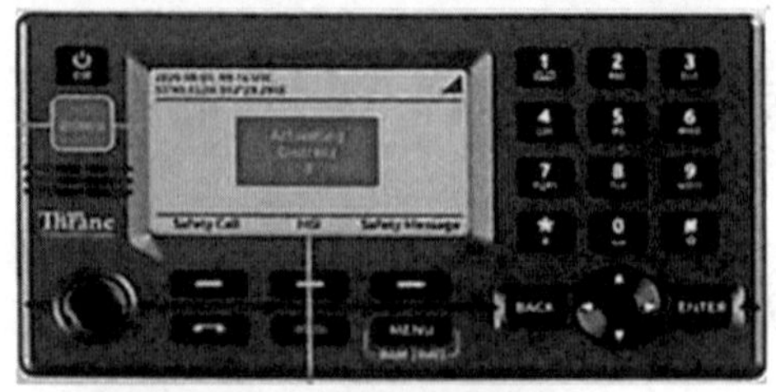

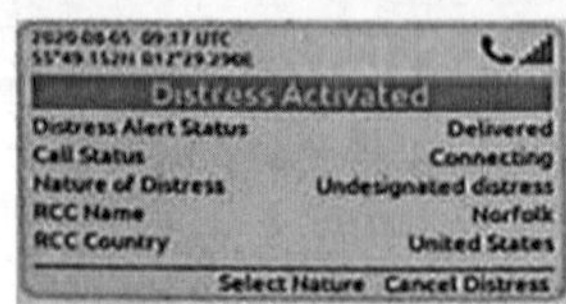

图 7－4 铱星遇险报警过程

美国海岸警卫队（USCG）是 Iridium 报警的第一到达站点，其后将报警信息中转至适当 RCC。如果其他 RCC 没有响应，USCG 将继续跟进报警情况。

为确保铱星船地面站正常工作，可通过终端测试功能进行测试。该功能可测试系统的遇险报警、遇险呼叫和海事安全信息功能。

测试过程可通过终端菜单进入。进入测试模式后会提示按下遇险按钮，但请注意此操作并不会实际触发报警。

通过测试铱星终端和遇险功能，可确保在紧急情况下船舶能及时发送求救信号并接收海事安全信息，从而保障船舶安全。

三、Iridium 紧急和安全业务

Iridium 紧急和安全业务通过 2 位数字业务代码进行访问，两位业务代码主要包括：

32# 用于医疗咨询；

38# 用于医疗援助；

39# 用于紧急援助。

两位码业务代码类型同 Inmarast C 系统。

第三节　北斗报文服务系统

为了保障海上安全，IMO 于 2012 年 5 月通过了新的规定，这些规定涉及未来 GMDSS 卫星服务提供商（MSC. 1/Circ. 1414）。这些规则为卫星服务提供商提供了更大的灵活性，允许他们提供全球性或区域性服务，但前提是船舶必须满足 GMDSS 的基本通信要求。这些要求在 IMO 的第 A. 1001（25）号决议中有详细规定。国际移动卫星组织（IMSO）负责监督这些新服务的实施，确保它们至少能够提供以下服务：

（1）船只向岸上发送遇险警报或呼叫；

（2）岸上接收并转发船只的遇险警报或呼叫；

(3) 船只与岸上、岸上与船只以及船只之间的搜救协调通信；

(4) 船只接收来自岸上的海上安全信息；

(5) 船只与岸上、岸上与船只以及船只之间的常规通信。

根据最新的规定，2022 年 6 月中国的北斗卫星导航系统（BDMSS）获得了 IMO 的认可，成为潜在的海上安全通信卫星服务提供商。BDMSS 是中国全球导航卫星系统（GNSS）的一部分，由五颗地球静止轨道卫星和一颗备用卫星组成。中国最初于 2018 年向 IMSO 提交了成为经批准的 GMDSS 提供商的申请。根据海事组织第 A. 1001(25)号决议的要求，该申请被提交给国家无线电通信子委员会（NCSR）进行评估。2020 年 7 月，IMSO 签署了评估 BDMSS 的协议书，并在 2022 年正式认可 BDMSS 成为 GMDSS 海上安全通信的提供商。

自 2003 年起，BDMSS 在亚洲和西太平洋海域为船舶提供全面的海上安全服务。通常情况下，用户终端位于多个 BDMSS 卫星的覆盖区域内，所有 BDMSS SES 终端均采用全向天线设计，无须定向和跟踪，这确保了即便在恶劣的海洋环境或单卫星故障的情况下，服务的连续性也得以保障。BDMSS 全球系统将与现有的 SES 终端设备完全兼容，同时，海上通信设备制造商正在开发基于 BDMSS 的 GMDSS 通信终端，以便与目前在使用的其他船载 GMDSS 系统无缝集成。

BDMSS 致力于满足 99.9%的服务可用性标准。为了达成提供 GMDSS 通信的目标，BDMSS 计划构建一个综合性的海上安全信息（MSI）播发系统，并将 GMDSS 服务与搜救协调中心（RCC）以及 MSI 播发者进行有机整合，以支持搜救数据的推送和安全信息的广播。

作为全球导航卫星系统，BDMSS 具备短脉冲数据服务机制，支持船对岸、岸对船以及船对船的警报和短信功能，并设有四个优先级。BDMSS 的目标是为海上用户提供遇险报警、紧急、安全和日常通信服务。随着 BDMSS 获得 IMO 的认可，它已跻身于全球三大卫星 GMDSS 服务提供者之列，紧随 Inmarsat 和 Iridium 之后。

思考题 >>>>>>>>>

1. 概述 Iridium 卫星通信系统的关键组成部分。
2. 描述 Iridium 卫星通信系统提供的服务类型。
3. 阐述建立 Iridium 船站电话通信的步骤。
4. 概述中国北斗 BDMSS 系统。

第八章　海上安全信息业务

第一节　海上安全信息(MSI)概述

一、海上安全信息

海上安全信息涵盖了航行警告、气象警告、气象预报以及与航行安全相关的其他紧急信息。其核心功能是提供关于海域航行动态、气象状况以及航行业务等方面的实时信息。确保及时准确地获取这些信息对于保障船舶的海上安全至关重要。因此,根据SOLAS公约的规定,所有SOLAS公约船舶都必须具备接收海上安全信息的能力。

SOLAS公约对海上安全信息的接收提出了两项具体要求。首先,船舶在航行期间必须在指定的海上安全信息广播频率上保持监听,这包括卫星通信系统和地面通信系统。其次,每艘SOLAS公约船舶应在其船舶电台日志中详细记录接收海上安全信息的时间、识别信息和信息来源,并且打印并保存所有与遇险通信相关的电文。除此之外,IMO还规定,船舶驾驶台应保留所有有效的航行警告和气象信息,以供航行值班人员随时使用。

船舶可以通过多种途径接收和展示海上安全信息,其中NAVTEX系统和EGC系统是主要的播发系统。国际航行的船舶需要根据其航行区域配备足够的MSI接收设备,以确保在不同海域都能及时接收到满足航行安全需求的MSI。对于国际海上安全信息业务,信息提供者会将信息转发至特定区域的518 kHz NAVTEX发射台,由发射台向沿岸区域广播,船舶可选择性地接收。EGC系统包括Inmarsat国际安全网(SafetyNET)、二代安全网(SafetyNET II)业务和铱星的安全广播(SafetyCast)业务。通常,信息提供者会将待播发的信息转发至特定的经认可的移动卫星业务地面站,地面站随后利用卫星网络向其负责的洋区进行广播。MSI播发系统的结构详见图8-1,国际SafetyNET业务参见附录10。

国际MSI信息通常以英语进行广播;在某些特定情况下或特定频率上,也会使用当地语言进行广播。这种自动广播方式覆盖了不同的频段,以确保信息能够达到最广泛的接收范围。这些服务通常涵盖了沿海短距离和远海长距离的通信业务。沿海短距离通信业务由中频NAVTEX系统提供支持,而远海长距离通信业务则由国际海事卫星组织提供支持,包括SafetyNET、SafetyNET II以及Iridium的SafetyCast等增强型群呼(EGC)系统。对于那些无法接收NAVTEX和EGC信息的区域,可以使用高频电报业务,其频率为4 210 kHz、6 314 kHz、8 416.5 kHz、12 579 kHz、16 806.5 kHz、19 680.5 kHz、22 376 kHz和26 100.5 kHz。

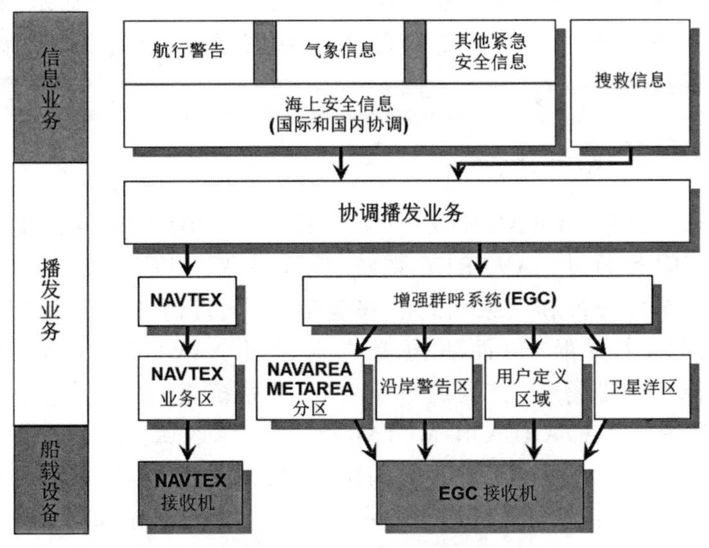

图 8-1　MSI 播发系统结构

在大多数情况下,GMDSS 操作员必须手动调整电台频率以接收高频电报中的 MSI。表 8-1 列出了当前发送 MSI 的高频电台。符合 GMDSS 标准的船舶在航行时,必须记录下所在区域接收到的 MSI,并附上播发台的信息。对于遇险类 MSI,还需要将其打印出来,并记录在电台记录簿中。MSI 通常包括航行警告、气象警告、气象预报、搜救信息、冰情报告、导航服务信息以及电子导航系统更新信息等。

表 8-1　高频 MSI 播发国家和电台

国家	位置	频率/MHz
阿根廷	科莫多罗里瓦达维亚	4、8、12 和 19
	布宜诺斯艾利斯	4、8、12 和 19
巴西	里约热内卢	4、6、8、12 和 16
加拿大	伊魁特	8
埃及	塞拉帕阿姆伊斯马利亚	4、6 和 8
希腊	奥林匹亚无线电	8
伊朗	阿巴斯	4、8 和 12
挪威	汉默费斯特	4、8 和 12
土耳其	伊斯坦布尔	4、8、12 和 16
美国	波士顿	6、8、12 和 16
	关岛	12、16 和 22
	檀香山	8、12 和 22

MSI 的优先级分为 3 个等级：安全、紧急和遇险。特定区域的气象预报和航行警告

会在固定时间由不同的台站进行广播。相关设备能够自动接收并显示 MSI 的定期和非定期发送信息。遇险报警和气象警告可以由电台随时发送，当船台终端接收到这类信息时，会立即发出警报。

二、全球航行警告业务

全球航行警告业务（WWNWS）是一项由 IHO 与 IMO 共同推出的全球性海事安全信息服务。该服务通过 NAVAREA 系统、国家协调员以及发布中心，向全球范围内的航海者提供航行警告和气象信息。它包括远洋、近海以及本地警告信息。远洋警告主要针对国际主要航道，而近海警告则通过 NAVTEX、中波（MF）和甚高频（VHF）进行传播。本地警告，主要通过 VHF 广播系统进行发布。

WWNWS 利用了 NAVAREA 和 METAREA 对全球区域的划分，将全球划分为 21 个区域（图 8－2、8－3），每个区域由协调国管理，负责分配职责和广播内容（表 8－2）。每个区域内的信息统一编号，以确保安全性。为充分通知船舶，每天至少进行 2 次广播。

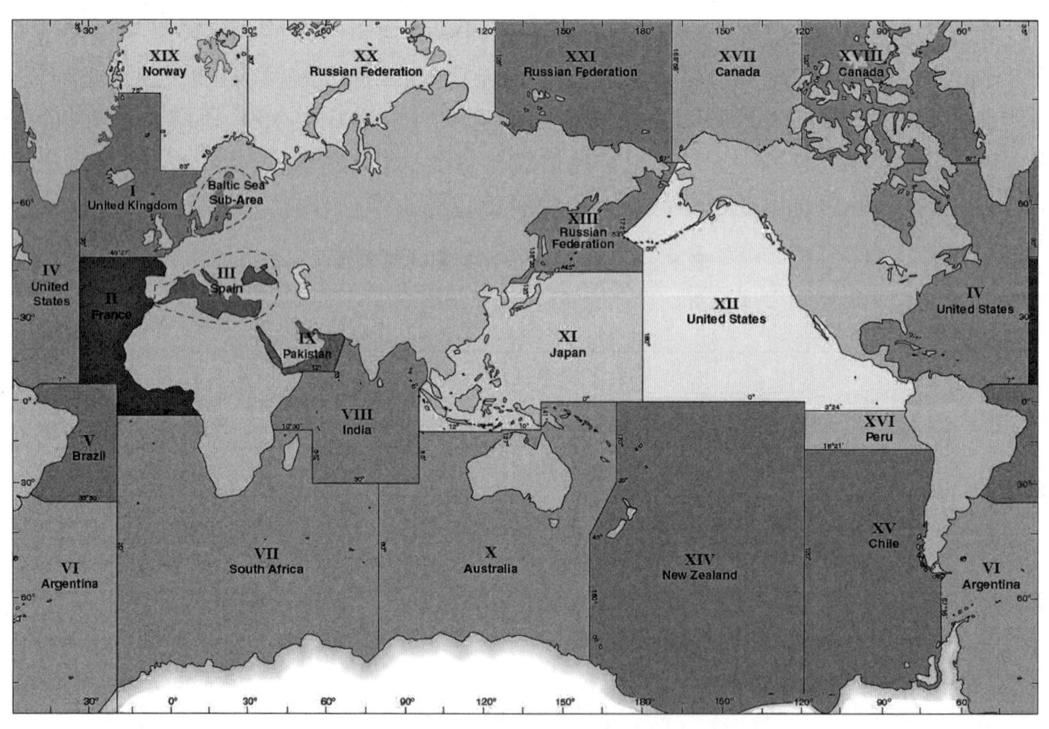

图 8－2　全球 NAVAREA 分布与协调国

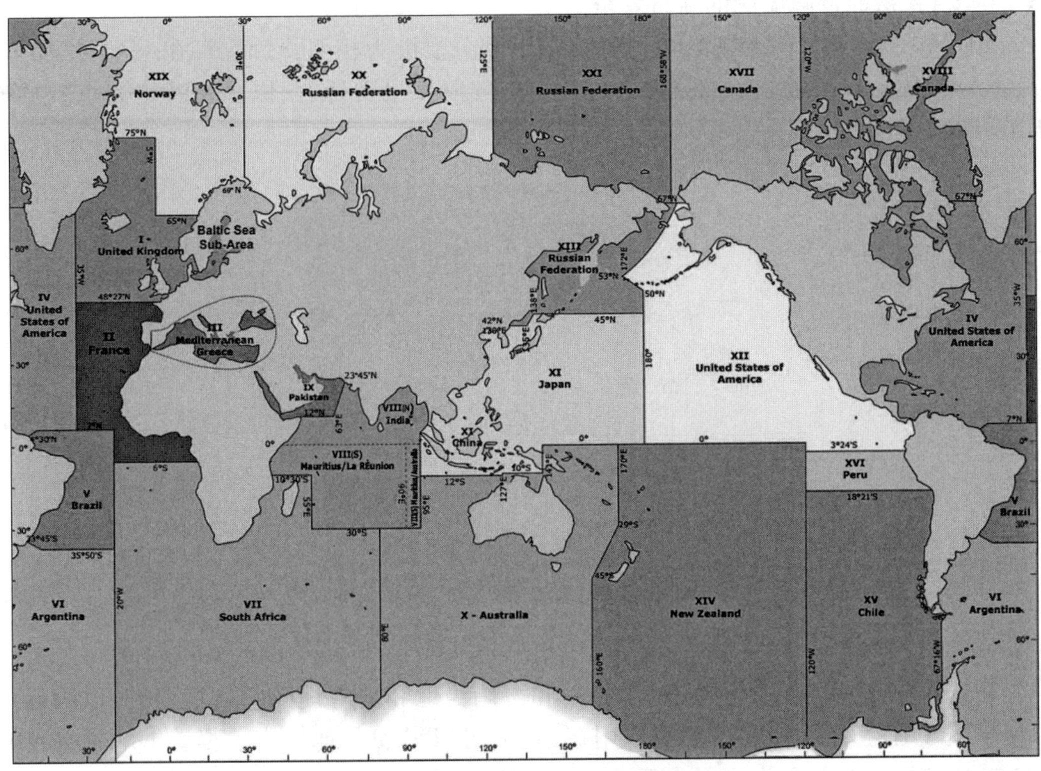

图 8－3　全球 METAREA 分布与协调国

表 8－2　NAVAREA/METAREA 的协调国

NAVAREA/METAREA	Coordinator	NAVAREA/METAREA	Coordinator
1	UK	12	USA（West）
2	France	13	Russia
3	Spain	14	New Zealand
4	USA（East）	15	Chile
5	Brazil	16	Peru
6	Argentina	17	Canada
7	South Africa	18	Canada
8	India	19	Norway
9	Pakistan	20	Russia
10	Australia	21	Russia
11	Japan		

WWNWS 采用一种独特的信息管理方法，通过实施多层次的管理、核验和纠错机制，确保广播内容的精确性和可信度。WWNWS 持续优化其管理体系，为全球航海信息提供

坚实的支持，从而保障船舶的航行安全。

METAREAs 与 NAVAREAs 在地理区域的划分上极为相似，然而，存在一个明显的差异：NAVAREA Ⅷ被进一步细分为 3 个独立的气象预报责任区，以满足特定需求。具体细节可参见图 8－4。

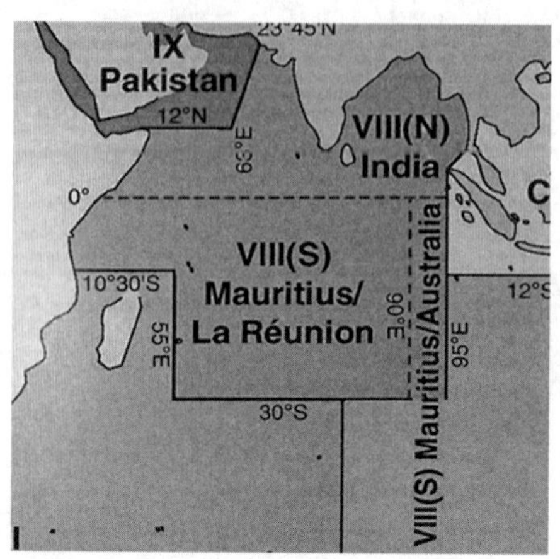

图 8－4　NAVAREA Ⅷ气象预报责任区划分

在 WWNWS 中，信息播发机构需控制和协调当地和沿海地区的航行警告，以满足国家海事安全需求。所有广播必须使用英语，但可以增加其他语言。尽管 NAVAREA 和 NAVTEX 警告的广播和协调方式不同，但内容类似，主要包括：

（1）主要航道上助航设施的缺陷报告；
（2）主要航道内外存在危险沉船情况，必要时标记；
（3）建立新的或改变现有重要助航设施情况；
（4）拥挤水域中的拖航情况；
（5）漂流危险物，如冰、集装箱、水雷、废弃船舶等；
（6）正在进行或即将开展的搜救和防污染区域通知；
（7）MRCC 或 MRSC 发出的遇险、失踪或严重逾期船舶/飞机通知；
（8）新发现对航行有危险的沉船、自然灾害、岩石、浅滩或暗礁等；
（9）既定航线的意外中止或改变情况；
（10）正在或即将进行的电缆铺设或水下作业等有潜在危险的活动通知；
（11）与航行安全相关的特别行动信息，必要时说明危险性；
（12）海盗和抢劫者袭击船舶情况；
（13）海啸等自然现象通知；
（14）世卫组织咨询信息；
（15）其他与安保相关的事项通知。

三、气象警告区（METAREAs）

METAREA 与 NAVAREA 相似，都是根据地理划分的海区，旨在协调向国际航行的船

船发送气象信息。全球共划分为 21 个这样的区域。这 21 个区域的定义与 NAVAREAs 大致相同,并使用相同的罗马数字进行标识。每个 NAV/MET 区域都由一个国家负责协调广播的导航和气象信息。

(一) 气象服务

所有配备适当接收设备的船舶都能够接收到来自全球各国海事机构发布的气象信息。世界各地的海岸电台定期向过往船只提供特定区域的气象数据。国家广播电台同样会在特定时段内,向听众播报包括沿海、内陆水域、公海以及捕鱼区域在内的天气分析、预报和冰情信息,通常涵盖未来 12~24 h 的预期天气状况。这些信息的传输方式包括无线电报、传真、电传、NAVTEX 以及增强型群呼(EGC)。

气象服务通常按照既定的时间表进行广播,然而,一旦出现大风或风暴警报,气象部门会立即进行发布。在发布这些紧急警报之前,播报台会在适当的呼叫频率(如 2 182 kHz 或 VHF CH 16)上使用 SECURITE 这一引导词来发布安全通告,明确指出所使用的广播频道。除了传统的语音报告外,大风警报还会通过 NAVTEX 和 EGC 系统同步发送。此外,船舶还可以通过拨打海岸电台的电话来获取实时天气信息,尽管这可能需要支付一定的费用。

(二) 天气信息报告

为了确保海上气象信息的及时传播,鼓励商船工作人员主动配合岸基天气预报工作,并迅速上报任何海上出现的极端天气状况。这些重要信息应通过最近的海岸电台或地面地球站(若使用卫星服务)进行发送,并在发送前确保使用适当的安全信号。特别是关于风暴的信息,应使用业务代码 OBS,并且此类信息的发送是免费的。

(三) 气象观测报告

国际气象观测计划(OBS)由自愿进行气象观测和报告的船舶参与和支持。参与船舶需配备认证仪器进行观测,定期发送天气报告,并记录在气象日志中。这些船舶至少应配备气压计、测量海温的温度计、测量温湿度的仪器以及风速计。OBS 信息可以通过电子邮件发送。

(四) 自愿观测船(VOS)计划

自愿观测船(VOS)计划是在世界气象组织和政府间海洋委员会主持下,船舶自愿进行的气象观测活动。观测结果通过 GMDSS 系统发送给岸上气象部门,以补充卫星数据。参与自愿服务的船舶,相关观测通信不收费。观测可以使用传统地面系统,也可以使用国际海事卫星组织系统,发送时使用代码“41”。

第二节　NAVTEX 业务

一、NAVTEX 的运作机制

NAVTEX 是一种国际性的自动直接打印电报服务,专门用于发布航行和气象警报,并向船舶传递紧急信息。该系统是海上安全信息服务(MSI)播发系统的一个重要组成部分。NAVTEX 服务专注于为沿海和近海(A1、A2 海区)提供海上安全信息,其目的是为这些区域的海上用户提供一种简便且经济的信息接收方式。其运作流程详见图 8-5。

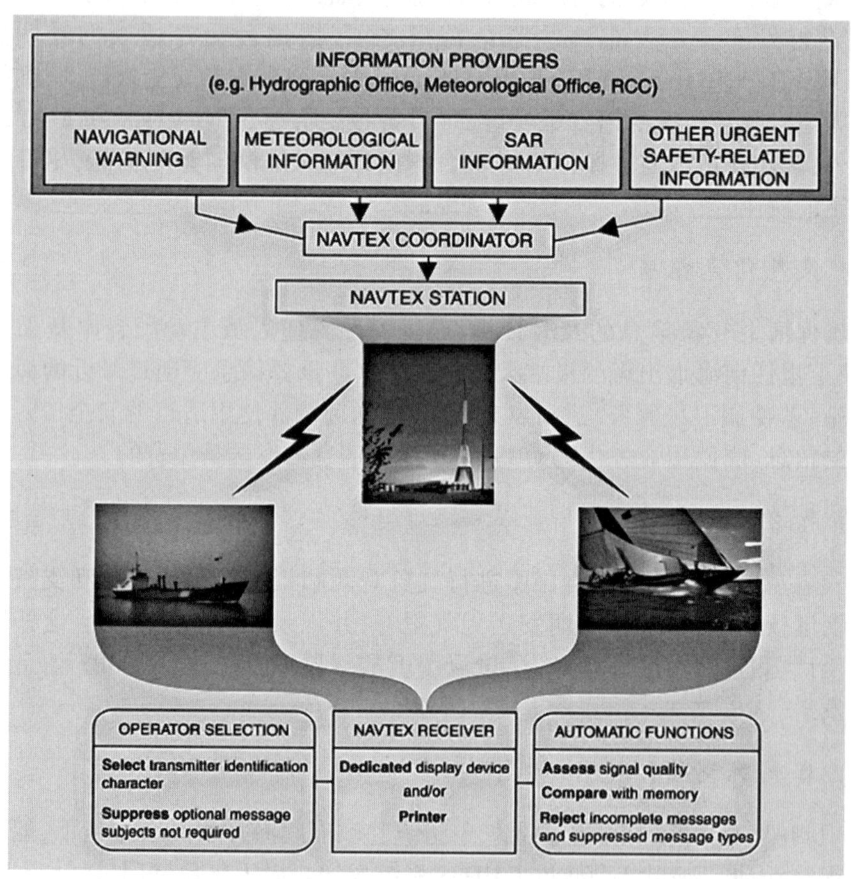

图 8-5　NAVTEX 系统概念图

NAVTEX 服务分为国际 NAVTEX 服务和国内 NAVTEX 服务。国际 NAVTEX 服务采用 NBDP 技术,在 518 kHz 频率上以英语协调地向 A1 和 A2 海区的船只播发,并由船上的 NAVTEX 接收机自动接收;而国内 NAVTEX 服务同样采用 NBDP 技术,使用主管部门批准的当地语言或第二语言,在除 518 kHz 以外的频率上向 A1 和 A2 海区的船只播发,并由船只自动接收补充的海上安全信息。

国际电信联盟(ITU)为国内的 NAVTEX 业务分配了 490 kHz 的工作频率，而在高频频段，国际 NAVTEX 业务专用频率为 4 209.5 kHz。在热带地区，由于静电干扰，在频率 518/490 kHz 的传输可能会受到严重影响。因此，在这些区域，4 209.5 kHz 被专门用于传输气象和导航等特定类型的 NAVTEX 信息。此外，一些国家和地区也采用了自己独特的频率，如中国大陆使用 486 kHz、日本使用 424 kHz 等，并且播发的语言是本国语言。为了覆盖全球 A1、A2 海区，IMO 规定，将全球 21 个 NAVAREA 区划分为 21 个 NAVTEX 服务区，每个服务区设有若干个 NAVTEX 广播台，这些广播台以字母 A 到 Z 中的一个字母进行标识。为了避免相邻区域内出现同名的广播台，规定各 NAVTEX 服务区内的广播台标识命名应按顺时针方向进行。

鉴于所有广播台均在同一频率 518 kHz 上运行，为了降低彼此间的干扰，各广播台必须限制其发射功率，确保其服务范围不超过 400 n mile。此外，必须对各 NAVTEX 服务区内的广播台实行分时工作制。在特定的服务区内，各台每 4 h 广播一次，每次广播时间不超过 10 min。通常，一个服务区最多可设置 24 个 NAVTEX 岸台，分为 4 组，每组最多包含 6 个广播台。分时广播的安排如下：第一组的 6 个广播台在每天的 00：00、04：00、08：00、12：00、16：00 和 20：00 开始工作；第二组的 6 个广播台在每天的 01：00、05：00、09：00、13：00、17：00 和 21：00 开始工作；第三组的 6 个广播台在每天的 02：00、06：00、10：00、14：00、18：00 和 22：00 开始工作；第四组的 6 个广播台在每天的 03：00、07：00、11：00、15：00、19：00 和 23：00 开始工作。每组的第一个广播台在该组服务时间的 00~10 min 内工作，第二个广播台在 10~20 min 内工作，以此类推，每组的第 6 个广播台在 50~60 min 内工作。NAVTEX 系统的这种时间分配确保了在任何时刻，服务区中只有一个广播台在发射信号，尽管相邻服务区可能有两个广播台同时工作。但由于它们相隔较远，并且广播台的合理布局，不会产生相互干扰。不同 NAVAREA 区的两个相同字母广播台的最近距离应大于 700 n mile，并且在夜间降低功率广播(通常降低 60%)，以确保 NAVTEX 接收机不会同时处于这两个广播台的信号范围内。NAVTEX 广播台的工作时间分配关系详见表 8-3。

表 8-3 NAVTEX 播发台工作时间分配说明

属性	值
播发频次	每 4 h 1 次
播发时间	每次每台不超过 10 min
最大台数	24 个
台名	依次使用 A—Z
组数	4 组
每组台数	6 个
播发时间安排	
第一组	00：00,04：00,08：00,12：00,16：00,20：00

表8-3(续表)

属性	值
第二组	01：00,05：00,09：00,13：00,17：00,21：00
第三组	02：00,06：00,10：00,14：00,18：00,22：00
第四组	03：00,07：00,11：00,15：00,19：00,23：00
每组中各台服务时间段	
第一台	00：00—00：10,04：00—04：10,08：00—08：10,12：00—12：10,16：00—16：10,20：00—20：10
第二台	00：10—00：20,04：10—04：20,08：10—08：20,12：10—12：20,16：10—16：20,20：10—20：20
第三台	00：20—00：30,04：20—04：30,08：20—08：30,12：20—12：30,16：20—16：30,20：20—20：30
第四台	00：30—00：40,04：30—04：40,08：30—08：40,12：30—12：40,16：30—16：40,20：30—20：40
第五台	00：40—00：50,04：40—04：50,08：40—08：50,12：40—12：50,16：40—16：50,20：40—20：50
第六台	00：50—01：00,04：50—05：00,08：50—09：00,12：50—13：00,16：50—17：00,20：50—21：00

二、NAVTEX系统的技术编码($B_1B_2B_3B_4$)

每一条通过NAVTEX岸台广播的信息都由一个独特的4位技术编码B1B2B3B4进行标识。利用这些编码,用户能够有选择性地接收特定信息。下面将介绍各个技术编码的具体含义。

(一)发射台识别符(B_1)

发射台的识别符(B_1)是指配给每个NAVTEX发射台的识别和标识符号。在NAVTEX业务中,用播发台标识符识别发射台,船台无线电人员可预置NAVTEX接收机,操作人员可通过对接收器进行编程,通过台标选择一个或多个发射台,获取所经海域的信息。

NAVTEX系统的每个发射台覆盖范围是400 n mile,如第十一区(XI)我国各岸台的识别字母分别为：香港岸台是L,三亚岸台是M,广州岸台是N,福州岸台是O,基隆(Keelong)和林园(Linyuan)岸台是P,上海岸台是Q,大连岸台是R。它们的分布和业务情况见表8-4。

表 8-4　中国部分 NAVTEX 播发台播发安排

发射台名称	发射台代码(B_1)	频率/kHz	地理位置	播发时间(UTC)
香港	L	518	22°13′N,114°15′E	0150 0550 0950 1350 1750 2150
三亚	M		18°14′N,109°30′E	0200 0600 1000 1400 1800 2200
广州	N		23°09′N,113°30′E	0210 0610 1010 1410 1810 2210
福州	O		26°00′N,119°26′E	0220 0620 1020 1420 1820 2220
基隆	P		25°08′N,121°45′E	0630 1430 2230
林园	P		22°29′N,120°25′E	0230 1030 1830
上海	Q		31°07′N,121°33′E	0240 0640 1040 1440 1840 2240
大连	R		38°52′N,121°31′E	0250 0650 1050 1450 1850 2250

注：台湾的林园(Linyuan)台是在基隆(Keelong)台的远程控制下工作的。

(二) 电文种类标识符(B_2)

NAVTEX 系统的信息是按种类的不同而予以播发的，使用电文标识符 B_2 标识不同种类的电文。目前，NAVTEX 系统提供 17 种不同类别的信息，GMDSS 操作员可以预先编程接收机来选择或拒绝某些类别的信息，实现信息的可控接收。内置微处理器确保接收到的 VITAL 信息(如遇险或紧急情况)总是被接收，操作员无法禁用或拒绝这些信息类别。如果需要，微处理器还可以阻止之前已经收到过的常规信息在随后的传输中重复打印。因此，进入某个 NAVTEX 发射站范围时，船舶可能会接收到许多之前为该地区广播过的信息。对于已经在发射范围内并曾经收到过相应信息的船舶，则不会再次打印。目前使用的 NAVTEX 电文种类标识符 B_2 见表 8-5。

表 8-5　NAVTEX 电文种类标识符 B_2

识别字符	信息类型
A	Navigational warnings：航行警告(包括移动钻井平台的移动)
B	Meteorological warning：气象警告
C	Ice reports：冰况报告
D	Search and rescue information：搜救信息，包括海盗和武装抢劫的警告

表8-5（续表）

识别字符	信息类型
E	Meteorological forecasts：气象预报
F	Pilot service messages：引航服务信息
G	AIS 信息
H	LORAN messages：LORAN 信息
I	Spare：备用
J	SATNAV messages：SATNAV 信息（即 GPS、北斗、伽利略或 GLONASS）
K	Other electronic NAVAID messages：其他电子 NAVAID 信息（与无线电导航服务有关的信息）
L	Navigational warnings：除字母 A 之外的航行警告（接收机不应拒绝）
V	Special services：特殊服务（由 IMO NAVTEX 委员会分配）
W	Special services：特殊服务（只用于美国，但目前没有使用）
X	Special services：特殊服务（由 IMO NAVTEX 委员会分配）
Y	Special services：特殊服务（由 IMO NAVTEX 委员会分配）
Z	No messages on hand：当前没有信息

在上述的电文种类标识符中，NAVTEX 接收机无法拒收电文种类标识为 A、B、D 和 L 的电文，而其他类别的信息可以根据需要进行选择或拒绝。需要注意的是，在某些地方 NAVTEX 报文编号前会出现 WZ 标识，用以表明沿海航行警告。

（三）电文编号（B_3B_4）

代码 B_3B_4 表示播发台的电文序列编号，NAVTEX 系统的电文编号与其他无线电航行警告系统的编号没有任何关系。若电文编号排到 99 号，应重新从 01 开始编号，但应避免使用仍然有效电文的编号。对于 $B_2=A$ 的航行警告种类的电文，若电文编号超出 99，可采用 $B_2=L$ 作为辅助性警告种类进行编号。

对电文编号 $B_3B_4=00$ 应严格控制使用。当 NAVTEX 接收机接收到 $B_3B_4=00$ 的电文时，必须接收并打印。$B_3B_4=00$ 的电文编号必须只用于极为重要的电文中，如播发初始遇险信息，其他普通信息和业务信息不得使用 $B_3B_4=00$ 的电文编号。

（四）NAVTEX 电文的优先等级

NAVTEX 新警告首次播发时间受到三种不同信息优先级的影响。这些优先级如下：
极其重要（VITAL）：立即广播，但需避免干扰正在进行的通信。
重要（IMPORTANT）：在频率未被使用的下一个空闲时间段播发。
日常（ROUTINE）：在下一个预定的播发时间段播发。
VITAL 和 IMPORTANT 警告通常需要在下一个预定的播放时间段内重复发布（如果

仍然有效)。为避免对预订服务造成不必要的干扰,指定 VITAL 优先级必须只在极其紧急的情况下使用,如某些遇险警报。分配到此优先级的信息应尽可能简短。

为了能够立即或提前广播 VITAL 等级的信息,应该将预定的定期广播间隔时间纳入定期发送周期。除了播发航行和气象警告之外,在遇险事件发生时使用 NAVTEX 提醒所有船舶是一种极其便捷和快速有效的方法。因此,它是 GMDSS 的极其重要的组成部分。所有 300 总吨以上搭载 GMDSS 设备的船舶,必须携带 NAVTEX 接收机,IMO 还强烈建议所有在 NAVTEX 服务范围内作业的小型船舶或渔船安装该接收设备。

(五) NAVTEX 电文结构

NAVTEX 电文有特定的格式,NAVTEX 发射台按规定的格式发送报文,船上的 NAVTEX 接收机按标准的格式打印接收到的报文。NAVTEX 电文的标准格式如图 8－6 所示。

ZCZC　　$B_1B_2B_3B_4$

(电文交发时间)

识别号 顺序号

正文

NNNN

图 8－6　NAVTEX 电文标准格式

ZCZC 是电文起始符,表示定相周期结束。$B_1B_2B_3B_4$ 是电文正文的技术编码,用于 NAVTEX 接收机对电文的识别。电文交发时间一般格式为:时、分、年、月、日或日、时、分、月、年,时间用 UTC 表示。例如:2023 年 6 月 12 日,15 时 18 分(UTC),则电文格式表示为 15:18UTC 2023－6－12 或 121518UTCJUN 2023。电文的顺序编号不同于 NAVTEX 电文编号 B_3B_4,一般为从 1 月 1 日起的年度顺序编号。NNNN 是电文结束符,表示电文结束样例见图 8－7。

```
ZCZC VA86
130750 UTC APR
WZ 282
DOVER STRAIT, EASTERN PART. SANDETTIE BANK.
1.SANDETTIE N BUOY, 51-18.4N 002-04.7E,
  UNLIT AND AIS INOPERATIVE.
2.CANCEL WZ 281(EA94)(VA85)
NNNN
```

图 8－7　NAVTEX 电文样例

NAVTEX 电文为了节省发送字符的数量,常见的字通常使用缩写,因此,船舶无线电操作人员必须注意平时积累,熟悉常见的词语缩写,以便正确理解电文,在 NAVTEX 电文中常见的缩写词汇总见表 8－6 和 8－7。

表 8-6　风力常见缩写

风向缩写	风向
N	北风/偏北风
NE	东风北/偏东北风
E	东风/偏东
SE	东南风/偏东南风
S	南风/偏南风
SW	西南风/偏西南风
W	西风/偏西
NW	西北风/偏西北风

表 8-7　其他缩写词语

缩写	词语	注释	缩写	词语	注释
BACK	Backing	转向后方	MOD	Moderate	中等的
BECMG	Becoming	变为	MOV	Moving/Move	移动
BLDN	Building	增强	NC	No change	无变化
CFRONT	Cold front	冷锋	NM	Nautical miles	海里
DECR	Decreasing	减弱	NOSIG	No significant change	无显著变化
DPN	Deepening	加深	NXT	Next	下一个
EXP	Expected	预期的	OCNL	Occasionally	偶尔的
FCST	Forecast	预报	O-FRONT	Occlusion Front	遮蔽锋
FLN	Filling	填补	POSS	Possible	可能的
FLW	Following	接着	PROB	Probability/Probable	可能性
FM	From	来自	QCKY	Quickly	快速的
FRQ	Frequent	频繁的	QSTNR	Quasi-stationary	准静止的
HPA	Hectopascal	百帕	QUAD	Quadrant	象限
HVY	Heavy	强烈的	RPDY	Rapidly	迅速的
IMPR	Improving/Improve	改善	SCT	Scattered	分散的
INCR	Increasing/Intensifying	增强	SEV	Severe	严重的
ENTSF	Enter state from	进入某种状态	SHWRS	Showers	阵雨
ISOL	Isolated	孤立的	SIG	Significant	显著的
KMH	Kilometres per hour	千米每小时	SLGT	Slight	轻微的
KT	Knots	海里每小时	SLWY	Slowly	缓慢的

表8-7(续表)

缩写	词语	注释	缩写	词语	注释
LAT/LONG	Latitude/Longitude	纬度/经度	STNR	Stationary	静止的
LOC	Locally	局部的	STRG	Strong	强的
MET	Meteorological	气象的	TEMPO	Temporarily/Temporary	暂时

第三节 Inmarsat 增强群呼系统

一、Inmarsat 增强群呼系统(SafetyNET)

IMO 增强群呼服务(Enhanced Group Call,EGC)是一种广播服务,用于向地理区域(通常为 NAV/METAREAS,或自定义区域,包括圆形、矩形或沿海区域)播发航行、气象和 SAR 相关信息。Inmarsat 通过 SafetyNET 实现 EGC 功能,是一种可在 A1、A2 和 A3 海区接收海上安全信息的远程 MSI 系统,通常用于 NAVTEX 服务不可用的区域。

SafetyNET 是一种基于卫星的国际自动接收型安全信息系统,用于向所有 Inmarsat GMDSS SES(包括 Inmarsat C、Mini C 和 Fleet Safety)播发海上安全信息、导航和气象警告、气象预报、搜救相关信息和其他紧急安全相关信息。信息提供者将其信息提交给 Inmarsat LES 以在定义的地理区域内广播,信息优先等级包括安全、紧急或遇险三个级别。所播发的信息将由相应的 Inmarsat SES 自动接收,这些船站主要包括信息预定区域内的船站或与预定区域相邻的区域内的船站。

这些消息将由 Inmarsat SES 自动接收并发送到预定的广播区域(如果船舶选择,则为相邻区域)。

为提升海上安全信息的播发能力,Inmarsat 于 2017 年推出了 SafetyNET Ⅱ系统,该系统是对原有 SafetyNET 系统的增强,为 MSI 提供者提供了一个用户友好的交互式网络界面。MSI 信息提供者通过访问该界面提交待发布的 MSI,并通过多个国际海事卫星组织网络(包括 Inmarsat C、Mini C 和 Fleet Safety)同时发送。SafetyNET Ⅱ具备以下新功能:加强信息调度、手动取消、创建信息报告、每个广播的监控以及 API 访问等。

岸上信息播发者可以定期重播某些消息,但在 SES 上这些消息只接收一次。在设置 EGC 接收器时,允许拒收某些信息,如冰区护航或海图更新数据等。然而,重要或强制性的信息,如岸对船遇险报警转发或气象警告和航行警告在设备设置中无法拒绝接收。

安全信息的播发分为计划性和非计划性两种。

计划性广播:通常海上安全信息(MSI)播发是按照特定的时间、地理区域或主题进行的,有关播发的详细安排可查阅相关航海出版物,如英版《无线电信号表》第五卷。

非计划性广播:遇险报警和气象警告等突发信息将根据需要进行广播,通常以不定期的形式发出。此类广播具有遇险或紧急情况的优先级,能够引发接收终端设备发出声光报警提示。

而遇险报警和气象警告则根据需要进行广播,不定期发布。这类广播具有遇险或紧急情况下的优先权,并会触发船舶终端的警报。

为确保 MSI 的正常接收,配备 Inmarsat SES 的船舶,起航前 GMDSS 操作员应:

(1) 确保 SES 已在卫星网络上注册;

(2) 输入需要接收海岸 MSI 区域的 MET/NAVAREA 代码;

(3) 确认电子定位系统(如 GNSS 接收器)连接正常;

(4) 在港口时开启 EGC 接收器以接收必要的 MSI。如在港期间,有关机构要求关闭 SES,导致不能在港及时接收 MSI 时,一旦回到海上,打开 SES 后,船队安全系统(Fleet Safety)可重新下载任何漏接的信息。

二、Inamrsat 救助网系统(RescueNET)

RescueNET 是一种新的关于海上搜救协调的安全服务,通过 Inmarsat Fleet Safety 在船到岸和岸到船方向提供快速、可靠和 IMO 批准的搜救通信。Inmarsat 批准的 RescueNET 用户可以使用以下服务:

(1) 接收 Fleet Safety 到 RescueNET 遇险报警(Fleet Safety 到 RescueNET);

(2) 向 Inmarsat C、Mini C 和 Inmarsat Fleet Safety SES 发送遇险转播(岸到船遇险报警);

(3) 通过 Inmarsat C、Mini C 和 Fleet Safety SES 向矩形或圆形区域播发搜救信息;

(4) 优先等级信息通信(船到岸和岸到船);

(5) RCC 信息查找工具;

(6) 船舶信息查找工具;

(7) 遇险船舶跟踪;

(8) 遇险对话(Distress Chat)。

第四节　铱星增强群呼系统

一、铱星 EGC 系统构成

在取得相关国际机构的技术认证后,铱星公司的全球卫星 EGC 系统——SafetyCast™,依据修订后的 1974 年 SOLAS 公约的规定,能够为航海船只提供包括航行警告、气象警告、气象预报、岸对船遇险警报及搜救信息在内的紧急信息服务。在信息传播能力方面,该系统支持灵活的寻址方式,能够向固定或任意自定义的地理区域发送信息,包括向那些未被国际 NAVTEX 服务覆盖的沿海警告区域发送海上安全信息(MSI)。铱星的 EGC 系统适用于多种类型的船舶,其系统架构详见图 8-8。

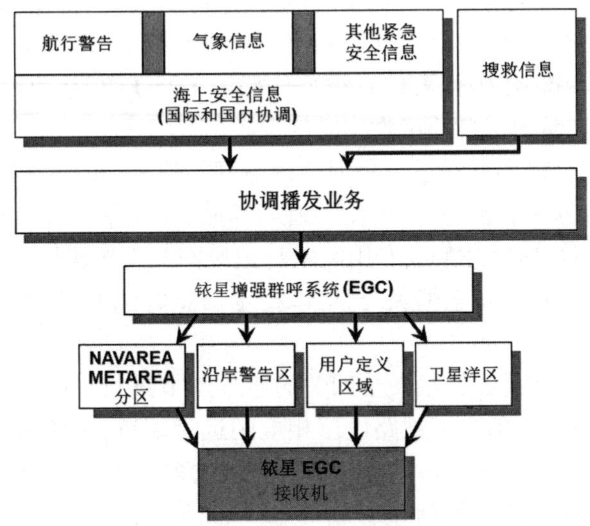

图 8－8　铱星 EGC 系统架构

铱星 EGC 系统具备向特定地理区域发送信息的能力，这包括固定区域，如 NAVAREA/METAREA 或海岸警报区域，以及用户自定义的区域（可以是圆形或矩形）。用户自定义的区域适用于那些不适宜向整个卫星海区或 NAVAREA/METAREA 内的所有船舶广播的信息，如局部大风警告或岸对船遇险报警等。系统的这一基本概念如图 8－9 所示。

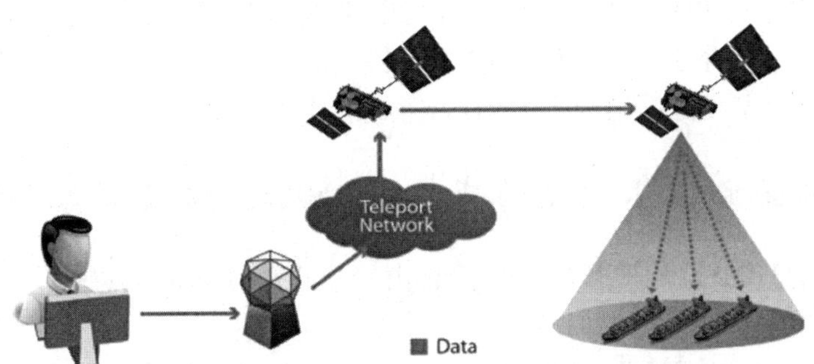

图 8－9　Iridium EGC 系统基本概念

铱星 EGC 系统的 MSI 信息由注册信息提供者通过铱星网关提交，并根据其优先级（遇险、紧急或安全）进行广播。在船舶上，经型号批准的铱星 GMDSS 海事移动终端负责接收这些信息。

二、铱星全球卫星 EGC 系统的特点

铱星全球卫星 EGC 系统的特点：其卫星网络覆盖全球所有通航水域，确保 EGC 信息的接收不受船舶所在洋区、大气条件或时间的限制。区域播发和区域呼叫功能专注于特定地理区域，而群呼或群播发则针对一组特定的船舶。

区域呼叫功能可精确指向预定义的地理区域，如 NAVAREA/METAREA 或沿岸警报

区,以及由 MSI 提供者设定的用户自定义区域。在这些区域内的所有接收机将自动接收区域呼叫。为了接收沿岸警报,EGC 接收机必须配置正确的 B1 和 B2 代码,其中 B1 代码代表定义区域的代码,B2 代码代表信息类型代码。一旦 EGC 接收机设置了与特定电文相关的唯一类别标识,船舶将自动接收相应的群呼信息。

铱星 MSI 注册信息提供者通过铱星卫星网络网关输入信息文本,并设定每条信息的发送特性。这些特性包括信息优先级、发送地理区域、发送频率,以及发送终止条件。注册信息提供者可以选择使用 VPN 或专用电路与铱星网关直接连接。通过这一接口,信息发送者在将信息发送至铱星安全网关时,可以指定信息的优先级、发送区域、发送频率和发送终止条件。

每条待发送的信息都会在铱星安全网关的服务器上进行排队,并安排合适的发送时间。在等待发送的过程中,信息会被路由至相应的远程端口,以便递送至卫星。随后,根据不同的地理区域,信息将从远程端口传输至一颗或多颗卫星进行分发。接着,卫星通过 L 波段信道将信息传送给铱星海事移动终端。若信息的注册信息提供商设定了信息重播条件,那么信息将在指定的地理区域内,按照预定的时间间隔进行重发。

每个 NAVAREA/METAREA 及沿海地区都划定了特定的地理区域。电文播发区域由一组地理坐标界定,这些坐标明确了发送区域的边界。每个 AVAREA/METAREA 的播发区域从各自的海岸线延伸至与相邻 NAVAREA/METAREA 的分界线外 300 n mile 处。这样的设计确保了位于某 NAVAREA/METAREA 之外 300 n mile 的海上移动终端能够预先接收到来自相邻区域的信息。

在船舶上,铱星 GMDSS 海事移动终端与电文显示终端、键盘、打印机和报警面板相连,后者负责对电文进行适当的过滤、记录、报警和显示。海事移动终端接收电文后,会将电文内容及其优先级传递给船上 GMDSS 系统的其他组件。

三、海上安全信息(MSI)或搜救(SAR)信息的发布

海上安全信息(MSI)和搜救(SAR)信息由经过正式注册的信息提供者发布。这些注册信息提供者包括:

(1) NAVAREA 区协调员,负责发布 NAVAREA 警报及其他紧急安全相关信息;

(2) 国家协调员,负责发布沿岸警报及其他紧急安全相关信息;

(3) METAREA 协调员,负责发布气象警报和预报;

(4) 搜救协调中心,提供岸对船遇险警报、搜救信息及其他紧急安全相关信息。

IMO 的最新规则,所有海区、分区和沿海警报以及气象、海区、分区警报和预报必须通过国际卫星通信服务以英文形式播发。除了规定的英文播发外,还可以使用国家卫星 EGC 服务以本国语言播发气象区域/海区、分区和沿岸警报。

依据 IMO 国际卫星 EGC 协调委员会的要求,海上安全信息(MSI)应在指定的时间进行定时发送。这些时间表会在国家航海出版物以及经修订的 IMO GMDSS 岸基设施总计划中公布。MSI 提供者应遵守这些公布的预定广播时间,以确保信息接收的便利性。

四、MSI 接收

船载铱星海事终端在接收 MSI 时具有以下特性：

一旦铱星终端接收到报文，它会记录下与该报文相关的唯一标识符。每一份 MSI 报文都包含一个特定的序列号，以防止打印出重复接收的相同报文。此外，铱星海事移动终端能够阻止打印之前已经接收过的报文。然而，它无法拒绝强制性的“所有船”格式信息，例如船舶所在区域的岸对船遇险报警。在接收到遇险或紧急信息时，终端还会触发声光报警。

沿海警报 B2 代码的含义如下：

A＝航行警告；

B＝气象警报；

C＝冰情报告；

D＝搜救信息和海盗行为警告；

E＝气象预报；

F＝驾驶员服务信息；

G＝自动识别系统；

H＝未使用；

I＝未使用；

J＝SATNAV 信息；

K＝其他导航信息；

L＝其他导航警告－B2 代码 A 的附加信息；

V、W、X、Y＝国际卫星 EGC 协调组分配的特殊服务；

Z＝当前无电文。

为确保在起航前获取所有必需的 MSI，建议船舶在港口停留期间持续运行海事移动终端。尽管 MSI 和搜救（SAR）信息的接收是自动的，但船员必须在航行启动前确保接收器设置正确。海事移动终端的位置信息由系统内置的导航设备自动更新。大多数铱星海事移动终端配备了集成的导航接收器，也可以通过独立的电子定位设备进行更新。

目前，Inmarsat 和 Iridium 卫星通信系统的增强群呼信道（EGC）正处于协调广播状态，相同的 MSI 将通过这两个系统向同一区域广播，以确保该区域内的所有船舶都能接收到完整的 MSI。Inmarsat SafetyNET Ⅱ和 Iridium SafetyCast EGC 在不同 NAVAREA 的广播时间表详见表 8－8。

表 8－8　EGC 播发时间表

NAVAREA	协调国	时间（UTC）
Ⅰ	英国	0530，1730
Ⅱ	法国	0430，1630
Ⅲ	西班牙	1200，2400

表8-8(续表)

NAVAREA	协调国	时间(UTC)
Ⅳ	美国	1000,2200
Ⅴ	巴西	0030,1230
Ⅵ	阿根廷	0200,1400
Ⅶ	南非	0940,1940
Ⅷ	印度	1000,2200
Ⅸ	巴基斯坦	0300,1500
Ⅹ	澳大利亚	0700,1900
Ⅺ	日本	0005,1205
Ⅻ	美国	1030,2230
XⅢ	俄罗斯	0930,2130
XⅣ	新西兰	0900,2100
XⅤ	智利	0210,1410
XⅥ	秘鲁	0500,1700
XⅦ	加拿大	1130,2330
XⅧ	加拿大	1100,2300
XⅨ	挪威	0630,1830
XX	俄罗斯	0530,1730
XXⅠ	俄罗斯	0630,1830

第五节　海上安全信息的其他业务

一、航行数据系统 NAVDAT(Navigational Data)

NAVDAT 是一个传输导航数据的系统，随着 GMDSS 现代化计划的推进，这一系统已在某些地区投入使用。该系统用于发布岸到船与海事安全和安保有关的信息。该系统虽然与 NAVTEX 相似，但它不会取代 NAVTEX。NAVDAT 比 NAVTEX 运行速度快 300 多倍，能够传输任何类型的文本、图形、图片、数据等，并且如果需要可以进行加密。

该系统将主要工作在以下两个频段上：

中频：500 kHz，最大范围约为 300 n mile。

高频：4226、6 337. 5、8 443、12 663. 5、16 909. 5 和 22 450. 5 kHz。理论上，高频

NAVDATA 传输范围是从几百到几千海里。然而,类似于高频传输,范围取决于频率选择和一天中的时间等因素。

NAVDAT 系统采用两种传输模式:时隙分配(类似于 NAVTEX 系统)和 SFN 模式,即单频网络模式,当发射器频率同步并传输相同的数据时使用。

NAVDAT 的信息类型包括但不限于以下内容:航行安全、安保信息、海盗行为、搜救、气象信息、港口引航信息、VTS 文件传输、电子海图更新数据。

NAVDAT 信息的发射类型主要包括以下 3 种:

一般性广播:发送给所有船。

选择性广播:发送给一组船或特定地理区域内的船。

专项广播:通过 MMSI 发送给单个船。

信息优先级方面,NAVDAT 的播发具备 3 个优先级:遇险、紧急和安全。

船舶设备方面,NAVDAT 接收器需要具备连续的 GNSS 输入和 1 个专用天线。它能够接收和解码中频频道(500 kHz)和主高频频道(4 226 kHz)。当超出 4 MHz 的范围时,该设备将扫描所有 6 个高频频道,每个频道持续时间为 500 ms。接收器可以自动检测调制模式并显示本地信息。NAVDAT 将与驾驶台设备(如 ECDIS 和雷达)互联并共享数据。未来,随着技术进步,NAVTEX 和 NAVDAT 可能会集成在同一个设备中。

二、紧急无线电示位标(EPIRB)

(一) 紧急无线电示位标(EPIRB)一般规定

EPIRB 的主要作用是帮助遇险单位在遇险情况下,通过卫星将遇险者的位置和识别信息发送给搜救协调中心(RCC)提高船舶的安全性,增大获救的概率。自 1993 年 8 月 1 日起,卫星 EPIRB 成为船舶必备的应急示位装置。EPIRB 操作简单,设计人性化程度高,能够非常方便地启动,因其报警信息有限,通常作为船舶在各海区的备用报警方式,为船舶和人员提供额外的安全保障。

在紧急情况下,EPIRB 可以手动或自动启动,并能向 COSPAS - SARSAT 卫星发射遇险报警,提供信标发送信息时刻的位置信息,以支持搜救行动快速展开。为了确保 EPIRB 的最佳性能和可靠性,IMO 规定,EPIRB 应采用自动漂浮式设计。自 2022 年 7 月 1 日起船舶开始实施 EPIRB 新的性能标准;同时,根据新的 SOLAS 公约规则 IV/15. 9 规定,每年必须对 406 MHz 卫星 EPIRB 进行年度测试。

根据新的性能标准 EPIRB 应当具备以下特点:

(1) 配备足够的保护措施,以防止误操作和意外启动;

(2) 确保电气部分在水下 10 m 能够保持水密至少 5 min,并充分考虑信标从安装位置至浸水过程中 45 ℃温度变化范围对信标的影响;

(3) 来自海洋环境不利影响、潮湿以及渗漏等有害因素不得降低信标的性能;

(4) 自动释放后,能够自动启动;

(5) 能够手动启动和关闭;

(6) 提供信号正在发射的指示方式;

(7) 在平静水面上能够保持正浮力,在任何海况下都应当有正稳性和足够的储备浮力;

(8) 能够确保从 20 m 高处落水而不受损;

(9) 可以在不使用卫星系统的情况下进行测试,以确保其正常工作;

(10) 具有鲜亮的黄色或橙色外观,并配备反光材料;

(11) 配备适当浮力系绳,用于落水后将 EPIRB 固定在救生艇或落水者身上(不可用作在存放位置将 EPIRB 固定在船体上),但应当特别注意防止 EPIRB 因系绳导致落水后不能自动释放或困在船体中;

(12) 配备低负荷环形灯(0.75 cd),可在黑暗中启动,可被人眼和所有类型的夜视设备监测到,以指示幸存者和搜救单位的位置;

(13) 具有不受海水或油类影响的特性;

(14) 可长时间暴露在阳光下而不老化或性能下降;

(15) 配备 121.5 MHz 的信标,用于飞机寻位;

(16) 提供用于定位的 GNSS 接收器,并具备关于 GNSS 接收器正常工作或故障的相关指示;

(17) 根据 ITU - R M.1371 建议书,可提供自动识别系统(AIS)定位信号。

此外,EPIRB 应该能够在极端的气候和环境下运行,其电池应具有支持 EPIRB 正常工作至少 48 h 的能力。

(二) COSPAS - SARSAT

COSPAS - SARSAT 是一个国际卫星辅助搜寻和救助系统,于 1982 年首次投入使用。它旨在定位所有类型的遇险信标。它为搜救机构提供遇险海事、航空和陆地用户的遇险报警和位置数据,所有用户免费使用。系统的工作频率为 406 MHz,它由空间段的卫星、地面部分的区域用户终端(LUT)和任务控制中心(MCC),以及用户的无线电示位标组成,是 GMDSS 的重要组成部分。使用低地球轨道和同步轨道卫星,探测 406 MHz 卫星示位标(EPIRB)发出的遇险报警信号并转发到区域用户终端(LUT)。从而为全球包括两极地区在内的海上、陆上和空中提供遇险报警、定位、识别及寻位服务,以使遇险者得到及时有效的救助。

尽管它在 GMDSS 中发挥着重要作用,但该系统并非专供海洋使用,它还可以服务于处理陆地、海上或空中搜救行动的任何 SAR 组织。

COSPAS - SARSAT 具有 3 种信标:

(1) 船舶使用的应急无线电示位信标(EPIRB);

(2) 飞机使用的紧急定位发射器(ELT);

(3) 用于各种陆地个人定位信标(PLB)。

激活后,信标会发送遇险信号和识别码,轨道卫星接收到该信号,然后将信号中继到称为本地用户终端(LUT)的地球站。LUT 将接收到的信号传递给任务控制中心(MCC),以确定信标的位置。MCC 然后通知 MRCC,从而使 SAR 操作得以实施。

（三）AIS - EPIRBS

随着 EPIRB 新标准于 2022 年 7 月 1 日开始生效。新安装的 EPIRB 必须符合国际电联的相关规定，这些规定主要包括：具备 AIS 频率、406 MHz 信道和 GNSS 设备。AIS - EPIRB 是一种能够通过 AIS VHF 频率发送报警的装置，由于增加 AIS 信息发送能力，可以向附近的船舶提供准确的位置信息，进一步提升获救的可能性。这类信标周围所有支持 AIS 的船舶驾驶台设备和独立的 AIS 接收器都可以接收 EPIRB ACTIVE 的 AIS 信号，从而提高 EPIRB 设备的搜救效率。

AIS - EPIRB 的性能标准和技术特性与 AIS - SART 基本相同，其在电子海图上的显示标志与显示信息也与 AIS - SART 相同。当屏幕显示 EPIRB ACTIVE 表示 EPIRB - AIS 处于工作模式；当屏幕显示 EPIRB TEST 表示 AIS - EPIRB 处于测试模式。需要注意的是，为了保护 AIS 所使用的 VHF 数据链路的完整性，AIS MOB 和 EPIRB - AIS 都不能被用于常规定位或非紧急情况下的人员追踪。

（四）EPIRB 操作模式

EPIRB 拥有 3 种不同的运行模式，每种模式分别使用不同的卫星系统。3 种模式均采用单频 406 MHz。

1. MEOSAR 系统

由中空地球轨道卫星构成，该系统共同使用了 GPS、GOLNAS 和伽利略全球定位系统的卫星。这些系统的卫星合起来，使得 MEOSAR 可用的卫星数量达到七十多个，实现全球服务覆盖。MEOSAR 系统 2021 年进入全面运行阶段，这一系统旨在最终取代 LESOSAR 系统。系统中的回传链路系统（RLS Return Link System）用于向用户返回收妥确认，可向用户表明，报警信息已经由岸基搜救中心收到，相关搜救计划正在实施。返回链路系统主要工作在伽利略卫星之上，已进入全面运营状态中。

中空地球轨道卫星的组合运营模式，可确保 EPIRB：

（1）提高准确性、及时性和可靠性；

（2）接近实时的报警探测能力；

（3）实现身份识别和准确定位；

（4）减少信标响应时间。

2. GEOSAR 系统

地球静止轨道卫星搜救系统使用的卫星为赤道上空的相对地球静止的卫星，可在这些卫星的服务区内提供即时的遇险报警服务。与 MEOSAR 系统不同，GEOSAR 系统无法确定 EPIRB 的位置，因此，为了使这一系统能够正常工作，EPIRB 需要向岸基搜救中心发送位置信息。若 EPIRB 无法发送位置信息，可借助 LEOSAR 的协助。另外，由于 GEOSAR 的卫星位于赤道上空，限制了它的纬度覆盖范围，使得 GEOSAR 系统覆盖范围不包括极地区域。

3. LEOSAR 系统

低空地球轨道搜救系统，即最初的 COSPAS - SARSAT EPIRB 系统。目前使用 5 颗极地轨道卫星完成全球覆盖。这些卫星可以测量 EPIRB 信标信号的多普勒频移，本地用户通过下载这些多普勒频移值，并结合卫星当时所在位置，可以通过计算确定 EPIRB 信标发射信号时的位置，最终能够把 EPIRB 信标的位置锁定在 2 km 的范围之内。但是，在将此类测量上传到卫星然后转发到 LUT 之前，可能会有长达一个小时或更长时间的延迟。

LEOSAR 系统使用两种模式来监测和定位 406 MHz 紧急遇险信标。

（1）本地模式。在这个系统中，所有信息处理都由 LEOLUT 执行。由于接收信标突发传输的卫星缺乏与中继器信道相关联的存储器，当卫星捕获到信号时，406 MHz 搜救中继器（SARR）会立即通过卫星下行链路将数据转发至 LUT，在此过程中卫星不对信号进行任何处理。因此，为确保报警流程的顺畅，发送遇险报警的信标与 LEOLUT 必须同时处于卫星的覆盖范围内。

（2）全球覆盖模式。当卫星接收到来自信标的遇险报警信号时，卫星将处理数据以确定每个遇险信标传输突发的标识、传输时间和接收频率。当卫星绕地球运行时，接收到的数据随后会重新广播到所有 LUT，这就是所谓的“倾倒”过程。使用这种方法，每个信标都可以由系统中的所有 LUT 定位。

GEOSAR 卫星在赤道提供广泛而可靠的覆盖，但在两极区域不能提供服务，LEOSAR 卫星可在极地地区提供覆盖服务。因此，这两个系统的功能相互补充。通过使用组合的 LEOSAR - GEOSAR 卫星，通过提供几乎即时的报警能力改进了整个系统。GEOSAR 卫星的中继器将从 406 MHz 信标接收的传输中继回地球，供 GEOLUT 处理。然后将所有相关信息转发给 MRCC，以评估后续行动。MEOSAR 系统能够提供全面的全球覆盖和即时报警能力。

（五）EPIRB 年度测试

根据 2019 年 6 月 14 日通过的 IMO MSC. 471 决议，EPIRB 年度测试应该使用合适的测试设备以执行指南中所要求的所有相关测量。最好在自检模式下检查所有电气参数。

对安装的 406 MHz 卫星 EPIRB 进行检查，应该包括：

（1）检查位置和安装是否可以实现漂浮脱离操作；

（2）确认牢固附着的吊绳是否处于良好状态，吊绳应整洁收放，不得系在船体或安装支架上；

（3）进行外观检查以查看有无缺陷；

（4）执行自检程序；

（5）检查 EPIRB 识别码（15 位十六进制 ID 和其他必要信息），确认其清晰标注在设备外部；

（6）从发射信号中解码 EPIRB 15 位十六进制识别数字（15 位十六进制 ID）和其他信息，检查解码的信息（15 位十六进制 ID 或 MMSI/呼号数据，根据管理机构要求）是否与信标上的识别号码相同；

（7）检查编码在信标中的 MMSI 号码是否与分配给船舶的 MMSI 号码相匹配；

（8）通过文档或与该国家代码相关联的联系点确认注册；

(9) 检查电池的有效期;

(10) 根据需要检查静水压力释放器及其到期日期;

(11) 使用自检模式或适当设备检查 406 MHz 频段的发射,以避免向卫星发送误导性紧急呼叫;

(12) 如可能,使用自检模式或适当设备检查 121.5 MHz 频率的发射,以避免向卫星发送误导性紧急呼叫;

(13) 确认 EPIRB 已经按照管理机构的要求通过认可的岸基维护提供商维护;

(14) 测试后,重新安装 EPIRB 在其支架上,同时注意安装过程是否误启动信号发射,并确认信标操作说明是否存在。

(六) EPIRB 维护和测试

EPIRB 应每年进行测试,按照常规测试和年度测试相关标准进行。所有代表船旗国进行检验的无线电检验机构必须具备适当类型的 EPIRB 测试仪,根据 IMO 最新规范进行测试,并提供打印版测试报告。

船舶应要求无线电检验员打印两份测试报告:一份保存在船舶档案中,以证明符合 IMO 要求的年度测试;另一份与安全无线电检验表一起保留,提交给船旗国。若测试发现故障时才采取行动,因 EPIRB 无法在船上维修,故障设备应直接更换。

所有 EPIRB 在船上使用 5 年后必须带上岸进行严格测试,包括水密性测试和在"法拉第屏蔽笼"中进行激活测试,确保工作正常。检测后,EPIRB 将被重新密封贴标。此外还需按规定周期更换电池。建议电池更换和 5 年测试同时进行,避免 EPIRB 多次上岸。这些测试是年度测试之外的额外测试。

三、AIS 人员落水设备(AIS - MOB)

目前,SOLAS 公约并未要求船舶配备 AIS - MOB。AIS - MOB 的作用是在有人落水需要紧急救助时,立即向周围船舶发送位置报告。该设备能够通过 AIS 雷达和/或电子海图设备向搜救船舶显示 MOB 的位置、航向和速度等信息。AIS - MOB 会在 AIS - 1 和 AIS - 2 频道上轮流发送 A 类位置报告和安全广播消息,作用半径为 4 n mile。通常用 6V 锂电池供电,并具有很好的防水效果。为了在恶劣的海况下最大限度地接收信号,该设备能够在一分钟内快速传输位置报告,从而即使 MOB 设备和幸存者漂移,搜救船舶也能始终知道其精确位置。为了能够在密集的船舶区域正常接收和发送 AIS - MOB 类信息,AIS 系统优化设计为能优先处理这类信息。

AIS - MOB 设备的识别号由以下组成:

972xxyyyy

其中:972 表明设备是 AIS - MOB 设备;xx 表示制造商;yyyy 表示 AIS - MOB 设备编码。

目前还没有记录这些 AIS - MOB 编号的数据库。接收到信号的船舶上显示的图标是一个带有十字的红色圆圈。

收到这种信号的船舶,不应发送 DSC 紧急报警转发。

如果需要进一步协助,船舶应通知相关 MRCC 或附近电台。

AIS－MOB不能与个人位置信标（PLB）混淆，后者为COSPAS－SARSAT EPIRB系统中运行在406 MHz的信标。

个人定位信标（PLB）是一种小型、轻便的设备，旨在报警搜救服务，以便在紧急情况下迅速确定遇险者的位置。它们可在陆地、海洋或空中使用406 MHz COSPAS－SARSAT报警频率发送相关编码信号。当接收到该警报时，通过本地用户终端（LUT）转发到最近的搜救协调中心（RCC）。PLB信号可在任何地点，包括极地地区被探测到。PLB使用GNSS接收器在几分钟内以不到62 m的精度指示其位置。

随后，搜救水面和空中救助服务可以使用121.5 MHz的寻呼信号来准确定位PLB的位置。它们还具备闪烁LED灯，有助于夜间位置定位。PLB电池寿命应不少于24 h，且防水深度可达约10 m。

2020年初，Orolia公司推出了世界上首个使用伽利略全球卫星导航系统（GNSS）的个人定位信标（PLB）。该系统使用新的快速查找返回链接，经COSPAS－SARSAT的SAR卫星全球网络传输用户的唯一ID和GNSS位置，然后利用伽利略的返回链接服务向用户设备发送返回信号。当接收到该返回信号时，PLB会提示已接收到原始报警并检测到其位置，使用户确信搜救机构已经了解其情况和位置，以提供救助保证。

四、搜救雷达应答器（SART）

（一）SART基本原理

SART是一种便携式示位设备，旨在定位遇险船舶或遇险船舶上人员的位置。IMO规定，所有300总吨以上的船舶均应配备该设备。当打开时，它将在接收到9 GHz雷达信号触发时向外发射信号，能够对来自5 n mile范围内的船舶的询问做出反应。受到触发后该设备能够发出声音和灯光闪烁报警，以便遇险人员知道救援船舶在近距离内。电池容量允许96 h的待机操作，即使在大浪中，SART也应能对询问的信号做出反应。

在GMDSS中，船舶遇险时可借助各种手段进行遇险报警。在报警时虽然已指出或测出遇险船舶的地理位置。但是，在报警时给出的船位由于受到定位精度等影响仅是粗略位置，一般来说都有相当的误差，并且由于海流、风向及其他因素影响，报警信息中指出的位置往往发生变化，因此它只能是一个参考值，最终找到幸存者还需搜救船舶或直升机做出相当艰苦的努力。海难发生时遇难船常处于恶劣的海况下，特别是在浓雾或黑夜里，依靠肉眼发现水中幸存者更为困难。为了能在救助现场尽快发现遇险目标，SART寻位是一种最有效的手段之一。

当SART被激活时，它产生一个扫频信号，显示在搜救船的雷达屏幕上。这是一条由大约12个等距的亮点（亮点之间相隔0.6 n mile）组成的线，从SART的位置沿其方位线向外延伸。这条亮点组成的线的总长度约为9.5 n mile。帮助搜救船舶定位和接近事故现场。

SART的确切位置就在第一个内测点上（即最接近雷达观测员的那个点）。当搜救船接近SART时（通常在1 n mile左右），雷达天线的旁瓣波导致雷达屏幕上的小点扩大成同心圆。在更近的距离，会出现同心圆，表明SART现在处于非常近的距离。通常，通过

降低雷达接收器的增益,可以恢复 SART 的亮线。

在 SART 上装有判别其工作情况的指示或音响装置。在 SART 收到救助雷达的触发信号后,它会发出声响信号,从而提示已有救助船或飞机到来。当距离较远时,只有在雷达天线指向 SART 时,才能周期地听到 SART 应答时发出的短促声音;当距离较近时,雷达的旁瓣信号也能触发应答器工作,因而逐渐变成连续的音响,这表明救助船或飞机已到达 SART 的附近。

SART 主要由天线、接收单元和发射单元及电池、电源等部分组成。它必须与雷达相配合才能实现寻位的目的。

(二) AIS - SART

从 2010 年 1 月 1 日起,GMDSS 要求船舶配置的示位设备可以是 AIS - SART 或雷达 SART。AIS - SART 通过使用标准 AIS A 类位置报告向外发送定时更新的位置信息,用于定位救生艇或遇险船舶。AIS - SART 的信息能够显示在所有 VHF 通信范围内启用 AIS 的设备上。该设备同时还具备每 4 min 发送一次安全文本信息的功能,文本为“来自 AIS SART 发送至接收范围内任何船舶”(AIS SART to any receiving craft within range)。

AIS - SART 能够从内置 GNSS 接收器中同步位置和时间信息,并每分钟向外广播一次。每次发送都有 8 个相同的位置报告组成,以提高至少有一个位置报告能够在波峰上发送的概率。

1. AIS - SART 的特点

(1) 传送的信息应能被 AIS - SART 接收范围内的救助单位识别和显示,并将 AIS - SART 与 AIS 设备的信息明确区分开来;

(2) 启动方便,并配备有防止无意中启动的保护措施;

(3) 配备有视觉和/或听觉指示功能,以指示正确的操作;

(4) 能够手动启动和停用,可以包括自动启动的规定;

(5) 能够经受住从 20 m 高处落入水中而不损坏,并能在 10 m 深的地方保持至少 5 min 的水密性,在特定的浸泡条件下,受到 45 ℃的热冲击时,能够保持水密性;

(6) 如果它不是救生艇的一个组成部分,应能够漂浮(不一定在操作位置),并配备适合用作系绳的浮力吊绳;

(7) 不受海水或油的过度影响;

(8) 长期暴露在阳光下不会变质;

(9) 表面上具有高度可见的黄色/橙色,以有助于被发现;

(10) 具有光滑的外部结构,以避免损坏救生艇,并提供适当的设施,能将 AIS - SART 天线升高到离海平面至少 1 m 高的地方;

(11) 能够以 1 min 或更短的报告间隔进行发射,并装备有内部位置数据源,并能在每个信息中传输其当前位置;

(12) 能够使用特定的测试信息对所有功能进行测试。

AIS - SART 应该有足够的电池容量,可以持续运行 96 h,并在水面 5 n mile 范围内能够被探测到。在激活后,它应在1 min内开始向外发射信号,并在定位系统的位置和时间同步丢失或无效时仍能继续传输。设备外部应该有简要的操作和测试说明,同时还应标注电池的有效期。

虽然这些设备可以以不同的方式安装,但通常应该垂直安装并尽可能高地安装,特别是在救生艇上。这样可以实现在此频率范围内的最大可能的传播范围。A级AIS-SART在船舶上的传输距离为7~10 n mile,对于空中AIS接收机,传输距离可以达到40 n mile。

2. AIS-SART信号的接收

由于许多AIS发射机不符合AIS-SART标准,因此船舶接收AIS-SART信号因设备不同而不同。但是,不符合标准的AIS接收机仍然可以接收到这些信号,并能够在ECS/ECDIS等设备上显示。非AIS-SART兼容的AIS发射机上的接收将显示为:船名为空、MMSI、距离、方位、位置。

在未符合AIS-SART标准的电子海图(ECS/ECDIS)上接收到信号时,将以船舶的形式显示,并显示文本信息SART ACTIVE。

在符合AIS-SART标准的AIS接收机上接收到信号时,将会显示以下信息:在船名位置显示"SART ACTIVE"、距离、方位、MMSI、"MMSI(970xxxxxx)SART ACTIVE"。

在符合AIS-SART标准的电子海图(ECS/ECDIS)上,当接收到AIS-SART TEST或ACTIVE信号时,海图将显示正确的标识符号:一个红色圆圈内嵌红色十字。此外,还会显示文本消息"MMSI (970xxxxxx) SART ACTIVE"。

(三)SART的测试和检查

船上每个SART通常需要至少每月进行一次测试,使用内置测试功能即可进行测试。但有些船旗国可能会要求不同的测试间隔。测试应该按照制造商的说明进行,如果测试失败,需要记录故障原因并在GMDSS日志中记录。此外,还需要检查设备的安全性和是否有任何损坏迹象。另外,电池到期日期也是重要的检查项目,在电池到期前更换电池。

测试和检查的结果应该记录在GMDSS日志中。需要注意的是,SART在测试时,在本船的3 cm雷达上,可能会检测到SART测试信号。如果船舶在其SART信号传播范围内,操作员需要特别谨慎。

SART测试和检查的基本要求如下:

(1)外观检查:检查外壳卡环是否松脱,外观是否完好无损。

(2)每月进行一次检查和测试,但要注意不要使SART长时间启动,一般测试时间不得连续超过10 s,以免对其他船雷达或AIS造成干扰或虚警。

(3)要定期更换电池,并在表面标记电池有效期,安装在AIS搜救应答器内的锂电池更换周期为5年。

(4)应尽可能保持SART的清洁,防止受异物侵蚀。

(5)要保持SART表面各种记录标记的清晰。

思考题 > > > > > > > > >

1. 简述海上安全信息的类型。
2. 简述 SOLAS 公约对船舶接收 MSI 的要求。
3. 简述船舶接收 MSI 的主要方式及特点。
4. 简述 MSI 播发的优先级。
5. 何为全球航行警告业务。
6. 简述 NAVTEX 系统的技术编码的含义。
7. 简述技术编码 B_2 为 A B D L 的报文类型。
8. 简要介绍技术编码的 B_3B_4 编码规则。
9. 简述 NAVTEX 电文的优先等级。
10. 简述 Inmarsat 增强群呼系统的构成及特征。
11. 简述 MSI 播发和接收的有关规定。
12. 简述航行数据系统的工作频率和信息传输模式。
13. 简述 NAVDAT 信息的发射类型。
14. 简述 COSPAS－SARSAT 具有信标类型。
15. 简述 EPIRB 新标准的规定。
16. 简述 EPIRB 运行模式及特点。
17. 简述 EPIRB 维护和测试要求。
18. 简述 AIS－SART 的性能。
19. 简述接收到的 AIS－SART 信号的特征。
20. 简述 SART 测试和检查的基本要求。

第九章　遇险、紧急和安全通信

第一节　遇险报警与通信

GMDSS 遇险、紧急和安全通信应当遵循既定的操作规范，确保这些信息能够抵达预定的范围和接收方。

一、一般操作程序

GMDSS 遇险操作程序包括两个阶段：遇险报警和遇险通信。

遇险报警：遇险发生后，应首先向水上移动电台、海岸电台或海岸地球站发送遇险报警，通知外界遇险事件的发生。

遇险通信：使用无线电话、卫星通信设备、无线电传发送关于险情的详细信息。

遇险操作程序的两个阶段既适用于地面通信系统，也适用于卫星通信系统。遇险报警发送可以采用以下方式：

（1）使用具有遇险和安全通信等级的卫星系统发送；

（2）使用 MF、HF 或 VHF DSC 发送；

（3）通过无线电话使用 MF、HF 或 VHF 波段的遇险安全通信频率发送。

在使用无线电话发送遇险、紧急和安全报警时，应特别注意语言的清晰准确，语速尽可能镇定和缓慢，在存在语言困难的情况下，可使用国际信号代码(the International Code of Signals)，包括缩写和音标字母表。当接收到 DSC 报警时，电台必须立即停止任何可能干扰遇险通信的无线电发射。

发出遇险报警时，无论采用何种方式，操作员都要事先得到船长或者船舶负责人的批准。因此，在发送遇险报警前，GMDSS 操作员必须收到来自船长或者船舶负责人的正式指令。这一规则同样适用于遇险转播情况。

二、遇险报警

遇险报警是指将遇险情况迅速而有效地通知给能够协调救助行动的当局(通常为 RCC，参见附录 9、12)的过程。发送遇险报警表明一个移动单元(船舶或飞机)或一个人正面临遇险或紧迫危险，需要马上获得救助。

一般来说，遇险事件分为以下两大类。

沿海遇险事件：当遇险事件发生在沿海时，可使用的救助力量包括船舶、飞机、直升

机和岸上救生设施。

远洋遇险事件：此时，距离陆地可能很远，可能仅有船舶和远程飞机可供协助，在一些较偏远的海域，可能只有船舶可协助。

遇险单位在发出报警时，必须提供自己的身份识别和位置坐标，这是搜救指挥和协调的基本依据。此外，遇险单位还应尽可能提供自己的航向、航速以及这些数据对应的时间，这些信息对于水上搜救至关重要。如果可能，遇险单位还应明确遇险原因、需要何种援助以及其他有利于搜救的情况，以便初始报警更加完整。

海上报警包括船对岸报警和船对船报警两种方式。

（一）船对岸的报警

船对岸的报警是船舶使用卫星船站（SES）、EPIRB 或地面通信系统中工作在 MF、HF 或 VHF 频段的 DSC 向海上搜救协调中心（Maritime Rescue Coordination Centres，MRCC）发送的报警。报警路由分别为：

SES 或 EPIRB→LES→MRCC；

DSC→海岸电台→MRCC。

（二）船对船的报警

船对船的报警是遇险船使用 MF/VHF DSC 向其周围船舶发送的报警。

大多数现代船舶电台在收到 DSC 遇险报警的确认后，会自动将发射机/接收机切换到正确的无线电话（RT）频率或信道。以方便后续遇险通信的进行。RT 遇险呼叫和信息应该按照下面建议的格式正确发送。需要注意的是，DSC 遇险报警将每隔约 4 min 自动重复一次，直到设备收到确认或手动关闭为止。

（三）遇险信号的格式

1. 无线电话遇险信号

在无线电话遇险通信中，遇险信号的标识语为国际遇险信号 MAYDAY。源自法语的 m'aider，意思是“帮助我”。在无线电通话中，MAYDAY 的发音也类似于法语的 m'aider。为了方便使用，不管什么语言，都可以像 2 个英文单词 may 和 day 一样发音。

无线电话遇险呼叫格式：

——遇险信号 MAYDAY，重复 3 遍；

——我是……；

——船名，重复 3 遍；

——呼号或船舶其他识别信息；

——MMSI（如果最初的报警是通过 DSC 发送的）。

英文格式为：

——The distress signal MAYDAY, spoken three times;

——The words THIS IS OR DE;

——The name of the vessel spoken three times;

——The call sign or other identification of the station; and

——The MMSI.

例如:

——MAYDAY,MAYDAY,MAYDAY;

——THIS IS;

——YUFENG,YUFENG,YUFENG;

——CALL SIGN BPQX;

——MMSI 412326293;

2. 无线电话遇险信息格式

紧随遇险呼叫,遇险信息按照下列格式发送:

——MAYDAY;

——This is 或 DE;

——船舶的呼号或其他标识;

——MMSI(如果最初的报警是通过 DSC 发送的);

——船舶的经纬度位置,如果不知道经纬度或时间不充分,则为与已知地理位置有关的位置;

——遇险的性质;

——所需援助的类型;

——任何其他可能有利于搜救的信息;

——收到请回答。

英文格式为:

——MAYDAY;

——Call sign or other identification of the ship;

——The MMSI(if the initial alert has been sent by DSC);

——The ship's position in latitude and longitude, or if latitude and longitude are not known or if time is insufficient, position in relation to a known geographical location;

——The nature of the distress;

——The type of assistance required; and

——Any other information which might facilitate the rescue;

——Over.

例如:

——MAYDAY;

——YUFENG;

——CALL SIGN BPQX;

——MMSI 412326293；
——26°21′ NORTH 133°34′ EAST；
——ON FIRE AND DRIFTING；
——REQUIRE IMMEDIATE FIREFIGHTING ASSISTANCE；
——WIND NORTHWESTERLY FORCE 6；
——OVER。

（四）岸对船遇险报警转发（Distress Alert Relay）

收到遇险报警的海岸电台或 MRCC 将启动岸对船的遇险转发，遇险转发通常通过地面通信系统或卫星通信系统发送给所有船舶、选定的一组船舶、单船。在遇险转发信息中必须包含遇险船舶的船名、呼号、MMSI 等识别信息，以及位置、时间等任何有助于搜救的其他信息。

（五）船舶对遇险报警的转发

当非遇险船舶得知移动单位（如船舶）处于遇险状态时，如收到无线电遇险呼叫或直接看到时，应当尽快发送遇险报警转发（Distress Alert Relay）。这种转发行为是代替遇险单位发送的报警，并不是表明报警发送方处于遇险状态，但是，遇险报警的转发应当谨慎，在满足下列条件时才可发送：

（1）收到的遇险报警在 5 min 内没有海岸电台或其他船舶的确认时；

（2）在得知遇险的移动单位因其他原因无法或不能进行遇险通信时。

针对以上两种情况之一，若船长或船舶负责人认为有必要进一步协助时，才可以发送遇险转发。

发送遇险报警转发或遇险呼叫转发的电台应表明其本身没有遇险。

通过 DSC 发送的遇险报警转发应使用目前国际电联建议的呼叫格式，并发给某一海岸电台或 MRCC。当收到遇险船舶通过数字选择性呼叫发出的遇险报警后，船舶不得在 VHF 或 MF 遇险频率上通过 DSC 向所有船舶发送遇险报警转发。进行遇险转发的船舶应确保海岸电台或 MRCC 已完整接收并确认遇险通信的详细信息。

当岸台值守无线电话的有关遇险安全频率时，也可以使用无线电话方式发送遇险呼叫转发。通过电话方式直接交换有关本船收到的所有遇险信息。

无线电话遇险转发格式为：

——遇险转发，重复 3 次；
——所有台或某个海岸电台名称，重复 3 次；
——我是；
——进行遇险转发的船舶的船名，重复 3 次；
——转发台的 MMSI（若初始转发报警通过 DSC 进行）。

例如：

——MAYDAY RELAY，MAYDAY RELAY，MAYDAY RELAY；

——ALL STATIONS, ALL STATIONS, ALL STATIONS;
——THIS IS;
——YUMING, YUMING, YUMING;
——CALL SIGN BFTR;
——MMSI 412326985。

完成上述遇险转发呼叫后，紧接其后，进行遇险船舶遇险信息的发送，完整的遇险转发呼叫如下：

——MAYDAY RELAY, MAYDAY RELAY, MAYDAY RELAY;
——ALL STATIONS, ALL STATIONS, ALL STATIONS;
——THIS IS;
——YUMING, YUMING, YUMING;
——CALL SIGN BFTR;
——MMSI 4123269853;
——MAYDAY;
——YUFENG;
——CALL SIGN BPQX;
——MMSI 4123262931;
——26°21′ NORTH 133°34′EAST;
——ON FIRE AND DRIFTING;
——REQUIRE IMMEDIATE FIREFIGHTING ASSISTANCE;
——WIND NORTHWESTERLY FORCE 6;
——OVER。

如果不能确定遇险单位的识别信息，在遇险信息中，可以使用“身份不明的渔船”(unidentified fishing vessel)或“身份不明的船舶”(unidentified ship/craft)代替具体的船名识别信息。这样可以避免混淆或误导其他搜救单位。

若岸台未进行遇险电话频率值守或建立无线电话通信存在困难时，可使用 DSC 发送遇险转发，直接发送给某个海岸电台或 MRCC。在持续无法联系到海岸电台或 MRCC 的情况下，也可以通过无线电话向所有船舶或某一地理区域内的所有船舶进行遇险转发。这样可以扩大搜集范围和效率。

（六）遇险报警收妥确认

对遇险报警或遇险转发的收妥确认，应当采用与报警相同的传输方式发送，例如，如果通过 DSC 方式收到遇险报警，就应当使用 DSC 在相应的频率上回复确认，并且确认发送方应当在规定的时间内完成确认。

1. 卫星通信业务中的确认

从 SES 收到遇险报警后，陆地地球站必须立即发送收妥确认，并采取适当措施将信息转发给 MRCC。

2. DSC 的确认

在地面通信系统中,对 DSC 发出的遇险报警,应当按照相关建议要求进行收妥确认。根据具体情况,这种确认可以采用 DSC 或无线电话方式发送。确认使用的遇险和安全频率的波段应当与收到遇险报警频率的波段相同。通过 DSC 对海上移动电台的遇险报警确认,应当发送给“所有船舶”。

(七)船舶收到遇险报警的行动

收到 DSC 遇险报警或遇险呼叫的船舶应立即通知船长或负责人,并了解遇险报警的具体内容。

在通信信号良好的地区,收到 DSC 遇险报警的船舶一般不需要通过 DSC 回复确认。通常情况下,只有海岸电台或 MRCC 才能对 DSC 遇险报警进行确认。根据国际法规,虽然船舶有义务确认接收到遇险报警,但这种确认一般是通过无线电电话(RT)来完成的。

如果收到他船发出的 DSC 遇险报警,并且所在区域内有一个或多个海岸电台覆盖,那么应稍微延迟一会儿再用 RT 回复确认,以便让海岸电台有机会先行确认 DSC 遇险报警。

如果在 VHF CH 16 接收到遇险呼叫,但 5 min 内没有任何确认,那么应尽可能通过其他方式将信息转发给海岸电台、MRCC 或 LES。

在任何情况下,如果收到距离遇险时间较远的 HF DSC 遇险报警,则不回复 DSC 遇险报警,而应立即值守 HF 无线电话遇险安全频率至少 5 min。如果在这 5 min 内没有听到海岸电台的回复,也没有听到遇险者和海岸电台之间的无线电话通信,则可以向适当的海岸电台或卫星地面站发送 DISTRESS RELAY,并告知收到的 DSC 报警详情。

1. 电话和 LES 的确认格式

(1) 电话确认。收到遇险船舶发送的遇险信息后,遇险报警确认应当通过船舶电台或卫星船站以标准的格式发送,格式如下:

——遇险信号 MAYDAY;

——遇险船舶的船名、呼号或 MMSI;

——THIS IS;

——确认船舶的船名、呼号或其他识别;

——RECEIVED;

——遇险信号 MAYDAY。

例如:

——MAYDAY;

——YUFENG,BPQX(call sign) or 412326293 (MMSI);

——THIS IS;

——YUMING;

——RECEIVED MAYDAY;

——OVER。

遇险转发的确认格式与遇险报警的确认格式相同。

（2）LES 确认格式。电传的标准确认格式如下：

——遇险信号 MAYDAY；
——遇险船舶的船名、呼号或 MMSI；
——THIS IS（或 DE）；
——确认船舶的船名、呼号或其他识别；
——RRR；
——遇险信号 MAYDAY。

例如：

——MAYDAY；
——BPQX；
——DE；
——BFTR；
——RRR MAYDAY。

2. 海岸电台或卫星地面站对遇险报警的确认

（1）卫星通信业务。卫星地面站收到 SES 发送的遇险报警后，应当立即通过海岸电台或卫星地面站对遇险报警确认，并立即将遇险报警通知与其相连的 MRCC。必要的情况下，或当时险情需要进一步的协助时，也可以进一步发送岸对船的遇险报警或遇险转播。

（2）DSC 确认。当海岸电台收到 DSC 遇险报警后，应当在同一频率上向遇险船舶及其他船只发送确认信息。确认信息中应当包含遇险船舶的身份识别等相关信息。

3. 船舶电台或卫星船站对遇险报警的确认

收到遇险报警的船舶或 SES 应尽快将遇险报警的内容通知船长或负责该船舶的人员。

（1）在与一个或多个海岸电台可靠通信的区域内，收到遇险报警的船舶电台应推迟一段时间后再确认收悉。这样可以让海岸电台先确认。

（2）收到在 VHF CH 16 发出的遇险呼叫的船舶电台，若该呼叫在 5 min 内没有得到海岸电台或其他船只的确认，应向遇险船只确认收悉，并利用任何可用手段将遇险呼叫转发给适当的海岸电台或 LES。

（3）船舶在与海岸电台不能可靠通信的区域内，收到毫无疑问是在其附近的其他船舶发出的遇险报警时，装备适当设备的船舶应尽快确认收到遇险报警，并通过海岸电台或 LES 通知 MRCC。对遇险报警的确认，应当使用与收到遇险报警的频率同频段的遇险和安全无线电话频率。

然而，为了避免不必要的通信响应，当距离事故地点较远且在 HF 频段收到遇险报警时，船舶应当做好遇险通信的准备，不得对其进行确认。但是，如果在 5 min 内没有得到海岸电台对遇险报警的确认，则接收方必须将该报警转发给适当的岸台或 LES。

船台在根据（1）和（2）段确认 DSC 发送的遇险报警时，应当：

优先使用与收到 DSC 遇险报警频率同频段的无线电话遇险和安全频率上发送确认，发送的时候应当遵守已做出相应的海岸电台的任何指示。

如果在 MF 和 VHF 频段上无线电话确认不成功，可以考虑使用 DSC 呼叫进行确认。

除非海岸电台或海事搜救协调中心另有指示，若出现以下 3 种情况，船站可能需要使用 DSC 发送确认：

· 未收到海岸电台发出的 DSC 确认；

· 未监听到遇险船舶通过无线电话或 NBDP 的其他通信；

· 已超过 5 min，而 DSC 的遇险报警仍在重复。

实践中，收到岸对船遇险报警转播或遇险呼叫转播的船台应按指示建立通信，并提供所需和适当的援助。

（八）遇险通信准备

收到 DSC 遇险报警后，船舶电台和海岸电台必须在与收到遇险报警的频率相同的频段上值守无线电话遇险和安全频率。例如，如果 DSC 遇险报警是在 2 187.5 kHz 上发送的，那么必须在 RT 遇险频率 2 182 kHz 上保持收听。如果 DSC 报警是在 6 312 kHz 上发送的，接收电台需在 6 215 kHz 上保持收听。请参阅附录 1 关于 GMDSS 遇险和安全频率表。

（九）遇险通信

遇险通信是指与遇险船舶所需的直接援助有关的所有信息。它还包括搜救（SAR）通信和现场通信，所有的遇险通信应尽可能在每个频段的遇险和安全专用频率上进行。

进行无线电话遇险通信时，在发送所有信息之前必须使用无线电话遇险信号 MAYDAY。这样可以表明当前正在进行遇险性质的通话。

由于卫星通信链路可能被常规通信占用，海上搜救协调中心（MRCC）在联系遇险船舶时可能会遇到困难。因此，在遇险或参与搜救行动时，船长应终止船上的所有非紧急通信，并向海上搜救协调中心提供一切协助，以保证通信畅通。

（十）强制静默

MRCC 不仅负责控制和协调搜救行动，还负责处理遇险事件的通信。如果需要，MRCC 也可以指定另一电台来协助遇险通信。

为了防止干扰遇险通信，协调遇险通信的 MRCC、搜救作业单位或有关岸台可以对其他电台实施强制静默。这个指示可以针对所有电台或某一特定电台发出，具体方法如下：

（1）在无线电话中，使用 SEELONCE MAYDAY 信号，读作法语的 silence m'aider。

（2）在 NBDP 中，常用 FEC 方式并发送 SILENCE MAYDAY 信号，若使用 ARQ 方式更有利时，也可使用 ARQ 方式，2028 年 1 月 1 日后 NBDP 不作为遇险通信方式使用。

除非收到恢复正常工作的指示，否则所有知道遇险通信但没有参与遇险通信的电台都应禁止在同一频率上发射。在不影响遇险通信的前提下，已经建立遇险通信的移动电台可以继续其他正常通信业务。

（十一）正常通信的恢复

如遇险通信在遇险通信的频率上已停止，控制搜救作业的 MRCC 应在该遇险通信频率上发送表示遇险通信已结束的通知。

（1）使用无线电话通信时，恢复正常通信的通知格式如下：

——MAYDAY；
——Hello all stations 或 CQ（读作 CHARLIE QUEBEC），3 次；
——This is（语言困难时用 DE，读作 DELTA ECHO）；
——发送该通知的电台名称、呼号或其他识别，3 次；
——交发该通知的时间；
——遇险移动台的名称和呼号；
——SEELONCE FEENEE，读作法语的 silence fini。

（2）使用 NBDP 通信时，恢复正常通信的通知电文格式如下：

——“回车”（至少一个）、“换行”和“字母转换”信号；
——MAYDAY；
——“回车”；
——CQ；
——DE 或“This is”；
——发送该通知的电台名称、呼号或其他识别；
——交发该通知的时间；
——遇险移动台的名称和呼号；
——SILENCE FINI。

例如：

——MAYDAY；
——CQ DE XSG；
——1536 UTC YUFENG/BPQX；
——SILENCE FINI。

注意：2028 年 1 月 1 日后 NBDP 不作为遇险通信方式使用。

三、IMO 船舶遇险操作指南

为指导船舶正确使用 GMDSS 设备在紧急情况下快速有效使用设备，IMO 分别于 1992 年和 2022 年 6 月发布了《遇险船舶船长操作 GMDSS 设备指南》，最新版本为 2022 年版，并于 2024 年 1 月 1 日正式生效，取代原版本，由于 GMDSS 现代化计划的实施，导致 GMDSS 设备的种类和通信方式发生了一定的修订，因此，船舶应当注意更新和使用新版指南。该指南通常在驾驶台以 A4 纸打印和张贴在显著和方便的位置。指南以红色、橙

色和黄色标注了通信的紧迫程度,同时配备了遇险通信时使用的频率,极大方便了遇险时的通信。指南见图 9－1。

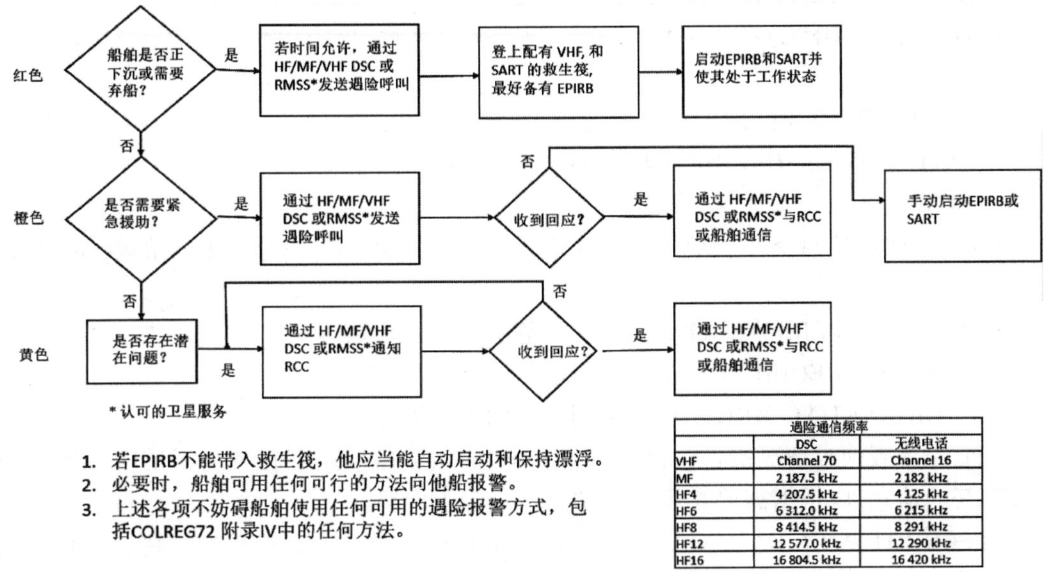

遇险通信频率		
	DSC	无线电话
VHF	Channel 70	Channel 16
MF	2 187.5 kHz	2 182 kHz
HF4	4 207.5 kHz	4 125 kHz
HF6	6 312.0 kHz	6 215 kHz
HF8	8 414.5 kHz	8 291 kHz
HF12	12 577.0 kHz	12 290 kHz
HF16	16 804.5 kHz	16 420 kHz

图 9－1 IMO 遇险船船长操作 GMDSS 设备指南

四、现场通信(On-Scene Communication)

现场通信是指遇险单位与参与搜救的移动单位之间,以及移动单位和搜救行动协调单位之间的通信。通常由现场协调员(OSC)负责控制现场通信并选择或指定使用的频率。在没有指定 OSC 之前,第一个到达现场的救援单位应自动担任 OSC 的角色。在遇险和搜救情况下,现场协调员(OSC)肩负着重要的责任。他们不仅要协调搜救行动,还要负责现场通信,并确保搜救行动安全有效地进行。OSC 必须与搜救任务协调员(SMC)保持密切沟通,并通过定期发送情况报告(SITREPs)向 SMC 汇报事态发展。此外,OSC 还要对事件中发生的各种情况进行详细记录。为了让现场的所有移动台都能共享有关遇险事件的信息,所有的通信必须使用单工发射模式。如果使用 NBDP,应采用 FEC 模式。

利用无线电话进行现场通信时,建议使用遇险频率 2 182 kHz 和 VHF CH 16,并且用单工发射。

无线电传(NBDP)使用的遇险频率 2 174. 5 kHz 可作为船对船的现场通信频率。在使用 NBDP 进行现场通信时,应采用 NBDP 的前向纠错方式(FEC)。

船舶与航空器之间现场通信除了可以使用 VHF CH 16 和 2 182 kHz 外,还可以使用 3 023 kHz、4 125 kHz、5 680 kHz、123. 1 MHz 和 VHF CH 6。

1. 搜救情况报告(SITREPS)

SITREPS 应包括标准的简明版(short-form)或完整版(full-form)两种类型。

(1) 简明版搜救情况报告(short-form SITREPS)。简明版用于在请求援助时传递遇险事件的基本情况，或提供关于伤亡的快速通知。包括如下内容：

TRANSMISSION PRIORITY（遇险或紧急）；

DATE AND TIME（UTC 或地方时间）；

FROM（来自 MRCC）；

TO；

SAR SITREP（编号）（用于指明遇险报告序列关系）；

IDENTITY OF CASUALTY（名称、呼号、国家、MMSI）；

POSITION（纬度/经度）；

SITUATION（信息类型，遇险或紧急状况，日期/时间，遇险/紧急状况的性质，如火灾、碰撞、医疗）；

NUMBER OF PERSONS AT RISK（处于危险中的人员数量）；

ASSISTANCE REQUIRED（需要的援助）；

CO－ORDINATING MRCC（负责协调工作的 MRCC）。

（2）完整版搜救情况报告（full-form SITREPS）。完整版用于在搜救行动中传递详细的或更新的信息，应根据需要在简表基础上增加以下内容：

DESCRIPTION OF CASUALTY（事件实况描述、船东/承租人、载运的货物、航向信息、携带的救生设备等）；

WEATHER ON－SCENE（风、海况、大气/海水温度、能见度、云、气压等）。

简明版 SITREPS 概述遇险事件的基本情况，包括发生时间、信息通信等级、遇险单位、位置、事故类型和危险人数。完整版 SITREPS 还提供了其他细节，如天气状况、岸上应对措施、搜寻范围和救援相关信息。

2. 定位和寻位

定位信号是用来协助寻找遇险单位或幸存者的位置的信号。信号可以通过以下方式发送：

遇险船舶；

救生筏；

EPIRB；

SART；

搜救单位。

定位信号使用的频率主要包括以下几种：117.975～137 MHz、156～174 MHz（VHF）、406～406.1 MHz、9 200～9 500 MHz（X-band radar）。

寻位信号由遇险单位或救生艇/筏发出，为搜救单位提供引导，用于确定发射站的方位，协助寻找位置。

3. 遇险、紧急和安全通信的费用

为了提高海上安全水平，国际海事卫星组织理事会于 1992 年 1 月规定了遇险和安全呼叫的类型，并免收这些类型的海上通信的卫星使用费。该规定自 1992 年 1 月 1 日起实施，比 GMDSS 早一个月实施。船对岸的遇险和安全通信包括：①遇险报警；②搜救协调通信，指初始报警后的后续通信，需通过代码 39（海上援助）向相关搜救协调中心发送；

③紧急航行/气象警告,指通过代码42(航行危险和警告)以电传方式报告的有关信息;④严重和紧急的医疗援助,指通过代码38(医疗援助)以语音或电传方式向国家海事主管机关认可的机构发送的有关信息。

具体来讲,在船舶移动业务中,以下类型的通信免收任何费用:

(1) 遇险呼叫/通信及其回复;

(2) 需要岸上搜救机构支持的信息,如人员落水、油污染或海盗袭击等;

(3) 通知航行危险(如冰山、漂浮物、水雷等)或气象灾害(如气旋、风暴或大雾等)的信息;

(4) 通知浮标位置变化、灯塔工作情况、与浮标相关装置等信息;

(5) 通知影响空中航行的异常现象或机场或海上特殊登陆/停泊地点出现障碍物等信息;

(6) 任何陆地站和固定电话发出或接收的遇险和安全通信费用都由有关当局承担。

第二节 紧急报警与通信

紧急通信指与以下内容相关的通信:航行和气象警告及紧急信息,船舶间的航行安全通信,船舶报告通信,搜救行动的支持通信,其他紧急或安全信息,与船舶的航行、移动和需求相关的通信,以及为官方气象部门提供的天气观测信息。

除遇险外,紧急通信优先于所有其他通信。紧急通信时,使用紧急呼叫格式表示发出呼叫的台站有非常紧急的信息要传送,通信内容涉及移动单位或个人的安全。紧急信号或紧急呼叫格式只能在船长或移动装置负责人授权下发送,或由陆地地面站或海岸电台经主管当局批准后发送。

在地面系统中,紧急通信包括用DSC发送的紧急报警(通告)和用RT、NBDP或数据传输的紧急信息。紧急报警应在一个或多个遇险和安全呼叫频率上用DSC和紧急呼叫格式发送。如果DSC不可用,则可用RT的紧急呼叫程序代替。如果使用海上移动卫星业务,则无须单独的紧急报警,因为选择紧急优先就可以优先接入该系统。

在海上移动业务中,紧急通信可以是向所有电台的,也可以是向特定电台的。用DSC发送时,紧急通告应说明随后通信所使用的频率,如果是向所有电台发送信息,应用“所有船舶”格式。

用VHF DSC时,紧急通告应向“所有电台”发送。用中频DSC时,紧急通告应针对“地理区域”发送。

海岸电台的紧急通知也可以指向一组船只或一个确定区域内的船只。无线电话中的紧急信号为PAN PAN,发音与法语中的panne相同。

船舶使用以下程序发送DSC紧急信息通告:

(1) 将发射器调至DSC紧急频道(2 187.5 kHz MF或VHF CH 70)。

(2) 根据设备说明书,通过DSC控制器完成下列信息输入和选择:

——所有船舶/地理区域或个别电台的MMSI;

——呼叫类别（紧急）；
——随后发送紧急通信的频率（或频道）上发送。（2 182 kHz MF 或 VHF CH 16）；
——随后的紧急通信的类型（通常是 RT，但也可以是 telex）；

（3）发送 DSC 呼叫；

（4）将 RT 发射器/接收器调至 DSC 呼叫中给出的频率或频道（2 182 kHz MF 或 VHF CH 16）。

船舶无线电话紧急呼叫格式如下：

——紧急信号：PAN PAN 重复 3 遍；
——被呼叫的电台名称或"所有电台"重复三遍；
——This is；
——发出紧急呼叫的电台名称重复三遍；
——呼号或其他标识；
——MMSI（如果最初的通告是由 DSC 发送）。

例如：

——PAN PAN，PAN PAN，PAN PAN；
——ALL STATIONS，ALL STATIONS，ALL STATIONS；
——THIS IS；
——DONGSHAN，DONGSHAN，DONGSHAN；
——CALL SIGN BPRT；
——MMSI 412368665。

紧急呼叫之后，即为紧急信息的发送，有关紧急信息发送使用的频率或频道，必须事先在紧急呼叫中给予说明。

在无线电传紧急通信中，信息之间必须具有紧急信息标志和信息发射台的标识，例如：

PAN PAN
DE BBNT

NBDP 紧急通信应使用 FEC 发送。FEC 模式可以在不需要确认接收方是否收到信息的情况下，快速地传送简短而重要的信息。若条件许可，可随后使用 ARQ 模式。ARQ 模式可以在需要确认接收方是否正确收到信息，并进行双向交流的情况下，提高通信质量和效率。

所有 NBDP 紧急信息之前必须至少有 1 个回车（CR）、1 个换行信号（LF）和紧急信号（PAN PAN）。这些信号可以一方面用于收发方定相和同步，另一方面也让接收方注意到有紧急信息传来，并区分不同等级的危险情况。在一些现代电传设备上，按 Enter 或 Return 键会自动包括一个回车和换行信号。

当要求采取行动的紧急信息被发送后，发射台一旦知道不再需要采取行动，就必须立即取消这一信息。取消紧急呼叫的 RT 程序如下所示：

——PAN PAN,PAN PAN,PAN PAN;
——ALL STATIONS,ALL STATIONS,ALL STATIONS;
——THIS IS;
——MUDAN,MUDAN,MUDAN;
——CALL SIGN BPRT;
——MMSI 412368665;
——PLEASE CANCEL URGENCY MESSAGE OF 1547 HOURS UTC。

紧急呼叫优先于除遇险报警外的所有其他通信。所有收听到紧急呼叫的电台应注意不干扰紧随其后的信息传送。

在海上移动通信中,紧急信息可以针对所有电台,也可以针对某一特定电台。收到向“所有电台”发出的紧急呼叫的船舶电台不得确认。听到紧急呼叫的移动电台应继续收听至少 5 min,如果在此期间内未收听到紧急信息,如果可能的话,应通知陆地电台已收听到紧急呼叫,之后可恢复正常业务。

在紧急呼叫和紧急信息传输频率外进行通信的陆地电台和移动电台可以继续正常工作而不受中断,但紧急信息不是针对它们或向“所有电台”广播的除外。

如果发射电台知晓不再需要采取行动,应立即取消该呼叫,并将原先的取消信息发给“所有电台”。

第三节　安全报警与通信

一、安全通信一般要求

当船舶有重要的安全信息需要发布时,在船长或船舶负责人的批准下,可以发送安全呼叫和安全信息。

在地面通信系统中安全通信包括两个步骤:安全通告的发送和安全信息的发布。通常使用 DSC 发布安全通告,然后使用 RT 或 NBDP 发送安全呼叫和信息。安全信息的通告应在一个或多个遇险和安全呼叫频率上使用 DSC 和安全格式进行。如果没有 DSC,可以使用无线电话安全呼叫程序来发布。

为了避免 DSC 遇险和安全呼叫频率的不必要的负荷,海岸电台按照预定的时间表发送的安全信息不需要 DSC 来通告,只涉及在附近航行的船只的安全信息应使用 RT 程序来通告。

没有配备 DSC 的船台可以通过 RT 在 VHF CH 16 上发送安全呼叫来通告信息的发布,这种情况下应考虑到 VHF 范围外的其他台可能无法收到该通告的可能性。

一般来说,在海上移动业务中,安全信息应向所有电台发出。在使用 DSC 时,安全通告必须说明使用哪个频率来发送随后的 RT 信息,如果是向所有电台发送信息,应使用“所有船舶”格式设置。

使用 VHF DSC 发送时，安全通告应发给“所有电台”。当使用中频上 DSC 发送时，安全通告地址通常为“地理区域”。

在海上移动业务中，在可行的情况下，安全信息应在与安全通告或呼叫所使用的相同频段的工作频率上传输。在安全呼叫结束时，应对此作出适当的说明。在没有其他可行办法的情况下，安全信息可以通过无线电电话在 VHF CH 16 上发送。如果信息是通过海上移动卫星业务发送的，则不需要单独通告。但是，应使用安全等级设置来发送信息。

安全呼叫意味着发起呼叫的台站有重要的航行或气象警告要发送。安全信号由单词 SECURITE 组成。

无线电话安全呼叫程序如下：

——安全信号 SECURITE，重复 3 次；
——被呼叫台的名称或“所有台”，重复 3 次；
——THIS IS；
——发送安全呼叫台的名称，重复 3 次；
——发送台的呼号或其他识别；
——MMSI（若初始呼叫由 DSC 发送）。

安全呼叫结束后，紧接着发送安全信息。

安全呼叫举例：

——SECURITE，SECURITE，SECURITE；
——ALL STATIONS，ALL STATIONS，ALL STATIONS；
——THIS IS；
——DAGANG，DAGANG，DAGANG；
——CALL SIGN BPTU；
——MMSI 412031439；
——SAFETY MESSASGE WILL BE TRANSIMITTED ON VHF CH 77 IN FIVE MINUTES.

若后续安全信息的发布在工作频率或频道上发布，在安全呼叫中应当包含所使用频率或频道的情况。

有关安全信息的通告也可以在 DSC 上发送，DSC 安全信息通告的发送按下列程序进行：

（1）选择 DSC 遇险安全频率（MF 2 187.5 kHz 或 VHF CH 70）。

（2）根据 DSC 设备操作说明书，选择输入下列信息：

——呼叫格式：“所有船“或“某个地理区域”或“单船”；
——呼叫等级：安全；
——后续安全信息发布的频率或频道（MF 2 182 kHz 或 VHF CH 16）；
——后续安全通信的通信方式：RT 或 Telex.；

（3）发送 DSC 呼叫。

(4) 呼叫发出后,将 RT 收/发信机设置在建议的工作频率或频道上准备安全信息的发布。

无线电话方式发送安全信息的标准程序如下:

——安全信号 SECURITE,重复 3 次;
——被呼叫台的名称或“所有台”,重复 3 次;
——THIS IS;
——发送安全呼叫台的名称,重复 3 次;
——发送台的呼号或其他识别;
——MMSI(若初始呼叫由 DSC 发送)。

例如:

——SECURITE,SECURITE,SECURITE;
——ALL STATIONS,ALL STATIONS,ALL STATIONS;
——THIS IS;
——LUOYANG,UOYANG,LUOYANG;
——CALL SIGN BPTU;
——MMSI 412031439;
——BUPY FLOATING IN THE SEA IN POSITION 28°21′ NORTH 122°04′ EAST AT 1030 HOURS VESSELS KEEP SHARP LOOK OUT OVER.

使用 NBDP 方式发送安全信息时,在安全信息之间也应当使用安全信号 SECUTITE 和信息发送台的识别。

例如:SECURITE DE BPTU。

二、医疗运输

“医疗运输”一词在 1949 年的日内瓦公约和其议定书中有明确定义。该术语包括任何通过陆地、水路或空中进行的交通方式,无论是军用还是民用、永久性还是临时性,专门用于医疗运输的船舶、救生艇/筏和飞机。这些设施可能由交战方或中立国家及其他非参战国家主管当局运营,在协助伤员、病人和遇难者时使用。该定义清晰地表明了医疗运输的范围和条件,以确保在战争和冲突中伤员、病人和遇难者能够得到及时有效的医疗援助与救治。

为了使从事医疗运输的设施得到日内瓦公约的保护,可使用紧急呼叫程序对外通告,当使用无线电话方式时,应在紧急信号之后发送 MAY - DEE - CAL。

例如:PAN - PAN MAY - DEE - CAL。

若使用 NBDP 发送,在紧急信号后添加 MEDICAL。

例如:PAN PAN MEDICAL。

若使用 DSC 发送通告,选用 VHF DSC 发送时,应当发送给“所有船舶”,选用 MF 或 HF DSC 时,地址选择应当为一个地理区域内的船舶,根据最新的 ITU 建议案,这些通告都可以在 DSC 信息序列中标识为 Medical Transport。

有关医疗运输的通信可以使用遇险和安全通信频率建立初始通信和进行身份识别,

在完成这项工作后，无线电操作员应当及时把后续通信转到适当的工作频率上进行。

使用医疗运输标识或识别符的信息发送表明，这则信息与被保护的医疗运输有关，通常，这则信息包含如下内容要点：

(1) 呼号或其他有关医疗运输公认的识别方式；

(2) 有关医疗运输的位置；

(3) 医疗运输中交通工具的类型和数量；

(4) 计划航线；

(5) 有关出发、在航和抵达的时间安排；

(6) 其他相关信息。

三、船舶间航行安全通信

船舶间航行安全通信，是指为了提高船舶航行安全而进行的驾驶台之间的 VHF 无线电话通信。这类通信主要涉及协调避让等方面的内容。在 GMDSS 业务中，VHF CH 13 是专门用于船舶间航行安全的频道，不需要事先通过 VHF DSC 通告就可以临时使用。海上航行的船舶应尽可能收听该频道，以便及时获取有关协调避让和航行安全等方面的动态信息。

四、医疗指导

为了保障航运业的安全，许多海岸电台提供 24 小时的无线电医疗咨询服务。船舶可以直接拨打电话或发送电报给相应的海岸电台，咨询有关疾病或伤害的处理方法。这种服务不收取费用，也不负有法律责任。行政部门会尽快转发医疗咨询信息。在紧急情况下，建议使用紧急信号 PAN PAN（发送 3 次）以获得优先权。请求医疗援助时，岸上当局会要求提供以下信息：病人的情况和船舶的情况。一般来说，医疗指导使用英语进行，但也有些管理部门指定使用其他语言。如果遇到交流困难，可以使用国际信号代码第二卷（医疗部分），并按正确格式提供信息。

——关于病人的信息；

——病人的描述；

——以前的健康状况；

——症状、感染或疾病的定位；

——一般症状；

——特殊的症状；

——诊断；

——船舶的相关信息；

——名称和国籍；

——呼叫；

——识别号码（MMSI 或 IMN，如果使用国际海事卫星系统）；

——位置；

——下一港和 ETA；

——最近的港口；

——要使用的语言；

——英语；

——说明要使用的其他语言；

——医疗部分(第二卷)，国际信号代码；

——要求岸上医疗机构要求提供的补充信息。

一旦有关伤亡人员或病人的相关信息被发送到岸上医疗机构，他们可以要求船上的工作人员提供额外的信息，以帮助他们进行诊断。通常以“后续”问题的形式提出，如表9-1中的问题。

表9-1　岸上医疗机构问题举例

评论或问题	代码
不能做出诊断	MQP
请回答以下问题	MQC
口腔测量的体温是?	MBR RQ
是否有呕吐?	MEM RQ

船舶应按照岸上医疗机构的要求，依次回答这些问题。医疗机构在收到这些补充信息后，会向船舶发送进一步的医疗建议。这时也会使用《国际信号代码》医疗部分的相应代码组来传递信息。操作员在使用国际信号代码时，要注意C、N和RQ这3个程序信号。它们在3位数主代码后面使用时，表示确认(正确)、否定(不)和询问(问题)的意思。举例如表9-2所示。

表9-2　医疗信号代码举例

Code	Meaning	Translation
MDL	Pain is severe.	疼痛很严重。
MDL N	Pain is not severe.	疼痛不严重。
MDL RQ	Is pain severe?	疼痛是否严重?
MDL C	Affirm pain is severe.	确认疼痛很严重。

五、医疗转移

医疗转移(MEDEVAC)是一种高风险的操作，只有在病人情况危急时才能进行。在执行这种操作时，要考虑对病人可能造成的危害，也要保证搜救人员的安全。如果需要医疗转移的帮助，可以向MRCC或海岸电台咨询，并接收岸基医生的评估。这种电话应该直接拨打给距离船舶最近的MRCC，此时可查阅《无线电信号表》第一卷有关于提供医疗指导的电台的信息。向MRCC或海岸电台发送的信息应该包括船舶的相关资料：船名、船旗、IMO编号、无线电呼号、位置等。还应该提供伤亡人员的详细资料，如姓名、年龄、性别和国籍，以及疾病或伤害的类型和症状。关于这些信息的详细说明，请参阅《国际航空及海上搜救手册》(IAMSAR)第三卷。

岸上的医疗机构将根据所提供的医疗信息，向船上提供关于病人即时护理的专业建议。接着，岸上的医疗机构将判断是否有必要用直升机转移病人，并通知船舶。MRCC负责确保在整个行动中与船舶保持重要通信联系。救援单位的负责人拥有最终决定权，决定是否进行转移。

与直升机进行无线电通信

直升机通常使用航空 VHF 和 UHF 无线电话频段，不能使用海上中频 RT 频段。不过，一些大型直升机可以在 GMDSS 的 RT 遇险、紧急和安全频率 2 182 kHz 上进行通信。

要想成功地进行直升机医疗救援行动，就必须建立起船舶和直升机，以及船舶和其他相关部门之间的有效通信。如果船舶和提供帮助的直升机之间无法通过 VHF 或 2 182 kHz 建立直接通信，可以考虑使用转播方式进行通信。转播方式可以通过 MRCC 或海岸无线电台实现，或者如果附近有救生艇，也可以作为中继站使用。

SOLAS 公约规定客船必须配备有航空频率的 VHF 无线电台。因此，每艘客船都能够在搜救目的下使用 121.5 MHz 和 123.1 MHz 两个航空频率与直升机进行沟通。

六、通过 Inmarsat 获取医疗咨询和援助的 GMDSS 规定

船舶可以通过 Inmarsat 卫星通信系统，在任何时候获得医疗咨询或援助。船舶可以通过电报或电话联系相应国家的医疗机构，使用医疗指导业务代码为 32；这样就可以直接与相关的医疗机构通话，或者与一个专门的接线员通话，他将把信息转给医疗机构。例如，拨打代码“32#”就会自动连接到医生那里。为了提高效率，医疗指导通信应使用标准的信息格式来交换这种类型的信息，标准格式如下：

——MEDICO；

——船名；

——船站识别号码（IMN）和呼号；

——船舶位置；

——患者的情况（生病或受伤）；

——症状；

——以及任何其他相关信息。

如果要呼叫医疗机构，除了已知电传或电话号码的 LES 关联的医疗机构外，应使用正常的 ROUTINE 呼叫程序。

如果患者需要医疗援助，船舶应使用业务代码“38#”来请求医疗援助。对于电报（NBDP），代码是“38+”。然后，船舶和岸上的医疗机构可以协商安排患者的转移、派遣医生上船、让救护车在码头等候等事宜。

七、通过铱星获取医疗咨询和援助

通过铱星系统，只需拨打“32#”，就可以通过 Safety Voice 服务实现从 MRCC 到需要医疗咨询或援助的船舶的通信连接。Safety Voice 服务是一种基于卫星的安全语音通信服务，可以替代传统的 HF 无线电系统，提供长距离通信。

第四节 遇险安全频率的使用及值班安排

一、概述

GMDSS 是一个国际通信网络，用于救助遇险船舶和飞机。无论使用哪种无线电或卫星技术，海上移动服务中的所有遇险通信都必须按照正确的程序进行。这样才能保证遇险船舶能及时得到帮助。

装有 GMDSS 设备的船舶必须遵守国际电联《无线电规则》2020 版第七章的规定。本章的部分规定也适用于飞机与海上移动卫星服务之间的通信，除非有关政府有特别约定。

国际电联《无线电规则》第七章规定了强制性的程序，适用于海上移动服务和海上移动卫星服务之间，以及飞机与这两种服务之间的通信。

1974 年修订的 SOLAS 公约规定了船舶和救生艇/筏的无线电设备配备要求。虽然这些程序对所有使用海上移动和海上移动卫星服务的通信台/站都是强制性的，但不排除下列行为：

(1) 遇险的移动台或船舶地球站(SES)应尽其所能使用其他方式吸引注意，表明自己的位置，并请求救援。

(2) 参与搜救任务的移动台(船舶/飞机)或地面站或海岸台，在特殊情况下，应利用一切可用手段，协助遇险的移动台或移动地球台。

(3) 海岸电台或 LES 在特殊情况下应利用一切可用手段来协助遇险的移动台或 SES。

为了安全起见，海上移动服务的移动台可以与航空移动服务的移动台进行通信，但必须使用经批准的频率并遵守正确的程序。航空移动业务中的移动台为了安全起见，也可以与海上移动业务中的移动台进行通信，但他们必须同样使用经批准的频率并遵守正确的程序。

国家或国际法规要求航空器上任何为求救、紧急或安全目的与海上流动服务台站进行通信时，必须遵守 GMDSS 规定。他们必须能够发射和接收：在载波频率 2 182 kHz 和 4 125 kHz 上使用 J3E 类发射；在 VHF CH 16 和 VHF CH 6 上使用 G3E 类发射。

二、航空频率

在航空 VHF 无线电话服务(117.975~137 MHz)中，紧急频率为 121.5 MHz。救生艇也可以使用这个频率进行遇险和紧急通信。辅助航空频率为 123.1 MHz，由该服务和其他参与协调搜救行动的移动和陆地站使用。海上移动台可以用 121.5 MHz 与航空台进行遇险和紧急通信，用 123.1 MHz 进行搜救行动的协调。在这些频率上使用 A3E 类发射。在 117.975~136 MHz 频段内，121.5 MHz 是航空紧急频率。它可用于应急目的，具体如下：

（1）当常用频率被占用时，为遇险或紧急情况下的飞机与地面站之间提供一个可靠的频道。

（2）在出现紧急情况时，为飞机和不常用的机场之间提供 VHF 通信频道。

（3）为参与共同搜救行动的民用或军用飞机之间，以及飞机与地面设施之间提供一个共同的 VHF 通信频道，并在适当时候转换到其他合适的频率。

（4）在飞机和有适当装备的船舶和救生艇之间提供 VHF 空—地通信信道。

三、VHF 频道的使用

VHF CH 6 是船舶之间主要的 VHF 通信频道。它也适用于船舶和飞机之间协调搜救行动的通信，以及飞机与船舶进行安全通信的情况。

VHF CH 13 用于船舶之间关于航行安全的无线电话通信，例如协调避让等。这是 GMDSS 中唯一一个不需要先在 CH 70 上发送 DSC 呼叫就可以直接使用的频道。在可能的情况下，商船应该对该频道保持守听，以便接收与航行安全相关的通信。

VHF CH 16 是无线电话遇险和安全通信的频道，也是常规无线电话初始呼叫使用的频率。

VHF CH 70 是海上移动服务中专门用于 DSC 呼叫的频道，适用于所有类型的 DSC 呼叫（遇险、紧急、安全和常规呼叫）。在此频道上禁止进行无线电话发射。

四、卫星和 SART 所使用的频率

卫星通信业务中也有其特定的频率划分，不同的业务类型所使用的频段不同，为了确保通信的质量和可靠性，也需要对这些频段加以保护。常见频率分配见表 9－3。

表 9－3　卫星通信业务常见频率

频段/MHz	用途
406～406.1	用于地球到空间的 EPIRB 信号传输。
1 530～1 544	用于海事移动卫星业务的常规通信和遇险安全通信（空间到地球）。
1 544～1 545	用于空间到地球的遇险安全通信，包括：①将 EPIRB 信号转发到地面站的卫星馈线链路；②空间站到移动站的窄带（空间到地球）链路。
1 626.5～1 645.5	用于海事移动卫星服务的常规通信和遇险安全通信（地球到空间）。
1 645.5～1 646.5	海事移动卫星服务（地球到空间）和卫星之间链路，仅限于遇险安全通信。
9 200～9 500	雷达应答器（SARTs）使用该频段进行搜救工作。

五、GMDSS 关于救生艇无线电设备要求

使用无线电设备进行紧急通信、定位或发送报警信号的救生艇/筏，应当满足以下方面的有关要求：①如果使用工作在 156～174 MHz 频段的便携式 VHF 无线电话设备，该设备应当确保能够在 VHF CH 16 和频段内至少另外一个频道上进行信号的收发操作。②用于发

射定位信号的雷达SART,必须能够工作在9 200~9 500 MHz(3 cm或X波段)的频段内。

适合船上使用的DSC设备,必须能够在以下频率上进行无线电发射:

(1) 1 605~2 850 kHz频段中的2 187.5 kHz。

(2) 4 000~27 500 kHz频段中的8 414.5 kHz。

(3) 156~174 MHz频段中的VHF CH 70。

六、遇险和安全通信的频率保护

遇险和安全通信的完整性至关重要,必须保护遇险和安全频率不受有害干扰的影响。有害干扰是指危及安全服务或无线电导航服务的运行,或严重降低、阻碍或中断任何无线电通信服务的无线电发射干扰。因此,为了确保遇险和安全通信的有效性和防止有害干扰,严禁在任何频率上进行广播或发射有害干扰,尤其是分配给遇险和安全通信使用的专用频率。为了方便使用2 182 kHz和156.8 MHz频率进行遇险和安全通信,在这些频率上的无线电发射应当降低至最低程度。禁止在156.762 5~156.837 5 MHz的频段内进行任何可能对156.8 MHz频道造成干扰的发射。

七、GMDSS的通用值班安排

在GMDSS中承担值班责任的台站应遵守以下要求:

陆地地面站(LES):对卫星转发的遇险警报保持持续的自动值守。

船舶地球站(SES):应保持对岸对船的遇险警报转播的自动值守。

海岸电台:在国际电联海岸电台和特别服务台列表中所公布的频率和时间上保持自动DSC值班。

船台:①在其工作频段的遇险和安全频率上保持自动DSC呼叫值守。②在具备条件的情况下,船舶在适当的频率上保持MSI的正确接收。③在可行的情况下,船舶应保持对VHF CH 16和VHF CH 13频道的值守。

IMO认为,SOLAS公约船,当处于在航状态时,应保持VHF CH 16的持续值守,以方便:为非SOLAS公约船提供报警和通信便利;驾驶台至驾驶台通信。

第五节　DSC遇险、紧急和安全通信

一、DSC遇险报警与通信

(一) DSC遇险报警概述

DSC报警设备具备自动报警功能,可以在信号差和高噪声干扰的条件下正常工作。现代DSC控制器在选择遇险通信等级后能自动将发射器切换到正确的DSC遇险频率上,便于报警快速进行。

在报警信息中，位置信息是至关重要的信息，任何 DSC 设备必须能够发送遇险单位的遇险位置坐标。因此，如果 DSC 没有内置的 GNSS 模块，DSC 设备必须与一个单独的电子定位接收器连接，以持续自动更新船舶的位置。

在收到 DSC 呼叫时，会产生一个显示或打印的信息，其中包括呼叫类型和发送方的身份信息。同时，DSC 接收器将发出声光警报，以引起值班人员的注意。

DSC 遇险报警表明，一个移动单位或个人正处于严重或紧迫的危险中，需要立即援助。因此，遇险等级旨在为遇险船舶提供最高优先级通信。任何收到遇险警报的船舶应立即停止传输，以免发生干扰。

遇险警报可以在中频、高频或甚高频波段的任何 DSC 遇险、紧急和安全频率上发送，具体见表 9－4。

表 9－4　MF/HF/VHF 频段 DSC 遇险、紧急和安全频率

MF band	HF bands	VHF
2 187. 5 kHz	4 207. 5 kHz	CH 70
	6 312 kHz	
	8 414. 5 kHz	
	12 577 kHz	
	16 804. 5 kHz	

注：VHF CH 70 用于所有呼叫，即遇险/安全和日常呼叫。

DSC 遇险报警有两种呼叫方式：

1. 单频呼叫尝试

这是在同一个频率上连发 5 次 DSC 遇险呼叫。为了减少呼叫冲突和确认丢失，这种呼叫尝试可以在初始呼叫后随机延迟 3. 5～4. 5 min 再次在同一频率上发出。这样做既有利于收到确认，也可以避免两个电台同时发射导致的相互干扰。在中频和高频频段上，单频呼叫尝试可以在初始呼叫后随机延迟 3. 5～4. 5 min 后换一个频率重复进行。但是，如果一个电台能够在除了正在使用的发射频率之外的所有遇险频率上连续收到确认，那么它可以不用延迟就换一个频率重复单频呼叫尝试。

2. 多频呼叫尝试

这是在最多 6 个相邻的 DSC 遇险频率上依次进行的呼叫。发出多频遇险呼叫尝试的电台应该能够在所有遇险频率上连续收到确认，除了它正在使用的发射频率，或者能够在 1 min 内完成多频呼叫尝试。多频呼叫尝试可以在上一次呼叫尝试后随机延迟 3. 5～4. 5 min 后再次进行。

（二）DSC 遇险报警

在 DSC 遇险呼叫信息序列中，可以手动或自动选择遇险性质的说明，以便让报警信息接收方了解遇险情况的概况，从而有利于搜救的进行。如果无法手动输入任何信息，

“未指明”将自动包含在信息序列中，此时，报警信息接收方将认为，报警方处于极度危险的状态，DSC 遇险报警信息序列依次见表 9－5。

表 9－5　DSC 遇险报警信息序列

格式说明符自识别	遇险（自动包含）9 位数 MMSI
遇险性质	可以是以下之一： ·火灾或爆炸/Fire or explosion； ·进水/Flooding； ·碰撞/Collision； ·搁浅/Grounding； ·倾斜并有倾覆危险/Listing and in danger of capsizing； ·下沉/Sinking； ·失控并漂航/Disabled and adrift； ·未指明（作为“默认”信息使用的）/Undesignated distress； ·弃船/Abandoning ship； ·海盗/武装抢劫攻击/Piracy/armed robbery attack。
时间	这里的时间指提供遇险位置时的时间，若无时间信息，自动省略。
遇险位置	船舶的纬度和经度（从在紧急情况之前不断更新信息的定位设备获取）。如果没有位置信息可用，则发送默认信息。

（三）海岸电台对 DSC 遇险报警的确认格式

对 DSC 遇险报警的确认通常由海岸电台发送，并应在收到警报的同一频率上以人工方式向“所有船”发送。确认信息应当包含遇险船的识别信息。对于收到遇险呼叫的船舶，除非在一些非常特殊的情况下，不使用 DSC 发送确认，而应使用标准的无线电话遇险程序通过无线电话进行确认。发送确认信息后，海岸电台应在“后续通信方式”通信远程指令中指明的后续通信方式上保持收听。鉴于无线电规则新的变化，建议后续通信尽可能都使用无线电话方式。然而，若“后续通信模式”中通信方式指明为电传，则海岸电台应在适当的电传遇险频率上开始值守。在这两种情况下，RT 和电传频率都应该是与接收到的遇险呼叫相关联的频率。（见附录 2）。

海岸电台对中频或高频发送的 DSC 遇险警报的确认，应在收到遇险警报后至少延迟 1 min 再发送，并且最长不超过 2.75 min。这一时间延迟旨在确保单频或多频呼叫尝试能够完成所有呼叫，并给予海岸电台有足够时间对遇险警报作出反应。但是，在 VHF 上收到 DSC 遇险警报时，海岸电台应在可行情况下尽快发送确认。

海岸电台发送 DSC 确认呼叫信息序列样例见表 9－6。

表 9－6　海岸电台发送 DSC 确认呼叫信息序列样例

格式说明符/Format specifier	ALL SHIPS（自动包含）
类别/Category	DISTRESS（自动包含）
自识别/Self-identification	接收报警的电台的 9 位 MMSI（自动包含）

表9-6(续表)

格式说明符/Format specifier	ALL SHIPS(自动包含)
遥控指令/Telecommand	DISTRESS ACKNOWLEDGEMENT(自动包含)
遇险船舶/Distress ship	遇险船只的 9 位 MMSI
遇险性质/Nature of distress	与收到的遇险呼叫中的信息相同
遇险坐标/Distress coordinates	与收到的遇险呼叫中的信息相同
时间/Time	与收到的遇险呼叫中的信息相同
后续通信/Subsequent communication	与收到的遇险呼叫中的信息相同

（四）船舶电台对接收到的 DSC 遇险报警确认

关于船舶电台对收到的 DSC 遇险报警应如何确认，国际无线电规则规定：在 GMDSS 的 A1 和 A2 海区，即至少有一个海岸电台能够可靠地接收到遇险报警的地区，收到遇险报警的船台应暂缓确认，以便由海岸站优先确认。通常情况下，确认是通过无线电话(RT)程序进行的，收到遇险报警的船舶或移动地球站应立即将遇险报警的内容通知船长或船舶负责人。

如果在 2 187.5 kHz 或 VHF CH 70 上收到另一艘船发出的 DSC 遇险报警，说明该艘船在本船附近，应尽快通过无线电话在 2 182 kHz 或 VHF CH 16 上发出确认。如果随后仍然收到来自同一艘船发出的 DSC 遇险报警(即同一报警重复发送)，则应使用 DSC 方式进行确认。但是，在发送 DSC 确认之前，应先咨询并得到海上救助协调中心(MRCC)的许可。DSC 确认会自动终止遇险船发出呼叫，并停止重复发送报警。如果随后进行的遇险、紧急或安全通信因为任何原因不能在无线电话频率或频道上进行，则受影响的电台可以明确指示进一步的通信将在窄带印字电报(NBDP)频率上进行。

船舶在收到 2 187.5 kHz 或 VHF CH 70 的遇险报警时，在任何情况下不得发送针对“所有船舶”的 DSC 遇险转发。如果在相关的 RT 频道(2 182 kHz 或 VHF CH 16)上没有收听到语音遇险信息，船舶应通过海岸电台将收到的 DSC 遇险报警转告给 MRCC。

在高频 DSC 遇险频率上收到遇险报警的船舶不应通过 DSC 或 RT 进行确认。接到这种呼叫的操作人员必须在与收到 DSC 报警的呼叫频率相对应的无线电话或电传的遇险和安全频率上守听。然后，船舶应等待至少 5 min，以便在选定的高频波段上接收海岸站的 DSC 确认。

如果在 5 min 后，既没有接收到海岸站的确认，也没有听到遇险船舶和海岸电台之间的高频 RT 遇险通信，那么接收到 DSC 报警的船舶应当向有关 MRCC 转发遇险报警。这个转发可以通过任何方式，包括卫星系统，在任何合适的 GMDSS 遇险和安全频率上发送。

当海岸电台发送了针对某一特定地理区域内的船舶的 DSC 遇险转发时，接收到转发信息的电台应当明白，这个转发是发送至区域内的所有船舶的，不需要通过 DSC 进行确认。他们应该通过 RT 在与收到 DSC 遇险转发相同波段上适当 RT 遇险频率上进行确认。

（五）DSC 遇险通信

在收到 DSC 遇险确认(通常来自海岸电台)后，遇险船舶应通过 RT 在遇险通信频率(中频 2 182 kHz 或 VHF CH 16 或适当的 HF 频段)上开始遇险通信。

（六）海岸电台遇险信息转发

海岸电台在收到 DSC 遇险报警后，尽快确认收到的遇险警报。然后他们通常会以 DSC 遇险转发呼叫的方式转播遇险信息，信息地址通常是“所有船舶”（仅 VHF），指定地理区域内的船舶（仅 MF/HF），或某一指定的船舶。使用的 DSC 远程指令为遇险转发（DISTRESS RELAY），呼叫程序类似于 DSC 遇险警报，通常在单个遇险频道上发送。

收到这种 DSC 遇险转发呼叫的船舶，应通过 2 182 kHz 或 VHF CH 16 发送收妥确认。

（七）HF DSC 遇险报警

高频 DSC 遇险报警的程序与中频 DSC 基本相同，但是在选择发射频率时，应考虑高频波的传播特性。一般来说，海上使用的 8 MHz 遇险信道（8 414.5 kHz）是首选。通常情况下，后续通信（通常是 RT）应在收到原始报警的 HF 波段内进行。因此，如果 8 414.5 kHz 被用于遇险报警，那么 8 291 kHz 将被用于随后的 RT 遇险通信。

高频 DSC 报警可以是单频尝试或多频尝试。但是，为了避免接收台对在哪个波段建立后续通信产生疑惑，DSC 遇险报警应在一个高频波段上一次发出，并等待片刻与海岸站建立后续 RT 通信，然后在另一个 HF 波段上重复 DSC 遇险报警。

二、DSC 紧急报警与通信

DSC 紧急呼叫是在遇险和安全呼叫频率（如 2 187.5 kHz 和 VHF CH 70）发出的，优先于除遇险以外的所有其他通信。海岸电台或船舶电台可以使用 DSC 紧急呼叫，通知水上船舶即将发送与航行安全相关的紧急信息，如航行警告、气象警告等。DSC 紧急呼叫中应指明后续通信的工作频率，紧急呼叫可以发送给：所有电台（仅限 VHF）、一个地理区域内的船舶（仅限 MF/HF）、单个电台。

需要海上医疗援助的呼叫，应通过 DSC 紧急类呼叫进行，并在 DSC 信息中标明为“医疗通信”。这种呼叫在 VHF 频段时是针对所有电台的，在 MF 和 HF 频段时是针对一个特定地理区域内的电台的。

（一）发送程序

紧急信息的发送程序包括以下 3 个步骤：发送 DSC 紧急报警、宣布紧急信息、发送紧急信息。

DSC 紧急报警应在 2 187.5 kHz 或 VHF CH 70 上进行；该报警中应指定随后的紧急信息发送频率。紧急信息呼叫是通过在 2 182 kHz 或 VHF CH 16 上发出 RT 紧急呼叫 PAN PAN 标识语来实现的。紧急信息应在遇险频道（2 182 kHz 或 VHF CH 16）上发送，并遵循无线电话发送程序的标准格式。

（二）使用 DSC 接收紧急报警

如果收到了针对所有船舶的 DSC 紧急呼叫，船舶无须回复 DSC 呼叫，但应将 RT 接收机切换到呼叫中指定的频率，并收听紧急信息。收到紧急通知或信息的船舶必须在该信息所指定的频率或频道上保持值守至少 5 min。如果在这 5 min 内没有收到紧急信息，应向紧急信息播发台报告信息未能正常接收的情况。

当本船与紧急信息无关，并且本船当前使用的频率和频道不会影响紧急信息的播发时，船舶可以继续进行自己的通信工作。

三、DSC 安全报警

安全报警或通信是指在遇险和紧急情况之外，为了保障航行安全而优先进行的通信。安全报警或通信应在遇险和安全通信频率上发送，如 2 187.5 kHz 和 VHF CH 70，并指明随后发送安全信息的工作频率。如果工作频率无法发送安全信息，可以使用 RT 在 VHF CH 6 上发送。DSC 安全呼叫可以针对以下对象：所有电台（仅限 VHF）、一个地理区域内的船台（仅限中频/高频）、单个船台。

为了防止 DSC 遇险安全频率过载，海岸电台定时播放的安全信息不必通过 DSC 广播。一般来说，只有对附近航行的船舶有影响的安全信息才应通过 RT 程序广播。

（1）关于突发天气现象的安全报警。当船舶遇到气旋等突发天气现象时，应及时通过安全呼叫，向附近的其他移动电台发送有关信息，以提醒他们注意防范。同时，船舶也应通过海岸电台或卫星地面站，将信息上报给有关当局。此外，如果船舶发现有危险冰层、危险沉船或任何其他对海上航行有威胁的情况，也应遵循同样的规定。

（2）接收 DSC 安全报警。当船舶收到 DSC 安全呼叫时，如果是针对所有船舶的安全信息，不必回复确认该呼叫，但应将 RT 接收机切换到呼叫中指定的频率，并收听安全信息。

四、DSC 值守安排

根据 1974 年《海上人命安全公约》修正案第四章第 12 条（关于 GMDSS 的无线电通信），当船舶在海上时，必须保持以下连续值守：

（1）如果船舶装备了 VHF 无线电设备，应在 VHF CH 70 上持续值守。

（2）如果船舶装备了中频无线电设备，应在 DSC 的遇险和安全频率 2 187.5 kHz 上持续值守。

（3）如果船舶装备了中频/高频无线电设备，应在遇险和安全 DSC 频率 2 187.5 kHz 和 8 414.5 kHz，以及至少一个其他高频 DSC 频率（4 207.5、6 312、12 577 或 16 804.5 kHz）上持续值守。选择的频率应与船舶的位置和时间相匹配。这种连续值守可以通过具有扫描值守功能的接收机来实现。

（4）如果船舶装备了 Inmarsat SES，应对岸对船的遇险报警（遇险转发）进行持续值守。

需要注意的是，在 GMDSS 的 A3 和 A4 海区，MF 和 VHF DSC 的目的是吸引附近其他船只的注意。因此，DSC 值班接收机在所有海区都必须保持 24 小时运行。

当前，DSC 接收机通常具有内置的 DSC 扫描值守功能，是 DSC 控制器的一部分。它通过在 2 s 内扫描所有相关的 DSC 遇险频率，之后扫描重复进行，实现对公约规定的值守频率的连续值守。接收器能够识别每个 DSC 呼叫开始时发送的点阵序列。如果在某个频段上收到遇险报警，该设备会锁定该频段并持续收听，同时发出声音报警。收到的遇

险报警信息会显示在屏幕上，并且如果连接了打印机，还会打印出来。除了 2 187.5 kHz 和 8 414.5 kHz 外，该设备还可以手动选择其他 HF 频段的 DSC 遇险安全频率进行值守。

五、中国水上遇险和安全值守安排

中国海上搜救体系由多个组织和设施构成，为海上遇险的船舶和人员提供救援。该体系由中国海事局下属的中国海上搜救中心（CMSRC）统筹协调，下设 11 个覆盖不同海域的分中心。

CMSRC 通过 GMDSS、卫星电话、沿岸无线电台或其他船舶等渠道接收遇险报警，然后调度直升机、巡逻艇、救助船或附近的商船等搜救单位进行救援。如有需要，还会与其他国家的搜救机构合作。

据 2004 年至 2015 年 12 年间的数据显示，中国海上搜救体系共处理了 10 933 起涉及 43 259 人的船舶事故，总体生存率达到 96.8%，高于全球 93% 的平均水平。同时，该研究也提出了一些改进该体系的挑战和建议，包括提高偏远地区的搜救能力、加强国际合作和推广海员安全教育等。

（一）在 GMDSS A1 海区使用 VHF DSC 和 RT 的遇险操作程序

1. 遇险船舶在 GMDSS Al 区操作程序

（1）通过 VHF CH 70 发送 DSC 遇险警报；

（2）收到海岸电台的 DSC 确认后，通过 VHF CH 16 发送 MAYDAY 呼叫和信息。

2. 收到 VHF DSC 遇险警报的船舶操作程序

（1）查看 DSC 遇险警报的详细内容（如遇险船舶的 MMSI 等）；

（2）不要用 DSC 确认（由海岸电台负责确认），只需切换到 VHF CH 16，等待 MAYDAY 呼叫和信息；

（3）按照标准的 RT 程序，在 VHF CH 16 确认 MAYDAY 信息；

（4）如果连续 5 min 仍收到 DSC 遇险警报，在征得 MRCC 同意后，可以用 DSC 确认；

（5）收到另一船舶的 DSC 遇险警报的船舶应推迟一段时间再用 RT 确认，以便该海域的海岸电台有机会先行确认。

（二）在 GMDSS A2 海区使用 VHF DSC 和 RT 的遇险操作程序

1. 遇险船舶在 GMDSS A2 区操作程序

（1）通过 2 187.5 kHz 发送 DSC 遇险警报；

（2）收到海岸电台的 DSC 确认后，通过 2 182 kHz 频率发送 MAYDAY 呼叫和信息。

2. 收到 DSC 遇险警报的船舶操作程序

（1）查看 DSC 遇险警报的详细内容（如遇险船舶的 MMSI 等）；

（2）不要用 DSC 确认（由海岸电台负责确认），只需切换到 2 182 kHz 频道，等待 MAYDAY 呼叫和信息；

（3）按照标准的 RT 程序，在 2 182 kHz 频道确认 MAYDAY 信息；

（4）如果连续 5 min 仍收到 DSC 遇险警报，在征得 MRCC 同意后，可以用 DSC 确认；

（5）收到另一船舶的 DSC 遇险警报的船舶应推迟一段时间再用 RT 确认，以便该海域的海岸电台有机会先行确认。

（三）在 GMDSS A3 或 A4 海区使用 VHF DSC 和 RT 的遇险操作程序

1. 遇险船舶在 GMDSS A3 或 A4 区操作程序

（1）通过 5 个 HF DSC 遇险和安全频率之一发送 DSC 遇险警报，8 414. 5 kHz 通常为首选频率；

（2）收到海岸电台的 DSC 确认后，通过与 HF DSC 报警频率相关的同频段 HF RT 遇险频率发送 MAYDAY 呼叫和信息。若使用 8 414. 5 kHz 发送 DSC 报警，相应的应使用 RT 8 291 kHz 进行遇险通信。

2. 收到 DSC 遇险警报的船舶操作程序

（1）查看 DSC 遇险警报的详细内容（如遇险船舶的 MMSI 等）。

（2）任何情况下都不要用 DSC 确认（由海岸电台负责确认）。只需切换到与 HF DSC 报警频率相关的同频段 HF RT 遇险频率，等待 MAYDAY 呼叫和信息。

（3）在选定的 HF RT 频率上等待至少 5 min，等待海岸电台对遇险信息的确认。

（4）如果海岸电台在 5 min 内没有确认 DSC 报警，并且也没有听到海岸电台与遇险船舶之间的无线电话通信，收到 DSC 报警的船舶可以发送 DSC 遇险转发（DISTRESS RELAY）。但是，转发对象应该是海岸电台或卫星地面站，并且要提供收到的 DSC 报警的详细信息。

（5）收到高频 DSC 遇险警报的船舶可能与遇险事件有相当远的距离，难以及时给予救助，因此，为了避免在通信中进行不必要的或混乱的无线电发射，收到报警的船舶不要确认，良好的做法是按照上述程序中所提到的谨慎而专业地协助遇险方转发遇险报警。

（四）A3 和 A4 海区的船—船遇险报警

在 A3 和 A4 海区遇险的船舶除了高频 DSC 船对岸遇险报警外，还可以通过中频或甚高频频段发送船对船的遇险报警，提醒附近的其他船只，以期得到救助。但是要注意，这些频段超出了 A1 和 A2 海域海岸电台的有效无线电覆盖范围，只有在传输范围内的船舶才能收到遇险报警。

1. 遇险船舶

（1）在 VHF CH 70 发送“所有船舶”DSC 遇险报警，或在中频频段 2 187. 5 kHz 发送 DSC 遇险报警至某一地理区域。

（2）在 VHF CH 16 或中频 2 182 kHz 发送 MAYDAY 呼叫和信息。

（3）等待附近的船舶电台用 RT 确认。如果没有收到确认，则在必要时重复 DSC 遇险报警。

2. 收到 DSC 遇险报警的船舶

（1）查看遇险报警的详细信息（如遇险船舶的 MMSI 等）。

（2）通过 VHF CH 16 或 MF 2 182 kHz 收听并用 RT 回复遇险报警。

(3) 如果没有听到 RT 遇险通信信息，并且 DSC 遇险报警仍然重复，在征得 MRCC 同意后，用 DSC 确认遇险报警。

第六节　误报警的处理

一、误报警的产生及预防措施

误报警是指船舶未遇险或非常紧急情况下，由于操作人员或其他人员疏忽操作致使船舶 GMDSS 设备发出遇险警报，并被其他岸台或船舶接收或转发。在许多国家，GMDSS 设备误报警已严重影响水上搜救，不仅干扰了搜救协调中心的正常工作，还造成人力和财力的巨大浪费，同时还会延误对真正遇险报警和搜救行动的响应，造成人力和财力短缺。其危害深重，必须严肃对待，各方应尽最大努力防止此类事件发生。

误报警频繁发生的主要原因是 GMDSS 操作员操作不当。根据 SOLAS 公约要求，现职无线电人员和驾驶员只要接受培训并取得主管机关颁发的 GMDSS 操作证书，就可以操作 GMDSS 设备。由于各种条件限制，部分操作员无法在短时间内完全掌握 GMDSS 设备的原理和操作规范，易导致在设备使用和维护中出现误报警。

此外，一些早期 GMDSS 设备生产商在报警功能的软硬件设计上不够周全，也是产生误报警的客观原因。例如早期的大多数 Inmarsat-C 船站具有在显示屏使用遇险报警菜单直接进行遇险报警的功能，这种设计很容易导致误报警。为此，各生产商已进行软件升级，目前已取消在显示屏使用遇险报警菜单编辑遇险信息直接进行遇险报警的方式。此外，一些早期 GMDSS 设备没有设置报警按钮保护盖，没有设置延迟报警和取消遇险报警功能。

为了最大限度减少误报警，各方需共同努力，采取积极正确措施，主要包括：

第一，主管机关应积极开展宣传教育。通知船东和船员误报警增加的严重影响，建立法规惩戒故意误报行为，保证船员掌握设备操作规程和误报防范措施，要求设备生产商在设计生产中考虑易操作和测试但避免误报的要求。

第二，设备生产商应在产品设计上做到：操作面板分类清晰，测试程序不会误报，报警指示清晰持续到手动解除，EPIRB 设计防止误操作，提供清晰易明了的操作说明，设备安装后为船员演示并详细记录存档。

第三，培训机构应在课程和培训中推广误报问题知识，进行案例教学，强调避免误报的必要性，在操作演练中严禁出现误报。

第四，船公司、船长和船员应认真执行各项工作，保证通信人员熟练掌握设备操作，定期组织培训让全员了解报警程序，演练增加相关内容，设备测试由通信人员全权监督，避免出现误报。EPIRB 注册信息随时更新，设备参数随之调整重新编程。EPIRB 安装位置考虑自动激活便利性，遵循规程严格安装，避免误操作，仅在无法使用其他求援方式时使用，使用后立即撤回并关闭。EPIRB 损坏或报废处置，或船舶出售废弃不再使用 EPIRB 时，应拆除电池，确保失去作用。

第五，若发生误报警，船舶应迅速与搜救协调中心联系，按规定程序取消误报警。

主管机关、设备生产商、培训机构和船舶单位等相关方面共同努力，采取积极正确的措施，加强宣传教育，完善产品设计，强化培训，严格规范操作，是减少误报警的关键。各方面密切配合，就可最大限度减少误报警发生，发挥设备作用，为船舶航行安全提供有力保障。

对于航运公司和船员，为防止误报警，应做到：

（1）确保所有持有 GMDSS 证书的人员已受过指导，能操作船舶特定无线电设备；

（2）确保负责紧急事件通信的人员向全体船员说明如何使用 GMDSS 设备发送紧急报警；

（3）在每次“弃船”演习中，解释使用紧急设备的 GMDSS 功能；

（4）确保仅在负责紧急事件通信的人员监督下测试 GMDSS 设备；

（5）禁止 GMDSS 设备测试或演习导致误报警；

（6）船长应确认 EPIRB 已登记注册，以帮助搜救服务识别船舶，并迅速获取其他信息；

（7）确保若有关船舶信息更改，EPIRB、DSC 和船舶地球站登记资料立即更新，并对相关 GMDSS 设备重新编程；

（8）对新船，尽早在设计和建造阶段考虑 EPIRB 安装位置；

（9）严格按制造商说明，由合格人员仔细安装 EPIRB；

（10）确保若援助立即可得，不要激活 EPIRB；

（11）确保若误报警，船舶应尽一切合理努力通过任何方式与搜救协调中心联系，取消误报警；

（12）确保使用后，紧急情况结束时，取回并停用 EPIRB；

（13）确保 EPIRB 损坏时处置，出售船舶或其他任何原因 EPIRB 不再使用时，拆除其电池，如果可能将其退还制造商，或将其拆除。运输期间应用锡箔纸包裹以防发送信号。

二、误报警的处理

（一）取消误报警的程序

误报警发生后，应根据发射误报警的设备与使用的频段，按以下相应的处理程序取消：

1. VHF DSC 误报警的消除

（1）立即关机；

（2）开机，设置到 VHF CH 16；

（3）给“所有电台”（All Stations）发送广播电文，给出船舶名称、呼号及水上移动业务标识（MMSI），并取消虚假遇险报警。

2. MF DSC 误报警的消除

（1）立即关机；

（2）开机，将无线电话设置到 2 182 kHz 频率上；

(3) 给“所有电台”(ALL STATIONS)发送广播电文,给出船只名称、呼号及 MMSI,并取消虚假遇险报警。

3. HF DSC 误报警的消除

(1) 立即关机;

(2) 开机,将无线电话调到发送虚假遇险报警的每个频段的遇险和安全频率上;

(3) 给“所有电台”(ALL STATIONS)发送广播电文,给出船舶名称、呼号及 MMSI,并在发送虚假遇险报警的每个频段的遇险和安全频率上取消虚假遇险报警。

4. 船舶地球站

通过发送遇险优先电文的方式,通知适当的搜救协调中心,将该报警取消。提供船舶名称、呼号及带有取消报警电文的船舶地球站的标识。

5. 紧急示位无线电信标(EPIRB)

如果因任何原因无意地激活了 EPIRB,应立即停止无意发送,并通过海岸电台或陆地地球站与适当的救援协调中心联系并取消该遇险报警。

虽然有上述具体针对性做法,船舶可以使用对其可用的其他合适手段,通知适当的机构取消相应的误报警。

(二) 误报警被多次转发或确认的防止方法

为防止误报警被多次转发或确认,应该遵循下列规则:

(1) 航行于 A2 海区的船舶,在 2 187.5 kHz 上收到遇险报警后不应给予确认,因为该报警可能已被某一岸台收到和确认,而对于处在该岸台的有效覆盖范围之外的船舶是否收到该遇险报警就不一定知道。如果又收到 DSC 遇险报警或遇险转播,无线电人员应在 2 182 kHz 上守听后续的遇险通信,在船长指示下可以用无线电话(RT)进行确认,并应提供所请求的和合适的援助。

(2) 航行于 A2 海区之外的船舶收到 DSC 遇险报警,且确信遇险船就在其附近,应尽快地用无线电话(RT)在 2 182 kHz 上进行确认。如果再次收到同一船发出的 DSC 遇险报警可使用 DSC 进行遇险确认,并应通过岸台或 LES/CES 通知 RCC,并提供所请求的和合适的援助。

(3) 在 HF DSC 遇险与安全频率上收到 DSC 遇险报警时,不应发送遇险确认。无线电操作员必须在收到 DSC 遇险报警频率相应的 RT 和 NBDP 的遇险与安全通信频率上保持守听,如果又收到 DSC 遇险报警,或确信没有岸台给予确认,则必须把该遇险报警转播给合适的岸台或 RCC,但绝不能转发给所有电台。

思考题 > > > > > > > > >

1. 简述 GMDSS 遇险、紧急和安全的一般操作程序。
2. 何为遇险报警,遇险报警的必要信息有哪些?
3. 海上报警的方式有哪些?
4. 简述无线电话遇险呼叫格式。

5. 简述无线电话遇险信息格式。
6. 简述无线电传遇险信息格式。
7. 何为岸对船遇险报警转发。
8. 简述船舶对遇险报警的转发的注意事项。
9. 简述无线电话遇险转发格式。
10. 简述遇险报警收妥确认的发送要求。
11. 简述船舶收到遇险报警的行动。
12. 简述通过电话方式对遇险报警的确认格式。
13. 简述船舶电台或卫星船站对遇险报警的确认要求。
14. 简述如何做好遇险通信准备工作。
15. 简述遇险通信的要求。
16. 简述现场通信的方式和基本要求。
17. 简述搜救情况报告的类型。
18. 什么是紧急和安全通信?
19. 简述紧急信息的发送方式要求。
20. 简述船舶 DSC 紧急信息的发送程序。
21. 简述船舶无线电话紧急呼叫格式。
22. 简述安全信息通告发布的一般要求。
23. 简述无线电话安全呼叫程序。
24. 简述 DSC 安全信息通告的发送程序。
25. 简述无线电话方式发送安全信息的标准程序。
26. 简述遇险、紧急和安全频道中 VHF 特殊频道的使用要求。
27. 简述遇险和安全通信的频率保护的有关要求。
28. 简述 GMDSS 的通用值班安排。
29. 简述 DSC 遇险报警的方式。
30. 简述船舶电台对接收到的 DSC 遇险报警确认。
31. 简述 DSC 值守安排。
32. 航运公司和船员,为防止误报警的注意要素有哪些。
33. 船舶发送误报警后,如何取消?

第十章 特别业务

第一节 无线电时间信号

一、时区的划分与国际日期变更线

地球表面连接南北极的大圆,称为子午线。子午线的分度为经度。目前,世界以通过英国格林尼治天文台的子午线为零度经线。向东为东经,向西为西经。

人们日常生活中,用两次看到太阳通过同一子午线之间所需时间划分为一天。这段时间称为一个太阳日,分为 24 个视太阳时,简称视时。因为太阳运转一周视角变化 360°,所以时、分、秒也可以用度、分、秒表示:360° = 24 h,15° = 1 h,1° = 4 min,15′ = 1 min,1′ = 4 s,15″ = 1 s。

地球持续自西向东自转,一般东边地点比西边先见日出,东边时刻总早于西边。地球每 24 h 转一周(360°),1 h 转过 15°经度。同一时刻,不同经度地方(包括洋上船舶)时刻不同。如中国北京经度东经 116°,英国伦敦经度 0°,日出时刻相差约 8 h。北京日出为早,伦敦尚在夜晚。由于经度不同引起的时刻差异称为地方时,使用地方时使世界交通和国际通信产生许多不便。

为统一时间标准,国际上决定按 15°经度间隔划分 24 个时区。以本初子午线 0°经线为中央经线,其东西各 7.5°为零时区或中时区。零时区以东为东一至十二时区,以西为西一至十二时区。东西十二时区各跨 7.5°经度。以零时区为 0,-1 至-12 为东时区,+1 至+12 为西时区。每个时区使用本区中央经线地方时为区时,相邻时区区时差 1 h,时区之间相差几时区,时差几小时。东时区区时较早。

航海上,为方便生活,船舶通常采用当地时间。随着船舶航行,船钟需频繁调整时区差。由于频繁拨钟,船舶环球航行后回到原港,船钟时间虽同当地,日期却差一天。为避免日期紊乱,国际规定 180°经线为国际日期变更线或日界线。在任何时刻,日界线西侧东十二时区都比东侧西十二时区早 24 h。也就是说,东西十二时区时刻相同,日期相差一天。所以,自东十二时区进入西十二时区,日期减一天;自西十二时区进入东十二时区,日期加一天。

日界线是地球上新的一天的起点和终点,地球上日期的更替都从这条线上开始。为了照顾 180°经线附近居民生活的方便,日界线避免通过陆地,即日界线不完全在 180°经线上,实际上是一条折线。

二、时间信号与报时方式

时间信号是各国指定的海岸电台发送的时间信号，通常是由海岸电台所在国的天文台、国家物理实验室或其他时间信号源提供并传送到海岸电台。各时间信号发射台必须使用符合国际时间局(BIH)规定的标准发送时间信号。若采用以铯原子谐振频率为标准，则可以获得非常准确的单位时间间隔，称为国际原子时(TAI)。

为满足航海的需要和其他高精确度时间要求，世界上的大多数时间信号是以“世界协调时(UTC)”发送的。GMDSS 船舶无线电员需要每天至少为船舶提供一次无线电时间信号以修正船舶天文钟和电台时钟。船舶天文钟的时间是供船舶驾驶员进行测天时使用的，因此保持其准确性非常重要。

时间信号通常是在高频频率上发送的，但在“标准频率”上发送的时间信号具有特殊用途。这种标准频率是从原子频率产生器上发出的，具有高稳定性，因此可以检测船舶电台接收设备频率的准确性。通常在 2.5 MHz、5 MHz、10 MHz、15 MHz 和 20 MHz 频率上可以接收到这些时间信号。

许多国家的海岸电台和广播电台也定时播发时间信号，这些电台发送时间信号的细节及有关频率等信息可查阅《无线电信号表》第二卷(Admiralty List of Radio Signals，即 ALRS NP282)或 ITU 出版的《无线电测定和特别业务电台表》。多数无线电时间信号采用自动方式传输，可参考各国标准实验室标准，信号精度达 0.05 s。

世界上采用的报时方式有以下 6 种：

(一) 老国际式〔Old International(ONOGO)System〕报时系统

时间信号通常先由一个准备信号开头，必要时会在电台列表中描述。时间信号通常先由一个准备信号开头，其格式通常在电台列表中以表格的形式展示。电台在播发 ONOGO 信号时，每条短划线(-)= 1 s，每个点(.)= 0.25 s。

(1) 报时信号共 5 min。

(2) 正点前 5 min 开始。

(3) 55′00″~56′50″：每秒一个 0.1 s 长度的短点。
56′50~56′55″：间隙无信号。
56′55~56′60″：长划信号。

(4) 57′00″~57′50″：每 10 s 1 次“X”(—··—)信号。
57′50~57′55″：间隙无信号。
57′55~57′60″：1 次“0”(———)信号。

(5) 58′00~58′50″：每 10 s 1 次“N”(—·)信号。
58′50~58′55″：间隙无信号。
58′55″~58′60″：1 次“0”(———)信号。

(6) 59′00″~59′50″：每 10 s 1 次“G”(——·)信号。
59′50″~59′55″：间隙无信号。
59′55~59′60″：1 次“0”(———)信号。

(7) 第 59′60″的结束为整小时校对时钟信号。

(8) 00′10~00′20：为 1 个长划信号(结束信号)。

以上为详细说明,格式如表 10－1 所示。

表 10－1 老国际式报时格式

信号	时间				莫尔斯码				
每 10 s 发送 1 次字母 X	m. s.		m.	s.					
	5700	to	57	49	－ · · －	－ · · －	－ · · －	－ · · －	－ · · －
字母 O	5755	to	58	00	－ － －				
每 10 s 发送 1 次字母 N	5808	to	58	10	－ ·	－ ·	－ ·	－ ·	－ ·
字母 O	5855	to	59	00	－ － －				
每 10 s 发送 1 次字母 G	5906	to	59	10	－ － ·	－ － ·	－ － ·	－ － ·	－ － ·
字母 O	5955	to	60	00	－ － －				

(二) 新国际式(New International System)

这个系统与旧系统完全相同,只是在每分钟的第 55 秒到第 60 秒发送 6 个点(而不是旧系统在第 55、57 和 59 秒开始发送每个 1 s 的划线),格式如表 10－2 所示。

表 10－2 新国际式报时格式

信号	时间				莫尔斯码				
每 10 s 发送 1 次字母 X	m. s.		m.	s.					
	5700	to	57	49	－ · · －	－ · · －	－ · · －	－ · · －	－ · · －
发送 6 个点	5755	to	58	00	· · · · · ·				
每 10 s 发送 1 次字母 N	5808	to	58	10	－ ·	－ ·	－ ·	－ ·	－ ·
发送 6 个点	5855	to	59	00	· · · · · ·				
每 10 s 发送 1 次字母 G	5906	to	59	10	－ － ·	－ － ·	－ － ·	－ － ·	－ － ·
发送 6 个点	5955	to	60	00	· · · · · ·				

(三) 英国式(The English System)

整点报时信号前 5 min,从第 1 秒至第 59 秒,每秒会发出 0.1 s 的“点”声。每整分钟时会发出 0.4 s 的“划”声。“点”声和“划”声开始的时刻都是时间参考点,格式如表 10－3 所示。

表 10－3　英国式报时格式

分	秒	
	1～59	60
55	· ·	–
56	· ·	–
57	· ·	–
58	· ·	–
59	· ·	–

（四）英国广播式（The BBC System）

整点报时信号前，第 55 秒至第 59 秒每秒会发出 0.1 s 的“点”声。整点标识是一个 0.5 s 的“划”声。“点”声和“划”声开始的时刻都是时间参考点。

表 10－4　英国广播式报时格式

分	秒						
	1～54	55	56	57	58	59	60
59	(silence)	·	·	·	·	·	–

（五）美国式（The United States System）

信号传输从整点第 55 分 0 秒开始，持续 5 min。在这段时间，除了每分钟 29 s 和分钟结束时的几秒没有信号，每秒都会传输信号，如表 10－5 所示。图中的划线表示有信号传输的秒数。标记为“60”的秒数是下一分钟的 0 秒。整点开始的划线（表示为 59 分 60 秒）比其他划线长得多。无论何种情况，划线的开始表示秒数开始；划线结束时间没有意义。任一分钟结束秒组中听到的划线数表示信号还有多少分钟要传。

表 10－5　美国式报时格式

分	秒										
	50	51	52	53	54	55	56	57	58	59	60
55	–		–	–	–	–					–
56	–	–		–	–	–					–
57	–	–	–		–	–					–
58	–	–	–	–		–					–
59	–										—

（六）国际韵律式（The international Rhythmic System）

（1）该报时方式历时 5 min，接着又重复下去。

（2）此报时信号基本上与英国式报时信号相同，由 360 个信号组成。其中第 1、62、123、184、245 和 306 个信号为历时 0.4 s 的短划（－），随后为历时 0.1 s 的 60 个点（·）信号。

（3）第 1、62、123、184、245 个信号为整分的校对时钟信号。第 306 个信号的短划为整小时的对时信号。

（4）此报时信号简单格式如下：

55′00″：第 1 个 0.4 s 的短划，随后 60 个历时 0.1 s 的短点信号。

56′00″：第 62 个 0.4 s 的短划，随后 60 个历时 0.1 s 的短点信号。

57′00″：第 123 个 0.4 s 的短划，随后 60 个历时 0.1 s 的短点信号。

58′00″：第 184 个 0.4 s 的短划，随后 60 个历时 0.1 s 的短点信号。

59′00″：第 245 个 0.4 s 的短划，随后 60 个历时 0.1 s 的短点信号。

00′00″：第 306 个信号为历时 0.4 s 的短划，为整分校对的时钟信号。

三、我国的时间信号播发台

（一）上海海岸电台

上海天文台通过上海岸台每天播发两次时间信号。上海岸台的呼号为 XSG，播发时间信号的时间为每天的北京时间：10:56′55″～11:00′30″和 16:56′55″～17:00′30″。报时方式为新国际式。发射的频率为：458 kHz、4 290 kHz、6 414.5 kHz、6 454 kHz、8 487 kHz、8 502 kHz、12 871.5 kHz、12 954 kHz 和 17 002.4 kHz，发射种类为 A1A（458 kHz 为 A1A 和 A2A）。时间信号引语的播发格式为 VVV VVV VVV DE XSG21/24/……，最后一次引语的播发格式为：CQ CQ CQ DE XSG HR STANDARD TIME SIGNALS AND WX AS。

（二）西安天文台

西安天文台位于陕西省蒲城，是一个短波无线电授时和标准频率发射台，台名和呼号为 XIAN/BPM。西安天文台采用的时间信号为科学式和平时式，其时间信号的发射频率和时间为：2 500 kHz，0730～0100（UTC）；5 000 kHz，H24；10 000 kHz，H24；15 000 kHz，0100～0900（UTC）。发射种类为 A1A 和 A3E。

四、对时的注意事项

（1）船舶无线电人员应每天把报时信号送到驾驶台海图室，以便驾驶员校正天文钟。

（2）为确保船上天文钟的准确性，起航前两天，就应开始校对好天文钟。

（3）校对天文钟时，除校对秒针外，分针也要注意校对。

（4）装有 GPS 接收机的船舶也应按时校对天文钟，以防一旦 GPS 接收机发生故障或停电导致船上无一准确的时钟。

（5）船舶无线电人员也应每天校对电台时钟。

（6）对时结束后应把天文钟情况做详细认真的记录。

目前，用于天体导航的格林尼治平时（UT1）每天相对于 UTC 慢 2.5 ms。为保持两者差值在 0.9 s 以内，UTC 会通过增加或减少 1 s 来调整时间信号，这些调整称为闰秒。闰秒通常在 6 月 30 日或 12 月 31 日的最后时刻执行。UTC 与 UT1 的差值称为 ΔUT1，计算公式为 ΔUT1＝UT1－UTC。主要时间信号源会以 0.1 s 的整数倍发布 ΔUT1，并在实际传输中编码。

第二节　船舶报告系统

船舶报告系统是一种无线电报告系统，用于提供、收集或交换信息，服务于多种海上安全业务，包括搜救、船舶交通服务、天气预报和防止海洋污染。按照规定的报告格式和程序向相关的管理当局报告航行动态对于船舶来说十分必要。报告能够帮助船舶所属公司及其他有关单位及时掌握该船舶的动态，从而对船舶实行动态监护和管理，在实施遇险搜寻和救助方面也能起到重要的作用。一旦船舶在海上遇险，记录的船舶报告可以缩小搜寻范围，使陆上搜救机构能尽快通知附近的其他船舶前往营救或援助，同时采取必要的手段进行搜救，从而将损失降到最低。

目前世界上已经建立船舶报告系统的国家越来越多，包括中国（CHISREP）、美国（AMVER）、日本（JASREP）、澳大利亚（AUSREP）、巴西（SISCONTRAM）、英国（MAREP）、法国（SURNAV）、丹麦（SHIPPOS）、意大利（IARES）、印度（INSPIRES）、沙特阿拉伯（SSRS）、南非（SAFREP）、智利（CHILREP）、阿根廷（SECOSENA）等国家。对于在海上航行的船舶来说，当船舶进入有关海域时，按时报告已经成为一项必要的要求。一些国家对此项要求是强制性的，不履行将受到处罚。例如，船舶未按照要求进行船舶报告而进入军事要塞区域，就可能被作为敌对船舶遭受炮击的危险。但是，也有一些国家对船舶报告是属非强制性的，而且对来往的船舶报告是免费的。关于船舶报告系统方面的各种规定，可以查阅《无线电信号表》第六卷。

下面将要介绍中国和美国有关船舶报告方面的规定,目前船舶报告系统的报告格式统一规范,其报告的内容除用于遇险救助外,还可满足船舶交通管理、深吃水船舶和危险品船舶管制等方面的要求。总体来讲,船舶报告系统可划分为一般报告和特殊报告两类。一般报告包括开航报告、船位报告、改航报告和抵港报告;特殊报告包括危险货物报告、有害物质报告和污染物质报告。表10-6所列为上述7种报告对应的报类标识,表10-7所列为报告的内容项标识及其含义。

表10-6 船舶报告种类及报告类型标识

报告种类		报类标识
一般报告	航行计划报告	SP(Sailing Plan Report)
	船位报告	PR(Position Report)
	改航报告	DR(Deviation Report)
	抵港报告	FR(Final Report)
特殊报告	危险货物报告	DG(Dangerous Report)
	有害物质报告	HS(Hazardous Report)
	污染物质报告	MP(Maritime Pollutant Report)

表10-7 船舶报告内容标识及其含义

标项	含义	标项	含义
A	船名与呼号	N	约定每天报告的时间
B	发送报告的日期和时间	O	船舶吃水
C	船位(经纬度)	P	装载的货物情况
D	地理位置	Q	货物危害性或其他限制
E	航向	R	污染
F	航速	S	海上天气情况
G	前一个靠泊港	T	船舶代理
H	进入报告线的日期和时间	U	船舶种类和吨位
I	下一个目的港和ETA	V	船上医务人员
J	是否需要引航员	W	船舶人数
K	离开报告线的日期和时间	X	说明
L	航线信息	Y	需要抄送的单位或部门
M	船舶值守的海岸电台	Z	报告结束标识

一、中国船舶报告系统(CHISREP)

中国船舶报告系统(China Ship Reporting System,CHISREP)是一个积极有益的应急保障系统。在中国船舶报告制区域内航行的船舶可志愿加入此系统,但系统也规定了某些船舶必须强制参加。加入中国船舶报告系统的船舶必须严格遵守中国船舶报告系统的管理规定,并按照指南的规范格式和有关程序发送船舶报告。中国船舶报告系统将时刻关注报告船舶的航行安全,维护海洋环境清洁。中国船舶报告系统是一个集计算机、通信和网络技术为一体的信息系统,它具有对船舶报告的航线、船位进行自动标绘和推算,对延时未报船舶自动预警等功能。系统可提供船舶资料,为组织协调指挥船舶与搜寻救助提供相关信息,避免或减少海上人员伤亡财产损失,保障人命安全。

(一) CHISREP 适用区域

CHISREP 的报告区为其国家领海和内水以外的北纬 90°以南、东经 130°以西的海域。

(1) 进入长江各港和上海港的船报告的起、止地点:长江口灯或长江口锚地。

(2) 进入珠江各港的船舶报告的起、止地点:桂山锚地。

(3) 其他各港的船舶报告的起、止地点:港界线或领水锚地。

(二) CHISREP 适用船舶

(1) 航行在中国船舶报告区域内,且航行时间超过 6 h 的下列船舶:①航行于国际航线 300 总吨及以上的中国籍船舶;②航行于中国沿海航线 1 600 总吨及以上的中国船舶;③2005 年 1 月 1 日后航行于中国沿海航线的 300 总吨及以上的中国籍船舶。

(2) 中国政府鼓励外国籍船舶和以上规定以外的中国籍船舶志愿加入中国船舶报告系统。

(三) CHISREP 报告的目的

(1) 在没有收到遇险信号时,减小同船舶失去联系与开始搜救工作之间的时间间隔。

(2) 迅速认定能被召来提供援助的船舶。

(3) 在遇险人员、船舶的位置不明或不确定时,可划定一定范围的搜寻区域。

(4) 便于提供紧急医疗援助或咨询。

(四) CHISREP 的管理机构

CHISREP 由中国海上搜救中心、船舶报告管理中心、区域海上搜救中心、报告接收站和参加中国船舶报告系统的船舶组成。中华人民共和国海事局是中国船舶报告系统的主管机关。各级海事机构检查、敦促符合强制参加中国船舶报告系统的船舶参加中国船舶报告系统,并向志愿参加船舶宣传中国船舶报告系统。船舶所有人、经营人或代理人须督促船舶参加船舶报告系统。

(五) CHISREP 的加入方式

船舶可通过下列方式加入:

(1) 船舶进入中国船舶报告区域时,按照系统规定的格式向中国船舶报告管理中心或报告接收站发送报告。

(2) 当船舶首次加入时,可由船公司或代理向中国船舶报告管理中心提供船舶基本

概况表。

（3）如果船舶的基本概况发生变化，船公司、代理或船舶应当及时地将变化情况向中国船舶报告管理中心报告。

（六）CHISREP 发送报告的方式

船舶可通过下列方式向中国船舶报告管理中心发送船舶报告：

（1）通过上海海岸电台发送窄带直接印字电报（NBDP）；

（2）传真或电子邮件；

（3）Inmarsat 系统；

（4）集团报。

船舶可通过 Inmarsat 系统发送电子邮件或电传，通过 Inmarsat 系统发送报告的船舶应确认其 Inmarsat 设备在任何时候都处于 LOGIN 模式。

通过电子邮件发送报告时，应以 CHISREP 作为电子邮件的主题。

由于某种原因不能发送船位报或最终报的船舶，可通过他船或岸上的有关机构代为报告。

（七）CHISREP 报告的种类

CHISREP 共有 7 种报告，每一种报告都由若干个按英文字母顺序排列的报告项构成。

7 种 CHISREP 报告皆以 CHISREP 加报告的识别字母开头，以报告项 Z 为结尾。这 7 种船舶报告又可分为两大类，一类是一般报告（共 4 种）；另一类是特殊报告（共 3 种）。

（1）一般报告：航行计划报（SP）、船位报（PR）、变更报（DR）、终止报（FR）。

（2）特殊报告：危险货物报（DG）、有害物质报（HS）、污染物质报（MP）。

（八）CHISREP 报告的格式、内容和要求

1. 航行计划 CHISREP SP（Sailing Plan Report）

船舶在离开中国沿海港口或者从国外进入 CHISREP 区域时，应向中国船舶报告管理中心报送航行计划报。船舶向中国船舶报告管理中心报送航行计划报 SP，须遵循以下规定：①进入 CHISREP 区域的划定界线前 24 h 至进入后 2 h 之内发送；②在离开中国沿海港口前后 2 h 之内发送。

航行计划报 SP 应包含作图的必要资料，并给予计划航线的大致情况，在预定起航时间 2 h 内不能起航，应发送一份新的航行计划报 SP（注意：如果船上有医务人员，船舶必须将 V 项加入航行计划报中）。

（1）从国外进入 CHISREP 区域，并停靠中国港口的航行计划报格式。

必报项：CHISREP SP A F G H I L MZ；

船舶认为必要时，可加入 E、K、N、O、S、T、U、W、X 和 Y 项。

（2）国内两个港口之间的航行计划报格式。

必报项：CHISREP SP A F G H I L M Z；

船舶认为必要时,可加入 E、K、N、O、S、T、U、W、X 和 Y 项

(3) 从中国港口驶往外国港口的航行计划报格式。

必报项:CHISREP SP A F G H I K L M Z;

船舶认为必要时,可加入 E、N、O、S、T、U、W、X 和 Y 项。

(4) 过境船(从国外某港口到国外某港口,其航线穿过 CHISREP 区域的船舶)的航行计划报格式。

必报项:CHISREP SP A F G H I K L M Z;

船舶认为必要时,可加入 E、N、O、S、T、U、W、X 和 Y 项。

2. 船位报 CHISREP PR(Position Report)

船舶应按照规定的时间或约定的告时向 CHISREP 发送船位报 PR。第一份船位报 PR 要求在最新航行计划报后 24 h 内发出,以后每隔 24 h 或在每天约定时间发送,但两个报告之间的时间间隔不应超过 24 h,直到抵达中国沿海港口或驶离 CHISREP 区域界线。船舶的实际船位与计划航线推算船位前后相差 2 h 的航程时,须补发船位报以便更新船位。船位报中的信息将被 CHISREP 用来更新该船的船舶动态。

如果在船位报前 2 h 发送变更报,那么下一个船位报发送时间改为变更报后 24 h。预计抵达下一港或 CHISREP 区域界线的时间应当在最后一次船位报 PR 中明确。船舶改变 ETA,可在任何一份船位报中更正。

如果船舶的航行时间小于 24 h,不要求发船位报,只要在开航时发一个航行计划报 SP,在抵港时发一个最终报 FR 即可。

必报项:CHISREP PR A B C E F N Z;

船舶认为必要时,可加入 S、X 和 Y 项。

注意:①船舶应按规定或约定的时间发送船位报;②船舶必须在航次最后一个船位报中明确预计抵达中国沿海港口的时间或预计离开 CHISREP 区域的时间。

3. 变更 CHISREP DR(Deviation Report)

当船舶发生下列情况时必须发送变更报 DR:

(1) 当船舶改变其计划航线时;

(2) 船舶的实际船位偏离计划航线超过 2 h 的航程时。

必报项:CHISREP DR A B C E I L Z;

船舶认为必要时,可加入 F、K、N、S、X 和 Y 项。

4. 终止报 CHISREP FR(Final Report)

船舶在下列情况下应发送终止报:

(1) 抵达中国沿海港口。

(2) 船舶驶离 CHISREP 区域界线前后 2 h 内。

必报项:CHISREP FR A K Z。

5. 危险货物 CHISREP DG(Dangerous report)

当船舶发生或可能发生危险货物落入海中的事故时应发送的报告。

格式:CHISREP DG A B C M Q R S T U Z。

如果船舶存在包装危险货物继续落入海中的危险状况时,应发送包含报告项 P 项的

报告。

6. 有害物 CHISREP HS(Hazardous Report)

当发生或有可能发生溢出《经1978年议定书修订的〈1973年国际防止船舶造成污染公约〉》附则1中规定的油类或附则Ⅱ中规定的有毒物质时应发送的报告。

格式：CHISREP HS A B C E F L M N Q R S T U X Z,在可能溢泄时还应包括P项。

7. 海上污染物报告 MP(Maritime Pollutant Report)

当《国际危险品运输规则》中规定为海上污染物品的有害物质失落或可能失落海中时应发送的报告。

格式：CHISREP MP A B C M Q R S T U X Z,在有可能溢泄的情况下,还应包括P项。

（九）船舶延误报告处理

(1) 超过规定报告时间或约定报告时间3 h未报的船舶,系统将对该船进行预警,中国船舶报告管理中心将对这些船舶进行处理:

检查中国船舶报告管理中心是否已收到船舶的报告;

采用有效的通信手段,直接与船舶进行联系;

将被列在船舶报告站通报表中进行普通呼叫,提醒他们发送报文,普通呼叫格式为船舶呼号。

(2) 超过规定报告时间或约定报告时间6 h未报的船舶,将被列在船舶报告站通报表中进行一般呼叫,一般呼叫格式为船舶呼号/JJJ。

(3) 超过规定报告时间或约定报告时间12 h未报的船舶,将对船舶所有人、经营人、代理人及可能见过该船或该船舶联系过的其他船舶进行查询,核实该船是否安全。

(4) 超过规定报告时间或约定报告时间18 h未报的船舶,将被列在船舶报告站通报表中进行紧急呼叫,紧急呼叫格式为船舶呼号/XXX。

(5) 超过规定报告时间或约定报告时间24 h未报的船舶,船舶报告管理中心制订搜救方案,报中国海上搜救中心,由中国海上搜救中心指定区域海上搜救中心进行搜寻救助,开始搜救行动。

二、船舶自动互助救助系统(AMVER)

船舶自动互助救助系统(Automated Mutual-assistance VEssel Rescue,AMVER)由美国海岸警卫队控制管理,世界上任何超过1 000总吨(GRT)的商船或航程超过12 h的商船都可以参加该船位报告系统。无论船舶悬挂哪国国旗,所属哪个公司,也无论其登记港及目的港是哪里,船舶都可以自愿参加AMVER系统。9·11事件后,进入美国海域或美国控制的海域的船舶被要求强制实行AMVER报告制度。

（一）AMVER电报格式

每个报告的第一行是报告的报类标识。报告每一行开始用一个行标识,行标识和一行内的不同的项目用一个斜线“/”分隔,行与行之间用双斜线“//”分开。

行标识解释：

A/船舶名称/电台呼号//；

B/日期和时间(UTC)(日期和时间用6位数字为一组，后随表示格林尼治时间Z前2位数字代表日期，后4位数字代表小时和分钟。后面也可加上3位字母表示月份，如B/1800302JUN/)；

C/纬度/经度//；

E/航向/(用3位数字表示点)；

F/平均航速/(用3位数字表示，以n mile为单位，并且精确到n mile的1/10，不用小数G/离开港/纬度/经度//；

I/目的港/纬度/经度/ETA//；

K/港口名称/纬度/经度/抵港时间//；

L/航线报告(包含航行计划的大多数信息)；

M/现在联系的岸台名/其次的电台(如有的话)/；

V/船舶医务人员/(一名或多名医务人员，MD为医师，PA为医助，NURSE为护士，没有用None)；

X/最多为65个字符的详细说明//；

Y/作为发往JASREP和MAREP的电报(当被要求时)；

Z/报告结束标识(便于计算机处理)。

（二）AMVER电报的种类

1. 航行计划报告SP(Sailing Plan Report)

报告标识：AMVER/SP//。

要求报告的信息：A、B、E、F、G、I、L、Z行内容。

可选择报告的信息：M、V、X、Y(对美国船舶没有此项)行内容。

航行计划报告可在开航前数小时或离港后发出。

2. 船位报告PR(Position Report)

报告标识：AMVER/PR//。

要求报告的信息：A、B、C、E、F、Z行内容。

可选择报告的信息：I(极力推荐)、M、X、Y(对美国船舶没有此项)行内容。

船位报告应该在离港后24 h之内和随后每次间隔不得超过48 h内发出，直至抵港。

3. 抵港报告FR(Arrival Report)

报告标识：AMVER/FR//。

要求报告的信息：A、K、Z行内容。

可选择报告的信息：X、Y(对美国船舶没有此项)行内容。

抵港报告应在抵港前或抵港时立即发送。

4. 改航报告DR(Deviation Report)

报告标识：AMVER/DR/。

要求报告的信息：A、B、C、E、F、I(若目的港改变)、L(若改变航行计划报告SP的航

线)、Z 行内容。

可选择报告的信息：I(极力推荐)、L、M、X、Y(对美国船舶没有此项)行内容。

此报告用于对航行计划报告 SP 变更时发出。

(三) AMVER 报告的传递

有关 AMVER 的报告应尽可能发给参加 AMVER 组织的海岸电台。AMVER 报告的收报人名址应是 AMVER 岸台名称，如发给悉尼岸台 AMVER SYDNEY，发往马尼拉岸台 AM－VER MANILA。船舶也可经由卫星船站或 HF 无线电设备将电子邮件发给 AMVER 中心，AMVER 地址为 amvermsg@ amver. org 和 amvermsg@ amver. com。

AMVER 报告应按规定在正常值班期间内发送，但应考虑到美国的有关规定，AMVER 电报应在船舶抵港前 24 h 发出，以免延误。

AMVER 电报发出后，应注意守听与之联络的海岸电台，以免延误。

第三节　防海盗/武装袭击报告

一、概述

海盗的历史可谓源远流长，可追溯到几乎和人类的海上贸易运输同时诞生，可以说有了海船也就有了海盗，最早的海盗记录出现在公元前 1 350 年，是被记载在一块黏土碑文上。1982 年《联合国国际海洋法公约》(UNCLOS)第 101 条将海盗行为定义为

(1) 私人船舶或私人飞机的船员、机组成员或乘客为了私人目的，对下列对象所从事的任何非法的暴力或扣留行为，或任何掠夺行为：①在公海上对另一船舶或飞机，或对另一船舶或飞机上的人或财物；②在任何国家管辖范围以外的地方对船、飞机、人或财物。

(2) 明知船舶或飞机为海盗船舶或飞机之事实，而自愿参加其活动的任何行为。

(3) 教唆或便利第 1 或 2 项所述行为之任何行为。但是这种海盗行为的定义仅限在公海上发生的情形，近年来发生的许多海上暴力行为不能完全符合其定义。这些海上攻击事件不构成国际法上的海盗行为，却严重危及国际航运安全，为此，国际海事局(International Maritime Bureau，IMB)把所有在海上发生的“意图涉嫌使用暴力以达盗窃或从事其他犯罪目的的任何登船行为”皆归纳为海盗行为，且不论肇事的地点在公海或领海内。

按照海盗作案性质和手法，大致可分为三类：

第一类海盗属于小团伙作案，一般在内海及海岸线附近出没。这种情形在海盗事件中占大多数。

第二类海盗是有组织的犯罪团伙。这类海盗组织为数不多，但危害巨大。我国近年来几起重大船舶遭袭案均属此类海盗所为。

第三类海盗属于分裂主义者或恐怖分子。他们主要出没在阿拉伯水域、斯里兰卡海

域、印尼苏门答腊岛北方靠近亚齐附近海域及菲律宾南部海域。这类海盗作案手法最凶残，所占比例很小，但危害性最大。

据统计，海盗活动主要有五大活动区域，分别是西非海岸、索马里半岛附近水域、红海和亚丁湾附近、孟加拉湾沿岸和整个东南亚水域，其中，索马里半岛附近水域、东南亚水域最为危险，世界上有超过半数的海盗抢掠案发生于此。此外，南美东、西部水域海盗活动也时有发生。多发的海盗袭击事件，逐渐引起了总部设在伦敦的国际海事局的高度重视。1992 年国际海事局在马来西亚首都吉隆坡成立了海盗报告中心（Piracy Reporting Centre，PRC）。海盗报告中心编撰海盗袭击统计，每天 0000UTC 通过 Inmarsat-C 的安全网业务（SafetyNET）发布形势报告和警告信息，每周在互联网（www. icc-ccs. org. uk）上更新海盗袭击信息。

2005 年以来，索马里海盗日益猖獗，活动区域不断扩展。索马里海盗活动区域以往主要分布在亚丁湾、索马里中南部外海及东北部邦特兰沿海地区，集中在距海岸 50 ~ 60 n mile 的近岸水域，通常不超过 200 n mile。2008 年，海盗活动区域逐步扩大至距离海岸 500 n mile 的广大海域，向南延伸至肯尼亚外海。由于各国商船和被护船舶集中沿亚丁湾“安全走廊”航行，因而海盗事件也多发于“安全走廊”附近海域和索马里以东、塞舌尔以北广阔的印度洋海域。自 2008 年年底以来，索马里以东 1 000 n mile 以内及塞舌尔群岛附近 400 n mile 马达加斯加岛以北海区均是海盗活动猖獗区域。据 IMB 海盗举报中心统计 2009 年前三季度，索马里以东海区已发生 47 起海盗袭击事件，亚丁湾达 100 起，而 2008 年这两个地方的海袭击事件分别是 12 起和 51 起。

早在 2008 年，联合国安理会就先后通过四个有关打击索马里海盗的决议：6 月通过第 1816 号决议，授权外国军队经索马里政府同意进入索马里领海打击海盗及海上武装抢劫行为，授权有效期为 6 个月。10 月 7 日，安理会又通过第 1838 号决议，呼吁关心海上活动安全的国家积极参与打击索马里海盗的行动，12 月 2 日安理会一致通过第 1846 号决议，决定从即日起延长各国打击索马里海盗 12 个月的授权，同时呼吁联合国为打击海盗发挥协调作用。12 月 6 日就打击索马里海盗问题全票通过第 1851 号决议，授权各国使用海陆空力量，岸上或利用空袭打击索马里海盗。2009 年 11 月 30 日联合国安理会通过第 1897 号决议，将在索马里海域打击海盗和武装抢劫行为的授权延长 12 个月。

针对海盗/武装抢劫事件多发的现实，IMO 也建议各国政府通力协作，最大限度地阻止和抑制海盗/武装抢劫事件的发生，并应统一采用意外事件应急反应指挥系统，充分利用各种资源，以有效实施防范。同时，应进一步完善现有的通信程序，使通信中心收到的报警能迅速可靠地转发给行动单位。

2008 年 12 月 26 日，我国海军首批护航编队从海南三亚军港起航，奔赴亚丁湾和索马里海域执行护航任务。多年来，我国海军几十批护航编队先后完成交接并执行护航任务，为航经亚丁湾和索马里海域的我国或外国船舶保驾护航，为世界粮食计划署等国际组织运送人道主义物资船舶的安全提供了强有力的保障，在中华人民共和国的历史上写下辉煌的一页。目前，在海盗报告中心及各国政府的协调努力下，近两年来海盗袭击事件有所减少。

二、防海盗、防武装袭击的措施和遭海盗袭击的紧急处置

所有需要航经亚丁湾、索马里海域以及其他海盗活动频繁海域的船舶，都应制定防海盗、防武装袭击的计划。船舶进入该水域前，应针对性地进行防海盗演练。船长应指定一名适任的无线电人员执行无线电值班职责，使驾驶员专心掌舵，确保船舶操控。

指定的无线电人员应全面检测无线电通信设备，熟练掌握所有适用无线电设备的操作，特别是卫通设备、船舶保安报警系统（SSAS）和 VHF/MF/HF 数字选择呼叫（DSC）设备，还应确保备用电源充足，给对讲机和手提 VHF 电台（包括备用电池）充电，并测试驾驶台、船首和船尾有线通话系统，确保其正常工作。

指定的无线电人员应预先编辑一份报告海盗武装袭击事件的电文（具体位置和时间留空），存储在设备内存或磁盘中，以便紧急时快速调用。还应准备或张贴最新的国际反海盗组织（包括联军护卫舰）联系信息、公司应急联系方式和保安人员联系方式。

建议在船上隐蔽处（如舵机房）安装一套 VHF 设备。当主要通信设备不能正常使用或需要撤退到隐蔽处时，可用它与海岸当局和附近船舶联系。如果条件允许，最好配置一部手持卫星电话（如 Iridium 电话），其通信距离远超 VHF 设备，方便与远距离港口当局、当地搜救协调中心、马来西亚防海盗中心或公司主管部门联系。

处在海盗袭击多发水域，驾驶台值班人员应密切注意周围船舶动向，远离滞航或频繁改变航向的船舶（可疑海盗母船），保持两部雷达不间断工作，设置不少于 5 n mile 的警戒距离。值班人员发现任何可疑船舶，应立即报告船长。

应对相关岸台或海军护航舰艇保持连续无线电监听，同时在紧急与安全频率（特别是 VHF CH 16 和 MF 2 182 kHz）上进行无线电监听。还应确保接收增强集群呼叫（EGC）接收机或 Inmarsat-C 船舶地球站随时接收所在水域的船舶安全信息服务（SafetyNET）信息。

如判断可能遭受海盗袭击，建议以“全呼”方式通告附近其他船舶，并立即与相关搜救协调中心（RCC）联系。通常首先在 VHF CH 70 上以“全呼”方式发送数字选择呼叫（DSC）“安全”级别呼叫，然后转至 VHF CH 16 播发通告信息，信息开头应注明“安全”信号（SECURITE）。

如船舶安全受到威胁，船长应立即联系相关 RCC。必要时可在 VHF CH 16、2 182 kHz 或任何其他适当设备向所有船舶播发紧急呼叫和信息。通常首先在 VHF CH 70 或 MF DSC 2 187.5 kHz 上以“全呼”方式发送“紧急”级别的 DSC 呼叫，然后转至 VHF CH 16 或 2 182 kHz 播发通告信息，信息开头应注明“紧急”信号（PAN PAN）。

一旦船长判断海盗袭击即将发生，船舶或船员面临巨大危险并急需救助，应立即启动无线电通信设备（卫通设备、DSC 或 EPIRB）进行遇险报警。船长应向所在港口当局、当地搜救协调中心或马来西亚防海盗中心报告，并启动 SSAS 发出警报。遭海盗袭击报告机构的具体地址和联系方法见附录 6。

遇海盗袭击，船长或指定的当班军官应采取以下措施：

（1）启动船舶安全报警系统（SSAS）发出遇险报警；

（2）派出瞭望员在甲板上增加警戒，同时关闭所有舱口；

(3) 加强对周围水域的监视,采取回避动作,同时准备采取进一步的回避行动;

(4) 准备防火、防油泄漏和消防救生装备;

(5) 启动紧急广播,提醒全体船员进入避难所;

(6) 准备 SSAS、GMDSS 的遇险报警装置和 EPIRB 紧急频率发射器;

(7) 启动应急发电机,为 SSAS 和关键设备供电;

(8) 使用阻挡装置,设置在船体易受攻击的区域;

(9) 与当地 MRCC 保持无线电联系,报告船位、船速、船向和等相关信息,要求提供船舶保护或支援;

(10) 采取 Z 字航行或其他回避行动,以降低被击中概率;

(11) 准备飞镖炮或类似装置以示威慑对方;

三、海盗袭击事件发生后的处置措施

· 发生海盗袭击事件后,船长应立即向相关海域所属国家执法机构报告。报告应包括船舶信息、袭击地点、人员伤亡和财产损失情况、海盗人数和特征等详细信息。如果造成重大人员伤亡或财产损失,也应报告给船舶管理部门。

· 应保存涉案区域的闭路电视录像和其他证据,防止船员进入,以供执法人员调查取证。目击海盗的船员应提供海盗特征的报告,以便日后识别和指证。

· 船长还应向袭击发生水域的当地执法部门和船舶管理部门报告事件详情。高发海盗区域还应报告给近海国当局。报告应包括发生的行动或遇到的困难。

· 即使海盗袭击未遂,也应向相关机构报告。

报告应按照标准格式,区分初始报告和可疑海盗报告两种。初始报告应包括船舶信息、位置和时间、事件性质等。可疑海盗报告应提供额外细节,如嫌疑船特征、海盗人数和武器、受害情况等。报告还应提供后续跟踪海盗的信息和通信方式。

(一) 报告标准格式

海盗或武装抢劫袭击报告分为初始报告和目击报告。

1) 初始报告(Initial Message)格式

(1) 船名、呼号、卫通设备号码、IMO 号码和 MMSI 号;如果遭遇海盗袭击且人员安全受到极大威胁,发送“MAYDAY/DISTRESS ALERT”遇险信号。

(2) 船位、时间(UTC)、航向和航速。

(3) 事件性质。

2) 目击报告格式

(1) 船名、呼号和 IMO 号;

(2) “PIRACY/ARMED ROBBERY ATTACK”;

(3) 事件发生位置;

(4) 事件发生日期和时间(UTC);

(5) 事件详情(包括袭击手段、嫌疑船特征、海盗人数等)和特征(包括武器、语言、船员伤亡、船舶损害、财物损失等);

(6) 海盗船最后动向(日期/时间/航向/位置/速度);
(7) 需要的援助;
(8) 通信方式,包括适当的岸台(MF/HF/VHF)、卫通设备号码和 MMSI 等;
(9) 报告日期和时间。

思考题

1. 简述时间信号的种类。
2. 简述船舶接收时间信号的要求。
3. 简述中国时间信号播发台及播发信号类型。
4. 简述船舶无线电对时的注意事项。
5. 简述船舶报告系统的作用。
6. 简述船舶报告种类及种类标识。

附录1　GMDSS 频率

1）遇险,紧急和安全频率

频段	DSC	RT	Telex(NBDP)
MF	2 187.5	2 182.0	2 174.5
HF 4 MHz	4 207.5	4 125.0	4 177.5
HF 6 MHz	6 312.0	6 215.0	6 268.0
HF 8 MHz	8 414.5	8 291.0	8 376.5
HF 12 MHz	12 577.0	12 290.0	12 520.0
HF 16 MHz	16 804.5	16 420.0	16 695.0
VHF	Channel 70	Channel 16	NA

2）其他重要的 GMDSS 频率

用途	频率	说明
NAVTEX	518 490 4 209.5	国际频率,英语播发 当地语言播发 国际频率,抗干扰强。 ence
NAVDAT	500 4 226;6 337.5;8 443;12 663.5; 169 090.5;22 450.5	MF HF
EPIRBs	406 MHz 121.5 MHz AIS-1 and AIS-2	遇险报警频率 飞机归航 AIS 主要信道
VHF RT	Channel 13 Channel 6	船舶至船舶间国际安全频率 船舶间、船舶与飞机间搜救频率

附录 2　ITU MF 船舶至海岸电台工作信道

ITU 频道号	船舶接收频率/kHz	船舶发送频率/kHz
241	1 635	2 060
242	1 638	2 063
243	1 641	2 066
244	1 644	2 069
245	1 647	2 072
246	1 650	2 075
247	1 653	2 078
248	1 656	2 081
249	1 659	2 084
250	1 662	2 087
251	1 665	2 090
252	1 668	2 093
253	1 671	2 096
254	1 674	2 099
255	1 677	2 102
256	1 680	2 105
257	1 683	2 108
258	1 686	2 111
259	1 689	2 114
260	1 692	2 117
261	1 695	2 120
262	1 698	2 123
263	1 701	2 126
264	1 704	2 129
265	1 707	2 132
266	1 710	2 135

（续表）

ITU 频道号	船舶接收频率/kHz	船舶发送频率/kHz
267	1 713	2 138
268	1 716	2 060
269	1 719	2 063
270	1 722	2 066
271	1 725	2 069
272	1 728	2 072
273	1 731	2 075
274	1 734	2 078
275	1 737	2 081
276	1 740	2 084
277	1 743	2 087
278	1 746	2 090
279	1 749	2 093
280	1 752	2 096
281	1 755	2 099
282	1 758	2 102
283	1 761	2 105
284	1 764	2 108
285	1 767	2 111
286	1 770	2 114
287	1 773	2 117
J88	1 776	2 120
289	1 779	2 123
290	1 782	2 126
291	1 785	2 129
292	1 788	2 132
293	1 791	2 135
294	1 794	2 138
295	1 797	2 060

附录3　ITU HF 无线电话双工工作频率(节选)

4 MHz 频道号	船舶接收频率/kHz	船舶发送频率/kHz
401	4 065	4 357
402	4 068	4 360
403	4 071	4 363
404	4 074	4 366
405	4 077	4 369
406	4 080	4 372
407	4 083	4 375
408	4 086	4 378
409	4 089	4 381
410	4 092	4 384
411	4 095	4 387
412	4 098	4 390
413	4 101	4 393
414	4 104	4 396
415	4 107	4 399
416	4 110	4 402
417	4 113	4 405
418	4 116	4 408
419	4 119	4 411
420	4 122	4 414
421	4 125#*	4 417#*
422	4 128	4 420
423	4 131	4 423
424	4 134	4 426
425	4 137	4 429

（续表）

4 MHz 频道号	船舶接收频率/kHz	船舶发送频率/kHz
426	4 140	4 432
427	4 143	4 435
6 MHz 频道号	船舶接收频率/kHz	船舶发送频率/kHz
601	6 200	6 501
602	6 203	6 504
603	6 206	6 507
604	6 209	6 510
605	6 212	6 513
606	6 215	6 516
607	6 218	6 519
608	6 221	6 522

说明：* 表示单工遇险频率,#表示呼叫频率。

附录4　部分国家MID对照表

MID	国家/地区
617	蒙特维多共和国
514	柬埔寨王国
613	喀麦隆共和国
316	加拿大
319	开曼群岛-大不列颠及北爱尔兰联合王国
612	中非共和国
670	乍得共和国
725	智利
412 413 414	中国(中华人民共和国)
516	圣诞岛(印度洋)-澳大利亚
523	科科斯(基林)群岛-澳大利亚
730	哥伦比亚共和国
616、620	科摩罗(联盟)
615	刚果共和国
518	库克群岛-新西兰
321	哥斯达黎加
619	科特迪瓦共和国
238	克罗地亚共和国
618	克罗泽群岛-法国
323	古巴
306	库拉索-荷兰(荷兰王国)
209、210、211	塞浦路斯共和国
270	捷克共和国
445	朝鲜民主主义人民共和国
676	刚果民主共和国

(续表)

MID	国家/地区
219、220	丹麦
621	吉布提共和国
325	多米尼加联邦
327	多米尼加共和国
735	厄瓜多尔
622	埃及阿拉伯共和国
359	萨尔瓦多共和国
631	赤道几内亚共和国
625	厄立特里亚
276	爱沙尼亚共和国
624	埃塞俄比亚联邦民主共和国
669	委内瑞拉王国
740	福克兰群岛(马尔维纳斯)-大不列颠及北爱尔兰联合王国
231	法罗群岛-丹麦
520	斐济共和国
230	芬兰
226 227 228	法国

附录 5　字母读音表

字母	对应单词	发音
A	Alpha	AL - FAH
B	Bravo	BRAH - VOH
C	Charlie	CHAR - LEE or SHAR - LEE
D	Delta	DELL - TAH
E	Echo	ECK - OH
F	Foxtrot	FOKS - TROT
G	Golf	GOLF
H	Hotel	HOH - TELL
I	India	IN - DEE - AH
J	Juliet	JEW - LEE - ETT
K	Kilo	KEY - LOH
L	Lima	LEE - MAH
M	Mike	MIKE
N	November	NO - VEM - BER
O	Oscar	OSS - CAH
P	Papa	PAH - PAH
Q	Quebec	KEH - BECK
R	Romeo	ROW - ME - OH
S	Sierra	SEE - AIR - RAH
T	Tango	TANG - GO
U	Uniform	YOU - NEE - FORM or OO - NEE - FORM
V	Victor	VIK - TAH
w	Whiskey	WISS - KEY
X	X-ray	ECKS - RAY
Y	Yankee	YANG - KEY
Z	Zulu	ZOO - LOO
* Each syllable should be equally emphasised.		

附录6　数字读音表

0	NADAZERO	NAH - DAH - ZAY - ROH
1	UNAONE	OO - NAH - WUN
2	BISSOTWO	BEES - SOH - TOO
3	TERRATHREE	TAY - RAH - TREE
4	KARTEFOUR	KAR - TAY - FOWER
5	PANTAFIVE	PAN - TAH - FIVE
6	SOXISIX	SOK - SEE - SIX
7	SETTESEVEN	SAY - TAY - SEVEN
8	OKTOEIGHT	OK - TOH - AIT
9	N O VENIN E	NO - VAY - NINER
Decimal point	DECIMAL	DAY - SEE - MAL
Full stop	STOP	STOP

附录 7　国际 HF MSI 播发服务（截至 2024 年 9 月）（节选）

国家	NBDP 海岸电台	位置	频段	播发时间（UTC）	状态
Argentina	Comodoro Rivadavia	45° 51.00′ S 67° 25.00′ W	4 MHz 8 MHz 12 MHz 19 MHz	0530,2300 0530,1300,1830,2300 0530,1300,1830,2300 1300,1830	运行
Argentina	Buenos Aires	34° 27.00′ S 58° 35.00′ W	4 MHz 8 MHz 12 MHz 16 MHz	0030,0300,1000,1400,1530,1900,2100 0030,0300,1000,1400,1530,1900,2100 0030,0300,1000,1400,1530,1900,2100 0030,1400,1530,1900,2100	运行
Brazil	Brazilian Navy's Radio Station Rio de Janeiro PWZ-33	22° 56.00′ S 43° 20.00′ W	4 MHz 6 MHz 8 MHz 12 MHz 16 MHz	0230,0400,0600,1430,1845,2130 0230,0400,0600,1430,1845,2130 0230,0400,0600,1430,1845,2130 0230,0400,0600,1430,1845,2130	运行
Canada	Iqaluit	63° 43.70′ N 68° 33.00′ W	8 MHz	0330,1530	运行
Egypt	Serapeum Ismailia	30° 28.00′ N 32° 22.00′ E	4 MHz 6 MHz 8 MHz	0630 1030 1430	运行
Greece	Olympia Radio	37° 36.00′ N 21° 29.00′ E	8 MHz	0930-2130	运行
Iran (Islamic Republic of)	Abbas	27° 12.00′ N 57° 17.00′ E	4 MHz 8 MHz 12 MHz	1430,1830 0530,1230 0830,1030	运行

（续表）

国家	NBDP 海岸电台	位置	频段	播发时间(UTC)	状态
Norway	Hammerfest	78° 43.01′ N 23° 47.54′ E	4 MHz 6 MHz 8 MHz	0645,1115,1845,2315 0630,1100,1830,2300	运行
Türkiye	Istanbul	41° 07.03′ N 28° 56.28′ E	4 MHz 8 MHz 12 MHz 16 MHz	0800-2000 0800-2000 0800-2000 0700-1600	运行
United States	Boston	41° 39.00′ N 70° 33.00′ W	6 MHz 8 MHz 12 MHz 16 MHz	0030,0140 0030,0140,1218,1630 0030,0140,1218,1630 1218,1630	运行
United States	Guam	13° 29.00′ N 144° 50.00′ E	12 MHz 16 MHz 22 MHz	0230,0500,0900,1500, 1900,2315 0230,0500,0900,1500, 1900,2315 0230,0500,0900,1500, 1900,2315	运行
United States	Honolulu	21° 26.00′ N 158° 09.00′ W	8 MHz 12 MHz 22 MHz	0130,0730,1330,2030 0130,0730,1330,2030 0130,2030	运行
United States	San Francisco	37° 56.00′ N 122° 44.00′ W	8 MHz 16 MHz	0005,1800 0005,1800	运行

附录 8　Inmarsat 地面站

NAV/MET 区	国家	位置	洋区	Inmarsat-C	Fleet F 77	RCC Associated
I	Netherlands	Burum	AORE, AORW, IOR	运行	运行	JRCC Den Helder
I	Norway	Eik	AORE, AORW, IOR	运行	运行	JRCC Stavanger
I	United Kingdom	Burum	AORW	None	None	JRCC JRCC UK
II	France	Aussaguel	AORE	None	None	MRCC GRIS - NEZ
III	Greece	Burum	AORE, IOR	运行	None	
III	Greece	Thermopylae	IOR	None	None	JRCC PIRAEUS
III	Israel	Israel	IOR	运行	None	JRCC RCC HAIFA
III	Italy	Fucino	AORE, IOR	运行	运行	MRCC Rome
IV	United States	Southbury	AORE, AORW	运行	运行	
V	Brazil	Burum	AORE	运行	None	MRCC Salvamar Brasil (MRCC Brazil)
VIII	India	Pune	IOR	运行	运行	MRCC Mumbai
X	Australia	Perth	IOR, POR	运行	运行	JRCC JRCC Australia
XI	China	Beijing	POR	运行	运行	MRCC Beijing
XI	Democratic People's Republic of Korea	Pyongyang, DPR Korea	POR	None	None	MRCC Maritime Rescue Coordination Centre, DPR of Korea
XI	Japan	Yamaguchi	IOR, POR	运行	运行	
XI	Republic of Korea	Kumsan	POR	运行	None	
XI	Singapore	Sentosa	IOR, POR	运行	运行	

（续表）

NAV/MET 区	国家	位置	洋区	Inmarsat-C	Fleet F 77	RCC Associated
XI	Singapore	Bukit Timah	IOR	运行	运行	
XI	Viet Nam	Hai Phong	POR	运行	None	MRCC Viet Nam (Maritime Rescue Coordination center)
XII	United States	Santa Paula	POR	运行	运行	
XII	United States	Southbury	AORW	运行	运行	
XIII	Russian Federation	Nakhodka	POR	运行	None	MRCC Vladivostok
XIII	Russian Federation	Nudol	AORE, IOR	运行	None	
XVI	Peru	PERU	AORW	运行	None	MRSC MRSC - Callao
XVI	Peru	PERU	AORW	运行	None	MRSC MRSC - Callao

附录 9　卫星船站关联的搜救协调中心表(截至 2023 年 9 月)(节选)

NAV/MET 区域	国家	RCC 名称	RCC 位置	SES ID	SES 类型	SES 相关的洋区	状态
I	Finland	MRCC Turku	60° 26. 37′ N 22° 13. 60′ E	423002211	Inmarsat-C	AORE	运行
I	France	MRCC GRIS-NEZ	50° 52. 00′ N 1° 35. 00′ E	422799256	Inmarsat-C	AORE	运行
I	Germany	MRCC Bremen	53° 04. 30′ N 8° 48. 50′ E	492621021	Inmarsat-C	AORE	运行
I	Latvia	MRCC Riga	57° 02. 00′ N 24° 05. 00′ E	427502310	Inmarsat-C	AORE	运行
I	Lithuania	MRCC Klaipeda	55° 43. 00′ N 21° 06. 00′ E	427799011	Inmarsat-C	AORE	运行
I	Russian Federation	MRCC Kaliningrad	54° 41. 90′ N 20° 28. 60′ E	427302168	Inmarsat-C	AORE, IOR	运行
I	Russian Federation	MRCC Saint Petersburg	59° 53. 00′ N 30° 13. 00′ E	492509012	Inmarsat-C	AORE, IOR	运行
I	Sweden	JRCC Sweden	57° 40. 45′ N 11° 51. 54′ E			AORE	Temporarily suspended
I	United Kingdom			423200158	Inmarsat-C	AORE	运行
I	United Kingdom			423200159	Inmarsat-C	AORW	运行
I	United Kingdom	JRCC JRCC UK	50° 51. 81′ N 1° 14. 97′ W	423594053	Inmarsat-C	AORE	运行
I	United Kingdom	JRCC JRCC UK	50° 51. 81′ N 1° 14. 97′ W	423594054	Inmarsat-C	AORW	运行

（续表）

NAV/MET区域	国家	RCC 名称	RCC 位置	SES ID	SES 类型	SES 相关的洋区	状态
V	Brazil	MRCC Salvamar Brasil（MRCC Brazil）	22° 53.00′ S 43° 10.00′ W	471009910	Inmarsat-C	AORE，AORW	运行
VI	Argentina	MRCC PUERTO BELGRANO	38° 53.00′ S 62° 06.00′ W	470100125	Inmarsat-C	AORE，AORW	运行
XI	China	MRCC Beijing					待定
XI	Hong Kong，China	MRCC MRCC Hong Kong	22° 17.38′ N 114° 09.18′ E	447735011	Inmarsat-C	POR	运行
XI	Republic of Korea	MRCC Western Regional Coast Guard	34° 47.15′ N 126° 39.36′ E	444001467，444001037	Inmarsat-C	IOR，POR	运行
XI	Republic of Korea	MRCC Jeju Regional Coast Guard	33° 29.06′ N 126° 32.27′ E	444001552	Inmarsat-C	IOR，POR	运行
XVIII	Canada	JRCC JRCC Trenton	44° 07.00′ N 77° 32.00′ W	431699928	Inmarsat-C	AORW	运行
XVIII	Canada	JRCC JRCC Trenton	44° 07.00′ N 77° 32.00′ W	431699929	Inmarsat-C	AORE	运行
XX	Russian Federation	MRSC Arkhangelsk	64° 32.00′ N 40° 32.00′ E	492509110	Inmarsat-C	AORE，IOR	运行

附录 10 国际 SafetyNET 业务(节选)

NAV/MET区域	信息类型	国家	LES/LESO	洋区	MSI 沿岸警告区	播发时间(UTC)	状态
IV	NAV	United States	SafetyNET II	AORE,AORW		1000,2200	运行
IV	MET	United States	Southbury	AORE,AORW		0430,1030,1630,2230	运行
VIII	NAV	India	Pune	IOR		1000,2200	运行
VIII	MET	France	Aussaguel	IOR		0040,1240	运行
XI	NAV	Japan	Yamaguchi	IOR,POR		0005,1205	运行
XI	MET	China	Beijing	IOR	IOR area in AREA XI	0330,1530	运行
XI	MET	Japan	Singapore	POR	POR area in AREA XI	0230,0830,1430,2030	运行
XI	SAR	Hong Kong,China	SafetyNET II/SafetyNET I through Perth [Beijing]	POR			运行
XII	SAR	United States	Santa Paula/Southbury	AORW,POR	United States SRR		运行
XIV	NAV	New Zealand	SafetyNET II	AORW,POR	Z (See figure annexed)	0900,2100	运行
XIV	MET	New Zealand	Burum	AORW,POR		0030, 0930, 1230, 2130	运行
XVI	MET	Peru	Southbury	AORW		11:20,23:20	运行
XVI	MET	United States	Southbury	AORW		0515,1115,1715,2315	运行
XVI	SAR	Peru	Southbury	AORW			运行
XVII	MET	Canada	Burum [Stratos]	POR		0300,1500	运行

（续表）

NAV/MET区域	信息类型	国家	LES/LESO	洋区	MSI沿岸警告区	播发时间（UTC）	状态
XVII	SAR	Canada	Eik	AORW，POR	Canadian SRR		运行
XVIII	NAV	Canada	SafetyNET II	AORE，AORW		1100，2300	运行

附录 11　无线电信号发射类型代码说明

基本特征如下：

(1) 第一个符号——主载波的调制类型；

(2) 第二个符号——调制载波的信号的特性；

(3) 第三个符号——需要传输的信息类型。

(1) 第一个符号：

N 未调制载波。

以下是振幅调制的形式：

A 双边带。

H 单边带全载波。

R 单边带减少或可变载波。

J 单边带抑制载波。

B 独立的边带。

C 残留边带。

以下是主载波角度调制的情况：

F 频率调制。

G 相位调制。

D 振幅和角度调制，同时或按预先设定的顺序。

以下是脉冲调制的形式：

P 未调制脉冲。

K 脉冲幅度调制。

L 脉冲宽度/持续时间。

M 脉冲位置/相位。

Q 脉冲期间的角调制。

V 上述的组合或由其他方式产生的。

特殊的调制类型：

W 以两种或更多模式的组合为调制。

X 不能归入其他调制类型的情况。

(2) 第二个符号：

0 不调制信号。

1 包含量化或数字信息的单信道，不使用调制子载波。

2 包含量化或数字信息的单信道，使用调制子载波。

3 包含模拟信息的单信道。

7 包含量化或数字信息的两个或多个信道。

8 包含模拟信息的两个或多个信道。

9 具有一个或多个包含量化或数字信息的信道，以及一个或多个包含模拟信息的信道的组合系统。

X 不能归入其他情况的情况。

（3）第三个符号：

N 不传输信息。

A 传递给听觉接收的电报（如莫尔斯码）。

B 传递给自动接收的电报（如电传、数字选择呼叫系统等）。

C 传真。D 数据传输、遥测、遥控。

E 电话（包括广播）。

F 电视（视频）。

W 其他的组合。

X 不能归入其他情况的情况。

还有可选的附加字符（第四个和第五个符号），分别表示信号细节和复用特性。以下是在海上无线电通信中常用的发射类别示例。

无线电电话：

J3E 单边带载波全抑制。

H3E 单边带全载波。

F3E 频率调制。

G3E 相位调制。

无线电电传和数字选择呼叫系统：

F1B 载波频移键控、带有误差校正。

J2B 子载波频移键控、带有误差校正。

G2B 相位调制。其带有使用调制子载波的量化或数字信息的单信道。

附录 12　GMDSS 印度洋区部署图样例

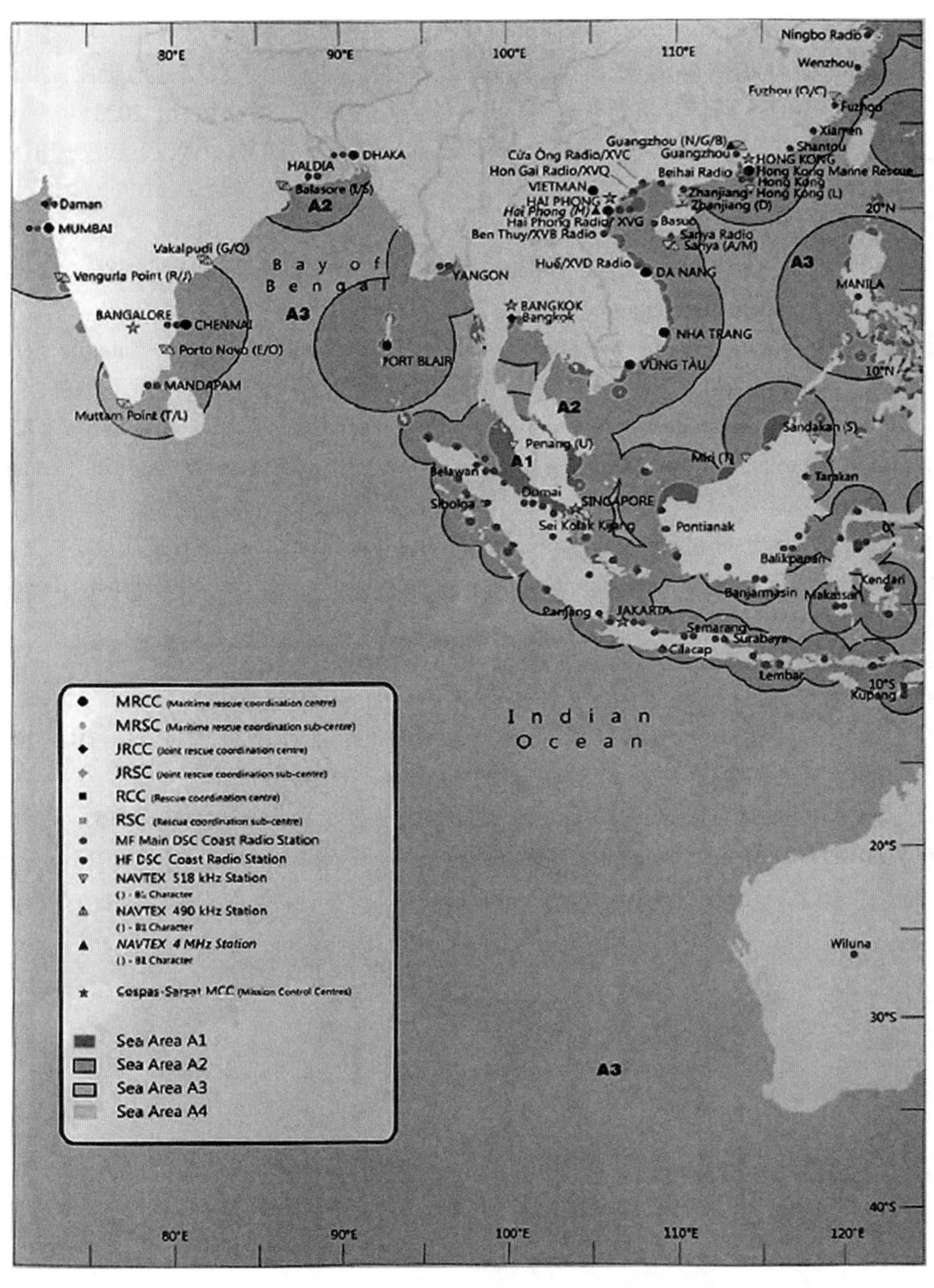

参考文献

[1] 刘伟潮，汤旭红. 海上无线电通信业务[M]. 上海：上海浦江教育出版社，2013.

[2] 交通运输部海事局. 航海学：航海仪器操作[M]. 北京：人民交通出版社，2022.

[3] 关巍. GMDSS 通信设备与业务[M]. 大连：大连海事大学出版社，2023.

[4] 陈立家，李胜为，巍天明. GMDSS 通信设备与综合业务[M]. 武汉：武汉理工大学出版社，2022.

[5] 周锋. 船舶驾驶自动化[M]. 上海：上海交通大学出版社，2017.

[6] United Kingdom Hydrographic Office. Admiralty List of Radio Signals[Z]. London: United Kingdom Hydrographic Office, 2024.

[7] ITU. Manual for use by the Maritime Mobile and Maritime Mobile-Satellite Service [Z]. Geneva: ITU, 2023.

[8] IMO. Global Maritime Distress and Safety System Manual[Z]. London: IMO, 2024.

[9] IMO. International Aeronautical and Maritime Search and Rescue Manual[Z]. London: IMO, 2022.

[10] IMO. Flag State Implementation[Z]. 2010 Edition. London: IMO, 2010.

[11] IMO. IMO Standard Marine Communication Phrases [Z]. 2010 Edition. London: IMO,2005.

[12] IMO. NAVTEX Manual[Z]. London: IMO, 2023.

[13] IMO. International SafetyNET Manual[Z]. London: IMO,2022.

[14] IMO. International Convention for the Safety of Life at Sea[Z]. London: IMO,2024.

[15] IMO. International Code of Signals[Z]. London: IMO,2005.

[16] IMO. General Operator's Certificate for GMDSS[Z]. London: IMO, 2015.

[17] IMO. IMO Model Course 3. 17: Maritime English[Z]. London: IMO, 2015.